中国上市公司
社会责任信息披露标准研究

经济高质量发展与创新丛书

Research on Corporate Social Responsibility Information
Disclosure Standards of Chinese Listed Companies

王 伟 —— 著

东北财经大学出版社　大连
Dongbei University of Finance & Economics Press

图书在版编目（CIP）数据

中国上市公司社会责任信息披露标准研究 ／ 王伟著．—大连：东北财经大学出版社，2024.11．—（经济高质量发展与创新丛书）．—ISBN 978-7-5654-5438-7

Ⅰ.F279.246

中国国家版本馆CIP数据核字第2024Z2L683号

东北财经大学出版社出版发行

大连市黑石礁尖山街217号　邮政编码　116025

网　　址：http://www.dufep.cn

读者信箱：dufep@dufe.edu.cn

大连永盛印业有限公司印刷

幅面尺寸：185mm×260mm　字数：347千字　印张：21

2024年11月第1版　　　2024年11月第1次印刷

责任编辑：孙　平　孙晓梅　孔利利　刘晓彤　　责任校对：一　心

　　　　　吴　奂　刘慧美　吴　茜　赵宏洋

　　　　　惠恩乐　王芃南　张爱华

封面设计：原　皓　　　　　　　　　　　　　　版式设计：原　皓

定价：98.00元

前言

在全球经济一体化和信息透明化背景下，企业社会责任（CSR）已成为现代企业管理的重要组成部分。企业社会责任信息披露作为非财务信息披露的一部分，受到学术界和实务界的高度关注。中国作为世界第二大经济体，中国上市公司的社会责任行为不仅关系到企业自身的可持续发展，也关系到国家经济和社会的健康稳定发展。然而，目前国内外对中国上市公司社会责任信息披露标准的研究仍然较为匮乏，这极大地限制了企业社会责任信息披露的规范化和标准化进程。

本书正是在这样的背景下应运而生的。本书全面梳理了国内外企业社会责任信息披露的相关理论和实践，深入探讨了中国上市公司社会责任信息披露的驱动因素、经济后果和基础问题，在此基础上构建了中国上市公司社会责任信息披露标准体系。本书为企业社会责任信息披露实务操作提供了宝贵的参考。

本书由电子科技大学长三角研究院（湖州）副高级研究员王伟博士历时数年精心编撰而成。王伟博士在金融科技与财务、投资银行与资本运作领域拥有丰富的学术和实务经验。在本书撰写过程中，一些知名高校教授和硕博士研究生也对研究思路设计、研究资料整理提供了宝贵建议和无私帮助，这使得本书在理论深度和实践应用上均达到了较高的水平。

本书逻辑严密，内容翔实，既有理论上的创新，又有实践上的指导意义。全书共分为4篇：

第1篇对企业社会责任信息披露进行了概述，详细探讨了研究背景、研究意义、研究主题、研究范围、研究方法、研究创新和研究不足，强调了企业社会责任在推动可持续发展中的重要性和影响；此外，还综述了国内外相关研究文献，介绍了CSR的内部和外部驱动因素及其对企业经济后果的影响。理论基础部分则结合可持续发展理论，探讨了企业社会责任的理论框架及在实际应用中遇到的挑战，并提出了改进建议。

第2篇对比了国内外企业社会责任信息披露标准，总结了国内外政府机构、证券交易所和非营利组织在制定企业社会责任信息披露标准方面的实践，以及推动企业透明度和社会责任信息披露的具体措施。通过对比不同国家和地区的做法，阐明了企业社会责任信息披露的重要性及对资本市场健康发展的影响。

第3篇通过实证研究发现了企业社会责任信息披露经济后果的证据，主要从实证的角度探讨了环境、社会及治理（ESG）绩效对企业股价崩盘风险的影响，通过对中国A股上市公司年报问询函的分析，验证了ESG的类保险效应。该篇首先回顾了相关文献，指出了现有研究中的内生性问题，并提出通过年报问询函这一外生事件来解决此问题。研究结果表明，收到年报问询函的公司未来股价崩盘风险显著降低，且这一效果在ESG表现优异的公司中更加明显；然后进一步分析了不同情景下的结果。研究结论对理解CSR经济价值和政策制定具有重要意义。

第4篇详细陈述了中国上市公司社会责任信息披露标准的构建过程。该篇首先详细分析了中国上市公司社会责任信息披露的基础性问题，重点分析了现状和原则；然后在前文研究的基础上，系统论述了中国上市公司社会责任信息披露标准的构建过程，包括标准的基本框架、绩效指标筛选、标准全文及实施可行性分析。

本书通过创新的双重筛选程序，筛选出了适合中国国情的绩效指标体系，并制定了详细的社会责任信息披露标准，具有重要的实践指导意义。

我们希望本书的出版能够为中国上市公司社会责任信息披露工作提供有力的理论支持和实践指导，推动中国企业社会责任信息披露标准的建立和完善，从而提升中国企业的国际竞争力和社会形象。

最后，感谢为本书提供无私帮助的学界同仁，感谢为本书出版付出努力和汗水的编辑老师，感谢各位读者的关注和支持。

作　者

2024年8月

目录

第1篇
企业社会责任信息披露概述

第1章　绪论

1.1　研究背景及研究意义

1.1.1　研究背景

第一，企业承担社会责任是推动人类社会可持续发展的必然趋势。

1972年，联合国在斯德哥尔摩召开的人类环境会议上首次引入了"社会责任"这一概念，强调了一种发展模式，它既能够满足当代人的需要，又不会损害未来世代满足其需求的能力，这就是可持续发展的内涵。这种发展模式关注的是经济增长的长远利益，它也是科学发展观的一个核心要素。

习近平总书记指出，可持续发展是破解当前全球性问题的关键，这与构建人类命运共同体的目标相近、理念相通，各国应秉持创新、协调、绿色、开放、共享的新发展理念，实现共同发展，特别是可持续发展。中国自改革开放以来，经济总量飞速增长，代价是资源枯竭与环境恶化问题接踵而至。资源和环境问题凸显了转变经济增长方式的紧迫性，促使中国逐步向人与自然和谐共生的可持续发展模式转型。在这一背景下，企业作为经济活动的主体，在推动可持续发展中扮演着关键角色。企业的社会责任观念和实践直接影响着人与自然的和谐相处以及社会的长远发展。

"企业社会责任"的概念起源于20世纪初，随着企业影响力的增强和公众对可持续发展理念关注度的提升，CSR逐渐得到系统的讨论与研究。Howard Bowen在其著作《社会责任的企业》中首次将CSR纳入企业管理与商业伦理的讨论，标志着学术界对这一概念的重视。20世纪70年代，Carroll进一步发展了CSR的定义，提出企业在追求经济利益的同时，也应遵守法律、实施伦理行为，并自愿参与社会福利活动。随着经济全球化的推进，CSR 也在国际层面得到了广泛的推广与实施，联合国等国际组织积极推动各国企业在环保、劳工权利和公平贸易等方面承担更大的社会责任，以实现可持续发展的环境和社会目标。2006 年以来，中国政府通过各种法律法规和指导性文件，提高了对企业社会责任的要求，推动上市公司社会责任实践与信息披露，这是推动可持续发展战略的体现。企业履行社会责任，有助于构建公平、透明的商业环境，促进资源的合理利用和环境保护，这些都是实现可持续发展目标的关键因素。

企业社会责任实践不仅响应了国际社会对可持续发展的呼声，也体现了对未来代际公平的深层关怀。通过实践 CSR，企业不仅能满足当前需求，也为未来的社会发展贡献力量，这种模式对于推动科学发展观和可持续发展具有重要意义。如今，随着世界各国对可持续发展目标的追求，社会责任已成为衡量企业长期发展与社会贡献的重要标准之一。

第二，企业社会责任重要性日益提升。

履行社会责任对企业重要吗？国内外的理论研究表明，从长期来看，企业履行社会责任与股东价值最大化是一致的，履行社会责任较好的企业有助于其财务绩效和企业价值的提升，可以实现经济效益和社会效益的双赢。

在现实中，"三鹿三聚氰胺事件""双汇瘦肉精事件""紫金矿业溃坝事件""康菲渤海湾漏油事件""云南铬渣污染事件""家乐福客户欺诈事件"，以及在国际贸易和跨国公司经营中出现的"中国儿童玩具制造商遭遇绿色贸易壁垒""沃尔玛对中国供应商验厂行为""苹果供应链人权保障问题"等发生在我们身边的案例都表明，企业社会责任对企业十分重要。

企业社会责任实践符合公司发展的需要，并与可持续发展战略密切相关。首先，推行 CSR 有助于提升公司治理的透明度和公信力。当公司对外公开其社会责任行为时，能增强股东和潜在投资者对企业的信任，促进公司内部治理结构的完善。例如，环保措施、公平的劳动实践以及积极的社区参与都直接与公司的声誉和持续运营能力相关联。其次，企业采用环保技术和流程不仅减少了对环境的不良影响，也因提高效率降低了经营成本，增强了公司在市场上的竞争力。同时，给员工的良好待遇可以降低员工流动率，培育积极向上的企业文化，促进知识共享和技术创新。

在外部期望方面，世界各国对企业社会责任的要求不断提高。许多国家已经通过法律法规要求企业在环保、公平交易和社区参与等方面承担责任。消费者和社会公众对企业社会责任有明显期待，社会舆论和消费者的选择越来越多地受到企业社会责任表现的影响。企业在社会责任方面的积极表现可以提高其品牌价值和增强消费者的信任，有助于维护和提升企业的市场地位。

在国际上，有诸多倡议和标准，如联合国全球契约、OECD多国企业指导原则等推动企业遵守社会责任标准。这有助于企业在全球市场上维护其合法性和竞争力。通过各种措施，企业不仅满足了国际社会的期望，也促进了全球可持续发展目标的实现。

综上所述，企业社会责任的重要性不仅因其对企业内部发展的直接贡献而受到重视，也因其在满足经济全球化和可持续发展要求中的关键作用而被广泛推崇。通过积极履行社会责任，企业不仅能够保护环境、促进社会公正，还能在激烈的国际竞争中脱颖而出，实现长期稳健发展。

第三，综合报告将成为未来企业报告的主流形式。

特许公认会计师公会（ACCA）的一项研究表明，标普500（Standard & Poor's 500）成分股上市公司的公司价值组成在40年左右的时间里呈现如下变化趋势：有形资产价值对于公司价值的贡献比重逐年下降，大约由70%降低到30%；无形资产价值对于公司价值的贡献比重逐年上升，大约由30%上升到70%。这种变化反映了现代企业价值的转移，从传统的物理资产向品牌、知识产权和企业文化等无形资产转变。在这种背景下，传统的财务报告已经无法全面反映企业的真实价值，而综合报告能更全面地展现企业的经营活动和价值创造过程。

企业社会责任在全球范围内得到了广泛关注和快速发展。在中国，随着经济的快速发展和企业社会责任日益受到重视，政府推动了一系列相关立法，制定了有关政策，引导企业提高透明度并公开企业社会责任报告。在国际上，从美国的自发性CSR标准到欧盟的强制性非财务信息披露指令，都体现了世界各国对企业社会责任透明度的要求在不断提高。这些动态都强调企业除了追求利润外，还应对社会和环境负责。

随着经济全球化的深入发展，企业面临着日益严格的国际和地区标准。ISO26000、联合国全球契约以及欧盟的非财务报告指令等，都设定了涵盖环境保护、社会福利和治理结构的企业行为标准。这些标准不仅推动了企业信息透明化，也促进了企业社会责任全球标准化。综合报告作为一种融合了财务与非财务信息的报告形式，能有效满足这些复杂且多样化的披露要求。

ACCA 认为，随着轻资产特征的企业逐渐增多，传统财务信息之外的非财务信息对投资决策越来越重要。这些非财务信息大多数是表外信息，不能在传统财务报告中反映出来，诸如环境管理信息、利益相关者责任信息、公司治理信息等。因此，融合财务信息和非财务信息的综合报告（又称"统一报告"）能更全面地反映企业的经营发展现状，投资者依据此类信息将做出更加合理的投资决策。

总体而言，综合报告作为未来企业报告的主流形式，其重要性在于它能够全面地反映企业的经济、环境和社会维度表现，从而满足日益复杂的投资和监管要求，推动企业在全球市场中的可持续发展。

第四，中国上市公司缺少一套可供遵循的企业社会责任标准。

在中国经济快速发展的背景下，企业社会责任的实施和信息披露的标准化亟须加强。如果上市公司提供了千差万别、质量差异较大的社会责任报告，那么这些社会责任信息就不具有可比性，且可靠性和有用性较差。社会责任信息披露标准应该在充分借鉴国内外现有标准的基础上，充分考虑中国国情，应具有实用性和可操作性。

尽管政府和监管机构，如沪深交易所，已经开始推动和引导企业履行社会责任，并出台了一些相关指导意见和政策，如深圳证券交易所（Shenzhen Stock Exchange，以下简称"深交所"或"SZSE"）在 2006 年制定并发布了《上市公司社会责任指引》。该指引明确了上市公司社会责任的定义，也指出了上市公司社会责任报告应该包含哪些内容，但很多企业在社会责任实际履行中仍然很被动。这表明，虽然有了政策支持，但缺乏一套完整、严密且适用于不同类型企业的标准体系，企业在执行中仍然有灵活性和选择性。这不仅影响了投资者和公众对企业的信任程度，也降低了企业社会责任的有效性和可信度。此外，适当的社会责任标准有利于满足外部监管和内部激励机制的需要，给加强外部监管力度和建立内部激励机制提供客观依据，这对提升企业社会责任表现至关重要。

因此，中国上市公司在社会责任领域面临的主要挑战是缺乏一个全面、明确且易于遵循的社会责任标准。这不仅阻碍了企业社会责任的有效实施，也影响了公众对企业行为的信任和评价。建立和完善企业社会责任标准，特别是信息披露标准，是当前中国上市公司亟须解决的问题。

1.1.2　研究意义

第一，提高企业信息透明度与市场信任度。

建立企业社会责任信息披露标准后，企业必须公开透明地报告其在环境保护、社会贡献和公司治理等方面的行为和成效。这种信息公开不仅提高了企业的公信力，还有助于企业树立正面形象，使其在激烈的市场竞争中脱颖而出。透明的信息披露使得企业的责任行为和成果对外界可见，这不仅能帮助企业建立起负责任的公众形象，还增加了企业的吸引力。对于那些重视企业伦理和社会责任的消费者和投资者来说，他们更倾向于选择那些公开承认并积极改善社会和环境问题的公司。此外，透明的信息披露也为企业提供了与利益相关者进行有效沟通的平台，包括客户、供应商、地方社区和政府机构。这种沟通帮助企业更好地理解各方的期望和需求，从而调整其策略以更好地满足这些期望。这种对环境保护和社会贡献的强调不仅是企业道德和责任的体现，更是其战略智慧的展现，因为在今天，这些因素越来越成为影响消费者决策和投资者选择的重要因素。通过有效的社会责任信息披露，企业能够在全球化的市场上赢得信任和尊重，进而实现长期可持续发展。

同时，标准化的信息披露实现了信息的可比性，有助于市场参与者比较不同企业在社会责任方面的表现。投资者能够利用这些标准化的数据，比较不同企业在社会责任方面的表现，识别哪些企业在环境保护、社会贡献和公司治理等方面做得好，哪些企业做得不好。这种比较不仅能帮助投资者做出更明智的投资决策，也能使企业之间形成一种健康的竞争环境。当企业的社会责任表现能够被量化并公开比较时，行业内的标杆学习和最佳实践的共享就变得更加容易实现了。这种共享不仅局限于成功的案例，同样也包括对那些失败的教训的分析，从而可以促进整个行业知识的积累和创新的传播。企业可以通过这种方式学习如何更有效地部署资源，改进社会责任战略，并采用更为高效的操作方法。这种行业内的相互促进最终会导致整个市场透明度的提高。更高的市场透明度意味着所有市场参与者都能够获得关于企业社会责任实践的更多信息，这有助于形成一个更加公正和可持续的商业环境。标准化的信息披露不仅推动了企业内部和行业之间的优化，也为整个市场生态带来了正面的影响。

第二，促进企业长期发展与提升整体价值。

　　企业社会责任信息披露标准的确立和执行能够促使企业建立更为系统和全面的内部监控机制。这一机制触及到企业文化和价值观的塑造，通过将社会责任纳入企业核心战略，企业不仅能够确保其操作符合外部标准和期望，而且能够在组织内部促进价值观的统一和企业文化的优化。当企业明确将社会责任作为战略的一部分时，它可以更有效地动员全体员工参与其中。这种从上到下的参与和承诺有助于形成强有力的组织共识，增强团队之间的凝聚力。此外，当员工看到他们的工作直接或间接地促进了社会福利或环境保护时，他们的工作满意度和企业忠诚度往往会提高。这种积极的员工参与不仅塑造了企业内部的和谐气氛，还有助于推动企业创新。通过确立和执行社会责任信息披露标准，企业能够建立起一种正面的反馈循环，其中社会责任的履行成为推动业务成长和提升员工满意度的催化剂。这种企业文化和价值观的塑造，以及全员的动员和参与，为企业带来长期的稳定和成功，同时也提升了企业在社会公众眼中的地位。

　　良好的社会责任履行不仅能促使企业在追求经济效益的同时注重环保技术、社会福利等领域的创新，提高企业的整体价值；而且通过积极履行社会责任并进行透明报告，能使企业在激烈的市场竞争中获取明显的差异化优势。这种优势不仅体现在企业的经济效益上，还包括其社会影响力和品牌声誉。因为企业展现了对社会和环境责任的承诺，它们往往能够吸引更多的消费者和投资者，从而提升品牌信誉，并最终转化为市场份额和利润的增长。

　　第三，加强法规遵从和企业治理。

　　从监管者的角度来看，规范的企业社会责任信息披露对于加强法规遵从、降低法律风险以及推动企业社会责任实践的持续改进具有至关重要的作用。建立统一的披露标准能够显著促使企业遵守国家关于环保、劳工权益保护以及公司治理等方面的相关法律法规，从而减少企业在这些关键领域的违法行为。此类标准不仅能帮助企业明确自己的法律责任，也为监管机构提供了一种有效的监督工具，能确保所有企业都在一个公平的基础上展开竞争。此外，统一的社会责任信息披露标准对于提升企业治理的透明度和责任性具有显著的促进作用。

　　通过明确要求企业定期披露其社会、环境以及治理相关的活动和成果，监管机构能够更容易地评估企业的实际表现与其公开声明之间是否存在差异，进而采取相应的监督或激励措施。这种监督促使企业持续优化其内部管理流程和实践方法，从而建立起更健康、可持续的商业实践。对于新兴市场国家而言，制定和执行企业社会责任信息披露标准尤为重要。这些国家往往在法治建设和市场监管体系方面相对薄弱，通过引入和实施与国际接轨的信息披露标准，不仅可以提升本国企业的竞争力，还能够显著提高国家或地区的商业信誉和国际形象。这样的改进不仅有利于吸引国外直接投资，还能推动本地企业改善管理和运营方式，实现社会、环境与经济的三赢。

第四，促进社会责任投资。

随着全球对可持续发展和社会责任的关注度日益提高，社会责任投资（SRI）已成为一个重要的投资趋势。机构投资者和有责任感的个人投资者开始优先考虑投资在社会责任方面有卓越表现的企业。这些企业在环境保护、社会公正，以及良好的公司治理等方面展现出积极的态度并采取了实际行动，与仅注重短期经济利益的企业形成鲜明对比。明确的社会责任信息披露标准为投资者提供了评估企业社会责任表现的工具，使他们能够基于全面和客观的数据做出更明智的投资决策。这种透明度和可比性鼓励投资者将资金投向那些不仅经济表现良好，而且在社会责任方面也做出突出贡献的企业。

此外，明确的信息披露标准促进了资本市场内部的奖励机制。当市场参与者能够轻松识别并奖励那些社会责任表现优异的企业时，就为其他企业树立了明确的榜样，激励它们改善自身的社会责任表现，从而实现整个市场的进一步发展。这种奖励不仅来自更高的股价和投资吸引力，还可能包括更低的借贷成本、更高的客户忠诚度和更大的品牌价值。

同时，这种对社会责任表现优异企业的奖励机制进一步推动了企业之间的健康竞争，促使它们在创新、环保、员工福利和社会贡献等方面持续改进。企业开始认识到，良好的社会责任表现不仅是对外部压力的响应，更是实现长期成功和可持续增长的关键因素。

总之，随着社会责任投资的兴起和明确的信息披露标准的实施，资本市场正在形成更加公正、透明和可持续的投资环境。这不仅有利于推动企业的社会责任实践，也为投资者提供了寻找符合其价值观和长期投资目标的企业的机会，共同推动社会向更加可持续的方向发展。

第五，促进国际合作与交流。

在全球化经济中，跨国公司面临着在多个国家和地区运营的复杂性，其中一个重要的挑战是遵守不同国家和地区对社会责任的各种标准和法规。统一的社会责任信息披露标准能够极大地简化这一过程，为跨国公司在全球范围内的合规操作提供明确的指南。这种标准化不仅有助于减少公司在不同市场遵守当地法律的成本，降低复杂性，也使得企业能够更加透明和负责任地管理其在全球的活动。通过实施统一的信息披露标准，跨国公司可以更有效地展示其在全球各地的社会责任成就。无论是环境保护措施、社会公益活动还是良好的劳动条件，这些成就一旦通过标准化的方式公开，不仅能够提升企业的公共形象，还能在国际市场上提高其品牌吸引力。这种透明度和责任的展示是企业在全球竞争中脱颖而出的关键因素。

此外，统一的信息披露标准为国际投资者提供了一个均衡的评估平台，使他们能够以一致的标准比较不同国家和地区上市公司的社会责任表现。这种比较不仅有助于投资者做出更加明智的投资决策，也促进了国际资本的流动。当投资者可以轻松访问和分析企业在全球范围内的社会责任记录时，他们更倾向于投资那些展现出高度社会责任感的公司。这不仅推动了企业持续改进其社会责任策略，也促进了全球投资的可持续性和道德性。

进一步地，统一的社会责任信息披露标准还促进了国际商业合作。企业在遵循这些标准的过程中，往往需要与国际合作伙伴共同努力，以确保全球供应链和运营的合规性。这种合作不仅有助于优化资源利用，还能在全球范围内推广最佳的社会责任实践，共同提高行业标准，促进全球商业环境的整体健康和可持续发展。

综上所述，建立企业社会责任信息披露标准是提高企业透明度、增强公众信任、提升企业自我监督与社会监督效率，以及促进资本市场健康发展的关键步骤。企业社会责任信息披露标准在现代社会经济体系中发挥着不可或缺的作用，不仅有助于提升企业自身的品牌价值和市场竞争力，也符合全社会的利益和长远发展趋势。

1.2 研究主题及研究范围

1.2.1 研究主题

本书围绕中国上市公司社会责任信息披露标准，深入探讨了如何制定和执行这些标准，旨在提升企业透明度并推动负责任的商业实践。我们首先综合评估了现有的披露标准，并通过对比国内外在企业社会责任实践方面的进展，揭示了在企业社会责任信息披露方面的具体实践和所面临的挑战。本书详细分析了国外成熟市场在企业社会责任信息披露方面的模式，尤其是欧美国家提高透明度和责任感的先进做法，引用了欧盟在2014年通过的非财务信息披露指令。该指令要求大型企业披露环境保护、社会和员工事务、尊重人权、反腐败和贿赂等方面的信息，这些做法为本书的研究提供了重要的国际参照。

同时，本书从实证研究角度探究了环境、社会及治理绩效对企业股价崩盘风险的影响。通过对中国A股上市公司年报问询函这一情境进行分析，验证了ESG绩效的类保险效应，即ESG表现优异的公司在收到年报问询函后，其未来股价崩盘的风险显著降低。这一发现不仅丰富了关于ESG绩效与企业股价风险之间关系的理论基础，也为投资者、企业管理者和政策制定者提供了宝贵的实践指导。它强调了ESG绩效在现代企业经营和资本市场中的核心地位，以及其在推动经济可持续发展中的重要作用，对进一步理解CSR的经济价值和政策制定具有重要意义。

最后，本书深入探讨了如何构建中国上市公司社会责任信息披露标准。我们总结了上市公司社会责任信息披露过程中的主要问题和主要原则，提出了中国上市公司社会责任信息披露标准的基本框架，并详细展示了绩效指标的筛选过程，最终给出了中国上市公司社会责任信息披露标准全文。

1.2.2　研究范围

本书将涵盖中国上市公司目前在社会责任信息披露方面的实践，特别关注以下几个方面：

第一，推进上市公司履行社会责任的重要意义。这部分将探讨为什么企业履行社会责任至关重要。具体而言，我们将分析社会责任在增强公司信誉、提高投资者信心、促进可持续发展等方面的作用。此外，还将调查当前上市公司社会责任信息披露的现状，识别存在的问题及其原因，包括探讨披露质量不高、缺乏标准化、监管不足以及内部管理缺陷等问题。

第二，国内外政府机构、非营利组织（NGO）、证券交易所推出的社会责任信息披露标准。这部分将对比分析国内外不同机构在社会责任信息披露方面的标准和做法。我们将概述欧美及其他发达市场在信息披露方面的标准，并探讨如何将这些实践进行调整以适用于中国市场。我们也将关注非营利组织和证券交易所在提高透明度和责任感方面的创新做法，特别是它们在监管政策、激励措施及监督机制方面的有效策略。

第三，上市公司社会责任信息披露应遵循的基本原则。本部分将定义适用于上市公司的社会责任信息披露基本原则。这包括透明性、一致性、可比性和可靠性。此外，我们将探讨选择绩效指标时应考虑的因素，如行业特性、公司规模、经济环境和可持续性等。绩效指标的选择对于衡量和传达公司社会责任的成就至关重要，因此，需要仔细设计以确保它们既全面又具有指导意义。

第四，上市公司社会责任信息披露标准的制定与执行。本部分将系统地探讨社会责任信息披露标准的制定过程，包括政策制定者、行业领导者和其他利益相关者如何协作以确定这些标准。我们将分析制定这些标准的主要驱动因素，如法律要求、行业最佳实践和公众期望等。此外，还将评估这些标准在实际运用中的执行情况，识别执行过程中遇到的主要挑战，如资源限制、信息披露的质量控制问题以及如何确保信息的准确性和及时性。

第五，上市公司社会责任信息披露的内容。本部分将深入分析社会责任信息披露应包含的核心内容，包括劳动者权益保护、环境保护措施、企业治理结构，以及公司在社会公益活动中的参与等方面。我们将探讨各种信息类型的披露对于提高企业透明度和责任性的重要性，以及这些信息对于不同利益相关者（如投资者、消费者、社区和政府机构）的具体意义。通过案例分析，本部分还将评估不同公司在这些领域的做法，以及这些做法对于促进业务实践改进的潜在效益。

第六，上市公司社会责任信息披露的影响。本部分将系统评估社会责任信息披露对投资决策、公司声誉及可持续发展的具体影响。这包括如何通过披露高质量的社会责任信息来吸引负责任的投资者，提高公司股票的市场表现，如何通过提高透明度来增强消费者和公众对企业的信任。此外，我们还将探讨良好的社会责任实践和信息披露如何帮助公司在面对环境和社会挑战时保持竞争力，以及这些实践对公司长期可持续发展的推动作用。

本书的研究成果将为政策制定者、监管机构以及上市公司管理层提供支持，帮助他们制定或优化与社会责任相关的信息披露标准。通过深入分析国内外的最佳实践和当前的信息披露情况，我们将提出具体的改进建议，使社会责任信息披露更加全面和透明。这不仅有助于政策制定者理解现有政策的效果，还可以指出现行政策中的漏洞和不足，为未来的政策调整提供依据。

对于监管机构而言，本书的研究成果将提供一个评估和监督社会责任信息披露的框架，帮助监管机构更有效地执行监管职能。本书的研究成果可以用来设定明确的监管标准，确保上市公司遵守相关法规，及时、准确地披露社会责任信息。严格的监管环境将推动市场主体提高自身的透明度，减少信息不对称，从而降低投资风险。

上市公司管理层也将从本书的研究成果中获益，因为本书的分析可以帮助他们理解社会责任信息披露对公司的直接影响，包括对公司声誉、投资者关系和市场表现的影响。管理层可以利用这些信息，优化其社会责任策略，改善与投资者和公众的沟通情况，增强公司的市场吸引力和竞争力。

此外，通过提升信息披露质量，可增强投资者和公众对上市公司的信任。高质量的信息披露可以帮助投资者做出更加明智的投资决策，降低投资风险，提高资本配置的效率。这种信任感不仅有助于吸引投资者和做好投资者关系管理，还可以改善公司的融资条件，降低资本成本。

最终，本书的研究成果通过推动社会责任信息披露，能促进整个资本市场的健康发展。一个透明且责任明确的市场环境更能吸引国内外投资者，保持市场稳定和经济增长。这不仅符合投资者和上市公司的利益，也满足社会和经济的长远发展需要。通过这种方式，我们希望为构建一个更加公正、有效和可持续的市场经济体系提供支持。

1.3　研究方法

1.3.1　文献分析法

文献分析法作为社会科学研究领域一种不可或缺的研究工具，其核心在于对现有文献的全面搜集、细致评估、系统整合与深入分析。这种方法不仅可以帮助研究者构建坚实的理论基础，而且为研究背景提供了丰富的历史和现实维度。在本书的研究中，文献分析法的应用贯穿了整个研究过程。我们首先广泛搜集了包括学术文献、政策文件、行业报告在内的各类资料，这些资料覆盖了企业社会责任信息披露的多个方面。通过对这些资料的深入分析，我们想构建一个全面而立体的理论框架，以支撑研究的深入进行。具体而言，本书的研究在以下几个关键领域运用了文献分析法：

① 企业社会责任的理论基础分析：我们对 CSR 的基本概念、理论起源、发展脉络进行了系统的梳理，确保了研究的理论深度。

② 国内外企业 CSR 相关研究的整理：通过搜集和分析国内外学者在 CSR 领域的研究成果，我们识别了研究的热点问题、理论分歧以及研究趋势。

③ 企业社会责任的驱动因素分析：我们深入探讨了影响企业履行社会责任的内外部因素，包括法律、经济、社会和文化等各个方面。

④ 企业社会责任与经济后果的关联分析：我们评估了 CSR 对企业经济表现的影响，包括企业价值、市场信任度以及股价稳定性等。我们还结合实证分析进一步证实了企业 ESG 表现有利于企业对自身股价风险的控制，有利于促进企业长期价值的稳定和增长。

通过这些细致的分析，本书不仅基于现有研究成果建立了坚实的理论基础，还为比较分析、政策建议和实践指导提供了丰富的信息和见解。文献分析法的应用使我们的研究具有了历史性、系统性和前瞻性，为理解企业社会责任信息披露的复杂性和动态性提供了重要视角。此外，文献分析法还帮助我们识别了现有研究中的空白和不足，为我们的研究提供了新的视角和思路。通过这种方法，我们能够确保研究成果的创新性和实用性，为推动企业社会责任信息披露的规范化和标准化贡献力量。

1.3.2　比较分析法

比较分析法作为社会科学研究中一种关键的探究工具，通过细致地比较不同对象、案例或情境之间的相似之处与差异性，揭示深层的规律、原因和趋势。在本书的研究中，该方法被巧妙地应用于对比不同国家、地区或行业在社会责任信息披露方面的标准与实践，从而深入挖掘了它们之间的差异与共性。在探讨国内外企业社会责任信息披露标准的过程中，我们通过比较分析法，细致地审视了发达国家与发展中国家在信息披露标准上的差异，以及不同国家和地区在企业社会责任信息披露方面的具体实践。这一过程不仅涉及对各种标准发展背景、主要内容和关键指标的深入分析，还包括对这些标准的共同点与差异的剖析，以及对造成这些差异的原因和启示的总结。此外，本书还通过比较分析法，对不同绩效指标的适用性、相关性和有效性进行了评估。这一评估过程为构建一个既符合国际标准又适应中国国情的绩效指标体系提供了坚实的依据。通过这些深入的比较分析，本书不仅揭示了企业社会责任信息披露的国际趋势与本土实践的差异，而且为理解企业社会责任信息披露的经济价值和政策制定提供了宝贵的视角。更重要的是，比较分析法的应用有助于识别和借鉴国际上的成功经验和做法，为中国上市公司社会责任信息披露标准的建立和完善提供了切实可行的实践指导。因此，比较分析法在本书中的应用不仅丰富了我们对企业社会责任信息披露多维度的认识，而且为推动中国企业社会责任信息披露的规范化和标准化提供了有力的理论和实践支持。

1.3.3   案例分析法

案例分析法作为一种重要的研究方法，不仅能帮助研究者深入探讨和分析特定企业在社会责任信息披露方面的实践和经验，而且可以通过对具体案例的剖析，提供一个全面了解企业社会责任信息披露过程的窗口。特别是在第2篇中，我们精心挑选了丹麦制药巨头诺和诺德作为案例分析的对象。诺和诺德因其在企业社会责任信息披露方面的卓越表现而闻名，其综合报告的发展历程、框架内容、编制标准、审计认证、披露形式以及实施效果，为研究者提供了丰富的材料和深刻的见解。

通过对诺和诺德的案例分析，本书不仅揭示了企业社会责任信息披露的最佳实践，还深入探讨了这些实践背后的逻辑和原则。案例分析法的应用使得本书能够具体展示如何构建一个全面、透明且有效的社会责任信息披露体系，这对于中国上市公司来说，无疑是一份宝贵的实践指南。本书中的案例分析不仅提供了一个成功的企业社会责任信息披露案例，还为中国上市公司在社会责任信息披露方面提供了实际的操作指南和改进方向。通过深入分析诺和诺德的实践，读者可以直观地理解企业社会责任信息披露的重要性，以及如何通过具体的策略和措施来提升企业的社会责任表现。此外，案例分析法的应用还有助于读者从国际视角审视企业社会责任信息披露的实践，并从中汲取适合本土环境的解决方案。这种结合国际经验和本土实践的研究方法，不仅丰富了企业社会责任信息披露的理论内涵，也为中国企业在全球化背景下的社会责任实践提供了切实可行的策略。因此，案例分析法的应用，不仅为理解企业社会责任信息披露的重要性和实施细节提供了有力的支持，而且为中国上市公司在社会责任信息披露方面的实践提供了国际视角和本土化的解决方案，这对于推动中国企业社会责任信息披露的规范化和标准化具有重要的意义。

1.3.4　实证分析法

实证分析法作为一种严谨的科学研究方法，其核心在于通过观察和实验数据的收集与分析，来验证理论假设，探索变量之间的相互关系，并尝试揭示潜在的因果机制。这种方法在社会学、经济学以及管理学等多个领域都发挥着重要作用。本书第3篇通过提出问题、回顾文献、推导假设、设计具体研究方案、提出结论建议与未来展望等步骤对企业ESG的经济后果进行了定量分析，实证检验了企业社会责任信息披露的保险功效，为理解企业社会责任信息披露的经济价值和政策制定提供了定量证据基础，增强了研究的说服力和实用性。

实证分析法的应用使得本书的研究具有高度的现实意义和实践价值，它不仅为学术界提供了新的见解，也为实务界提供了决策支持。通过这种方法，本书不仅为理解企业社会责任信息披露的经济价值提供了有力的证据，而且为中国上市公司社会责任信息披露标准的建立和完善提供了实证支持。

1.3.5　归纳演绎法

归纳演绎法是科学研究中常用的一种逻辑推理方法，它结合了归纳推理和演绎推理两种思维方式。归纳推理是从个别事实或实例出发，通过观察和分析，提炼出一般性的规律或原理；而演绎推理则是从一般性的原理出发，推导出特殊情况下的结论。在本书的研究中，归纳演绎法主要运用于两个方面：

①归纳推理的应用。通过收集中国上市公司社会责任信息披露的具体案例和数据，观察不同企业在社会责任方面的实践。根据观察到的模式和趋势，归纳出适用于中国市场环境的企业社会责任信息披露标准。

②演绎推理的应用。利用已有的文献资料和社会责任相关理论，构建一个一般性的理论框架，作为分析和解释观察结果的基础；从理论框架出发，演绎出可以影响企业社会责任信息披露的相关因素，包括内部因素和外部环境等方面。此外，我们进一步通

过实证分析法、案例分析法等，来检验本书的理论框架是否合理，从个例和数据层面阐述了中国企业社会责任披露标准建立的重要意义。

通过归纳演绎法，本书的研究成果不仅能够帮助读者深入理解中国上市公司社会责任信息披露的现状和特点，还能够基于理论分析提出具有普遍性的对策建议，为中国企业社会责任信息披露的实践和政策制定提供坚实的理论和实证基础。

1.3.6　规范研究法

规范研究法是一种较为常见的研究方法，它侧重于建立或评估标准、原则、价值观和理想状态，并探索如何达到这些理想状态。与实证研究法关注"是什么"不同，规范研究法更关注"应该是什么"。规范研究法在伦理学、法律、政策制定和企业管理等领域有着广泛的应用。它通常具有以下特点：

① 价值导向：规范研究法基于一定的价值判断，研究者根据自己的价值观或社会普遍接受的价值观来设定研究目标。

② 理想状态：规范研究法旨在确定理想的标准或状态，这些可能是道德的、法律的、效率的或其他任何被认为是"好"的标准。

③ 评估和改进：规范研究法不仅关注当前实践与理想状态之间的差距，还关注如何改进现有实践以接近理想状态。

④ 指导性原则：规范研究法的研究结果通常提供指导性原则或建议，用以指导实践、政策制定或决策过程。

⑤ 多学科性：规范研究法往往涉及多个学科的知识，因为它需要从不同角度评估问题和解决方案。

在本书的研究中，规范研究法主要用于以下几个方面：

① 构建社会责任信息披露标准：基于企业社会责任理论和原则，建立一套理想的信息披露标准。

② 评估现有信息披露实践：使用建立的标准来评估中国上市公司现有的社会责任信息披露实践。

③ 提出改进建议：根据评估结果，提出如何改进信息披露实践以更好地满足社会责任的要求。

④ 标准的优化和制定：基于现有企业社会责任信息披露标准，对中国上市公司社会责任信息披露实践进行分析，从而改进和优化现有标准，形成相对完整的适用于我国企业的社会责任信息披露体系。

规范研究法为理解企业社会责任信息披露的重要性提供了理论基础，同时为中国上市公司社会责任信息披露标准的建立和完善提供了实践指导。

1.4 研究创新及研究不足

1.4.1 研究创新

（1）企业社会责任信息披露标准的构建

在当前全球经济一体化和可持续发展的大背景下，企业社会责任的履行和信息披露显得尤为重要。本书的首要创新之处在于构建了一个适用于中国上市公司的社会责任信息披露标准。这一标准不仅涵盖了传统的财务信息，还包括环境、社会和治理等非财务信息，从而为投资者和其他利益相关者提供了一个更全面的企业绩效评估框架。本书在构建CSR信息披露标准时，采取了以下几个创新性步骤：

① 多维度绩效指标的整合：标准不仅包括传统的财务绩效指标，还整合了环境、社会和治理等非财务指标，形成了一个多维度的绩效评估体系。

② 适应中国国情的定制：在制定标准时，充分考虑了中国的社会文化、经济发展阶段和政策法规状况，确保标准的适用性和有效性。

③ 利益相关者的广泛参与：在标准的制定过程中，邀请了政府机构、企业、投资者、非政府组织等多方利益相关者参与，确保标准的全面性和公正性。

④ 与国际标准的接轨：在确保标准适应中国国情的同时，也考虑了与国际CSR信息披露标准的兼容性，提高了中国企业在全球市场中的透明度和信誉。

⑤ 动态更新与持续改进：标准不是一成不变的，而是根据社会发展和企业实践的变化，进行动态更新和持续改进。

我们构建的CSR信息披露标准在内容方面融合了经济绩效（包括企业的财务状况、盈利能力、投资回报等传统财务指标）、环境绩效（涉及企业的能源使用、排放控制、资源管理、生态保护等环境责任）、社会绩效（涵盖企业的员工关怀、消费者权益保护、社区参与、公共福利贡献等社会责任）以及治理绩效（包括企业的治理结构、决策透明度、内部控制、合规性等治理要素）四大维度。本书在构建中国上市公司 CSR 信息披露标准方面的创新，不仅响应了全球经济一体化和可持续发展的要求，还为中国企业提供了一个全面、系统、适应国情的社会责任管理和披露框架。

（2）绩效指标的双重筛选程序

本书提出的双重筛选程序是对企业社会责任信息披露绩效指标进行精心筛选的创新方法，旨在确保所选指标不仅科学合理，而且能够适应中国特定的国情和市场环境。这一程序的创新之处在于其系统性和适应性，具体体现在以下几个方面：

① 多层次结构设计：该程序通过一级、二级、三级绩效指标的结构化设计，形成了一个多层次的指标体系。这种设计不仅确保了指标的全面性，也使得指标更加具体，有很强的可操作性。

② 系统性筛选框架：双重筛选程序建立了一个系统化的框架，确保绩效指标的选取不是随意的，而是基于一系列预先设定的标准和原则。这种系统性方法提高了指标选择的透明度和可重复性，有助于其他研究者理解和应用。

③ 初次筛选和二次筛选的适应性调整：在第一阶段，根据国际通用的企业社会责任标准和中国上市公司的具体情况，初步筛选出一系列可能的绩效指标。这一步骤涉及广泛的文献回顾和市场调研，以确保初步指标的全面性和相关性。在初次筛选的基础上，第二阶段进一步深入分析每个指标的适用性、可行性和重要性。这包括对每个指标进行权重分配、成本效益分析和预期效果评估，以确定其在中国上市公司社会责任信息披露中的适用性。双重筛选程序允许对绩效指标进行适应性调整，以确保它们充分反映中国上市公司的特定需求和面临的挑战。这种适应性考虑了中国特有的经济、社会、文化和法律环境。

④ 利益相关者视角：在筛选过程中，特别考虑了利益相关者的需求和期望，如股东、员工、消费者等，确保指标体系能够全面反映企业的社会责任表现。

（3）国内外标准对比分析

在探讨 CSR 信息披露标准时，本书深入进行了国内外标准的对比分析。通过横向对比，本书不仅总结了不同国家和地区在 CSR 信息披露上的具体做法，还深入剖析了它们在理念、结构和执行力度上的差异。例如，西方国家往往强调自愿性与市场驱动的披露原则，而中国则更侧重政府引导与法规强制相结合的方式。此外，本书还特别指出了不同标准在环境、社会和治理三个维度上的侧重点差异，以及这些差异对企业实践的具体影响。通过这种对比，本书旨在为读者提供一个宏观和全面的视角，帮助读者理解不同标准的形成背景、实施效果及对企业行为的引导作用。通过多维度对比、案例研究、关键指标对比，分析、探讨了全球CSR信息披露标准的发展趋势，以及中国标准与国际标准的融合可能性，提供了一个全面的视角，这有助于读者理解不同标准之间的差异和各自的优势。

（4）理论与实践的结合

本书在理论上的创新体现在对CSR信息披露标准的理论基础进行了系统的梳理和构建，提出了一系列新的理论框架和概念模型。同时，本书并未停留在理论层面，而是将理论与实际应用紧密结合起来，提供了丰富的案例分析和实务指导。在案例分析部分，选取了特定企业——诺和诺德——作为研究对象，详细分析了它在进行CSR信息披露时面临的挑战、采取的策略以及取得的成效。实证部分则利用上市公司的数据和问询函的特定情境实证检验了企业社会责任信息披露的经济后果和重要意义。本书不仅为学术界提供了新的研究视角和理论资源，也为实务界提供了实用的操作指南和决策参考，实现了学术研究与社会实践的有效对接。

1.4.2 研究不足

（1）定性分析的广度有限

尽管本书包含了案例研究，但未能充分和全面地探讨CSR信息披露背后的复杂动机和影响因素。例如，本书在对CSR信息披露的案例分析中，尽管涉及了多个维度，但在广度上仍有所欠缺。目前的研究多依赖二手数据，如公开报告和已有的文献，对于第一手数据的获取和分析则相对不足，这就使得我们对企业决策者CSR信息披露动机和影响因素的理解不够深刻。在研究中，我们缺少对企业决策者的深入访谈和观察，而使用这些方法才能揭示企业社会责任战略制定过程中的微妙动态和个体影响因素。未来，我们将尝试增加定性研究的深度，通过更深入的访谈、焦点小组讨论和直接观察，来获取更丰富的第一手资料；采用跨学科方法，结合心理学、社会学和管理学理论，更全面地理解 CSR 信息披露的动因。

（2）缺乏对标准实施后的跟踪评估

本书提出了一套社会责任信息披露标准，但缺乏对这些标准实施后效果的持续跟踪和评估，这限制我们了对标准实际效用的了解。此外，我们还缺少对标准实施过程中遇到的挑战和问题的系统性分析，以及对标准进行适时调整和完善的建议。我们没有充分考虑不同类型的企业（如不同规模、不同所有权结构）在实施标准时的特殊需求和所面临的挑战。未来，我们将设计和实施长期的跟踪评估机制，以监测和评估标准实施后的效果，并根据反馈进行必要的调整，增加对实施过程中遇到的挑战的研究，以及如何根据不同企业的特点调整标准。

（3）企业和行业覆盖面有限

本书主要研究了中国的上市公司，而没有涵盖更广泛的范围，如非上市公司或跨国公司的 CSR 信息披露实践。行业覆盖面也有限，本书没有充分考虑不同行业特有的 CSR 问题和信息披露需求，这可能影响研究结果的普适性和行业特定应用的适用性。我们对特定行业或地区的深入分析有所不足，这也导致我们无法完全理解这些领域内 CSR 信息披露的特殊性和复杂性。未来，我们会将研究范围扩展到不同国家和地区，探索不同文化和法律背景下的 CSR 信息披露实践；增加行业多样性，对不同行业进行特定的研究，特别是那些对环境和社会有显著影响的行业，如能源、制造、金融等，识别行业内 CSR 信息披露的最佳实践和面临的挑战；同时，进行跨行业比较，识别不同行业在 CSR 信息披露方面的独特做法和经验教训。

第2章　文献综述与理论基础

2.1　文献综述

2.1.1　国外企业社会责任研究现状

（1）企业社会责任信息披露内部驱动因素

①公司治理与特征

Cowen 等（1987）、Roberts（1992）认为企业社会责任披露与公司规模、行业类别、战略取向等特征息息相关，而具有较差的环境绩效这类特征的企业会导致较高的 CSR 披露水平（Cho 和 Pattern，2007；Patten，2002）。具有聚焦长期定位，致力于可持续发展战略特征的企业能够以长远眼光行事，考虑不同利益相关者的利益，并致力于通过从事可能不产生即时利润的 CSR 等实践来发展自己的声誉（Truong 等，2021）。另外，出于自身利益考量：为表现未来极佳的财务业绩（Lys 等，2015），创造独一无二的声誉效益（Melo 和 Garrido-Morgado，2012），凸显与 CSR 相关的宝贵的无形资产（Branco 和 Rodrigues，2006）等，企业会倾向于自愿披露企业社会责任的信息。而出于"声誉保险"的动机，企业也可能会进行社会责任披露，CSR 披露可能提供一种事前"保险"，以防随后出现问题（Christensen 等，2021）。企业 CSR 的发布可以降低投资者对企业 CSR 或财务不当行为的负面反应：例如，Christensen（2016）发现当发生备受瞩目的 CSR 不当行为时，先前发布 CSR 披露的公司比未发布此类披露的公司遭受的负面股价反应更少，从而降低了预期惩罚的严重程度。Blacconiere 和 Patten（1994）研究了同一行业公司在重大企业社会责任灾难期间的市场反应，发现进行 CSR 披露的公司比披露信息较少的同行业的公司负面反应要小，CSR 披露还能抵消环境绩效不佳的潜在声誉影响

（Cho 等，2012）。

②内部利益相关者

企业社会责任的披露也可能受到管理偏好的激励（Ness 和 Mirza，1991）。学者们广泛研究了管理层对企业社会责任活动和信息披露的影响。在某种程度上，管理层推动了有关企业社会责任计划的决策，他们的个人动机和目标可能是企业社会责任绩效和披露的关键因素。根据 Davidson 等（2019）的研究，管理层在企业一些社会责任活动中发挥着至关重要的影响力，研究表明 CEO 的固定效应解释了 59% 的企业社会责任得分的变动，而企业本身的固定效应则解释了 23% 的变动。他们还展示了管理特征会影响企业社会责任的结果，与简朴的首席执行官（CEO）领导的公司相比，由奢侈的 CEO 领导的公司表现出更低的 CSR 得分，更少的优势和更多的劣势。另外，管理者为增加股东财富、建立自身声誉、获得更高的效用可能会投资于企业社会责任，但他们可能不一定投资于提高股东价值（Martin 和 Moser，2016）。管理层还可能会利用企业社会责任披露来操纵公司的声誉，因为他们的披露有偏差（即"漂绿"），使其看起来比实际情况更好（Ingram 和 Frazier，1980；Pinnuck 等，2021）。此外，企业社会责任可能被用来操纵公司绩效。例如，Grieser 等（2021）的研究发现：公用事业公司使用慈善捐款来实现盈余目标，Petrovits（2006）发现公司使用其企业赞助的基金会来操纵其盈余报告。

（2）企业社会责任信息披露外部驱动因素

①竞争优势

Bowan 和 Haire（1975）、Porter 和 Kramer（2006）认为企业的社会责任决策是其战略举措和目标的一部分，企业可以战略性地利用自身社会责任来创造长期的竞争优势。许多经验和理论证据也表明企业社会资源可以被视为一种处于市场竞争下的战略资产（Branco 和 Rodrigues，2006；McWilliams 和 Siegel，2011；Reihardt，1988），基于资源的观点来审视企业社会责任活动，可以认为企业是不同资源和能力的集合。而当这些资源和能力是有价值的、稀有的、不可模仿的和不可替代的时，它们就构成了可持续竞争优势的来源，即在市场竞争下，CSR 能作为企业的可持续的竞争优势。Ryou 等（2022）发现企业社会责任获得竞争优势可能是通过公司的产品和流程创新以及营销策略来实现的，其背后的原理在于产品创新涉及创造对社会负责的产品，而工艺创新涉及使用对社会负责的生产过程。而 CSR 中的绿色营销策略帮助客户将公司的可持续产品与竞争对手的产品区分开来，形成可能的竞争优势。

②社会外界的期望与压力

Ryou 等（2022）认为企业社会责任报告可以为利益相关者和市场参与者提供了做出明智决策所需的信息，同时 Kim 等（2012）认为企业社会责任披露还可以向投资者发出信号，表明企业在盈余管理等其他领域以更负责任的方式行事；另外，企业也会使用其 CSR 披露来发出外部方无法观察到的信息以缓解外部方信息不对称问题，从而满足利益相关者对信息的需求。DesJardine 等（2021）认为企业会进行 CSR 披露以向股东提供有关绩效、战略方向、能力或企业声誉的额外信息。Naughton 等（2019）认为，当投资者对企业社会责任的情绪强烈时，这种信息需求会激励管理人披露企业社会责任信息。企业对投资者和利益相关者信息需求的回应推动了企业社会责任披露（Cowen 等，1987；Islam 和 Van Staden，2018；Michelon 等，2020）。例如，企业的社会责任披露可能会受到机构投资者偏好（Pawliczek 等，2021）或激进股东（Baloria 等，2019）的影响。自愿 CSR 披露在一定程度上取决于减少公司与其股东和利益相关者之间的信息不对称的愿望，以及公司需要披露其 CSR 绩效类型（Clarkson 等，2008）。企业社会责任披露也可能受到非股东成分的激励，与公司传统的财务披露相比，它具有不同或更广泛的目的（Moser 和 Martin，2012），并且上市公司和私营公司之间表现可能有所不同（Chi 等，2020）。例如，披露非营利的企业社会责任活动，管理层会将披露的重点放在投资的社会效益上，而非公司的净成本上（Moser 和 Martin，2012）。

③ 法律法规监管处罚

Baloria 等（2019）认为企业社会责任信息披露表明了企业的策略，这将最大限度地降低因不遵守标准而被采取监管行动或处罚的风险；然而反之，缺乏企业社会责任披露则可能被认为公司面临风险和未来监管成本（Blacconiere 和 Patten，1994），而面临高度政治风险的公司也可以利用企业社会责任披露来管理其在监管机构中的声誉（Neu 等，1998；Roberts，1992）。但近年来，法律专业人士观察到，如果利益相关者认为自愿披露企业社会责任包含重大误导性或虚假信息，则此类披露可能会增加公司的诉讼风险（Henriques，2022；Kuratek 等，2020）。同样，Deloitte（2016）指出担忧自愿企业社会责任披露相关的潜在法律风险会强烈影响企业的 CSR 报告的决策。

（3）企业本身的经济后果

① 公司价值

在所有类型的 ESG 及 CSR 文献中，最有争议的问题之一是关于公司责任的管理选择是否影响公司业绩和公司价值。企业社会责任实践影响企业财务绩效的一个重要渠道是通过企业社会责任信息披露。因此，许多学者致力于识别企业社会责任信息披露与企业价值之间的关系。虽然他们的结果倾向于正关联，即更高的 ESG / CSR 表现能够提升企业价值（Albuquerque 等，2019；Fatemi 等，2015），但研究发现了正的和负的（Hughes，2000；Shane 和 Spicer，1983）关联。另外，也有研究发现企业价值与企业社会责任信息披露（Khan 等，2016）之间没有关系。也有研究发现，企业社会责任与企业价值的关系在某些情境下可能为正，而在另一些情境下可能为负（Bartov 等，2022）。

其中，研究结果为正相关的有：Tsang，Hu 和 Li（2021）考察了与不同企业社会责任措施、企业社会责任类别和样本期间相关决策是否会影响所观察到的企业社会责任与企业价值之间的关系。结果表明，披露的企业社会责任表现指标都倾向于支持企业社会责任表现与公司价值之间存在明显且正面的关系。Ferrell 等（2016）发现 ESG / CSR 评分与企业价值之间存在正相关关系，并将分析扩展到具有较高的 ESG / CSR 绩效，以减弱管理防御与价值之间的负相关关系。Iliev 和 Roth（2020）的研究表明，董事驱动的企业 ESG / CSR 活动的增加会导致 ROA 和其他经营业绩指标的改善。Albuquerque 等（2019）同样观察到企业价值与 ESG / CSR 属性之间的关系，因为产品差异化程度高的企业可以从 ESG / CSR 活动中获益，对于高关注度企业来说，ESG 争议对公司市场价值产生了令人惊讶的显著和积极的影响，发现 ESG 争议以一种实际上增强了企业社会绩效（Corporate Social Performance，CSP）与市场价值之间关系的方式引起了投资者关注。Fatemi 等（2015）通过模型刻画了企业社会责任支出可能影响企业价值的情况，结合了企业社会责任支出对成长性、资本成本和生存概率的影响，结果表明，在某些情况下，企业对社会责任支出的承诺会明确地导致其股东的价值创造，但企业社会责任的价值创造潜力可能存在一定上限。Lin 等（2024）考察了中国酒店业在新冠疫情期间的 ESG 实践，ESG 实践作为一种声誉建设策略来减少大流行期间对企业资本价值的损害，因而更多的 ESG 实践有助于改善酒店企业与各利益相关者的关系，提升其正面形象，增加其市场增长预期，并帮助其实现合法性。

而一些实证研究则支持 ESG / CSR 活动不符合股东利益，反而是代理问题的结果。Buchanan 等（2018）使用衡量 ESG 披露质量而非 ESG 质量的 Bloomberg ESG 评级作为企业 ESG / CSR 属性的衡量指标。根据企业是否披露，对高、低 ESG / CSR 表现进行二分类，研究表明 ESG / CSR 措施、危机指标和托宾 Q 之间的交互作用系数显著为负。因此可以推测，在金融危机时期，代理问题加剧，导致本应支持的 ESG / CSR 项目的投资成本上升，从而使那些 ESG / CSR 表现优秀的企业遭受更显著的价值缩水。

另外，Servaes 和 Tamayo（2013）指出，企业价值与环境、社会及治理（ESG）及企业社会责任（CSR）之间的关联，会受到广告投资水平的影响。研究人员得出结论，对于公众认知度高的企业，企业社会责任活动可以提升企业价值，这与广告强度有关。对于公众认知度较低的企业，企业社会责任活动对企业价值的影响要么不显著，要么为负。Qiu 等（2016）发现，过去的盈利能力驱动了当前的社会披露，但并没有发现环境信息披露与盈利能力之间的关系。Nollet 等（2016）基于会计（资产回报率和资本回报率）和市场（超额股票回报率）的绩效指标，考察了企业社会绩效（CSP）与企业财务绩效（CFP）之间的关系。CSP 与基于会计的 CFP 措施之间 U 型关系的证据，表明从长期来看，CSP 效应是积极的，进一步分析发现治理是影响 CSP-CFP 关系的关键驱动因素，说明 CSR 投资应重点关注治理这一维度。

②资本成本

一般认为，公司的 ESG / CSR 表现根据其投资者偏好的权重影响其资本成本。在投资者偏好一定的基础上，大多数模型的结论是绿色企业将具有较低的资本成本。Chava（2014）将 ESG / CSR 分解为其组成部分，发现环境状况较差的企业，权益资本成本和债务资本成本都会更高，同时，具有这些环境问题的公司具有较低的机构所有权，以及较少的银行参与其中的贷款组合。

③绿色创新

Wang 和 Chu（2024）基于 2011—2020 年中国 A 股上市公司的数据，研究发现 ESG 评级对企业绿色创新的发展具有显著影响，促进了绿色创新活动从管道末端向源头控制的转变，并且 ESG 评级是通过减轻管理层的短视、提高研发人员比例和缓解财务限制来推动绿色创新的。

（4）资本市场参与者的经济后果

① 投资者

自愿性披露社会责任信息的企业具有更高的企业价值（Bucaro et al，2020；Khan et al，2016；Matsumura et al，2014；Naughton et al，2019）。例如，Matsumura et al（2014）发现披露碳排放权的企业的中位值显著高于可比的非披露企业，说明企业社会责任的信息透明度对于投资者来说是具有显著价值的。Baker 等（2020）提出了一个假设，即投资者在其效用框架中存在对环境、社会及治理（ESG）或企业社会责任（CSR）的偏好，并且认为在经济体系中可以区分出三种不同类型的投资者：一种是倾向于购买绿色股票的投资者，另一种是偏好棕色股票的投资者，还有一种则对股票的绿色性质并无明显认知的投资者。Martin 和 Moser（2016）通过实验发现，投资者看重与企业社会责任活动相关的社会效益，可能利用企业社会责任信息披露来帮助预测未来的收益和现金流，因而对自愿性披露绿色投资的反应比没有报告时更积极。Capelle-Blancard 和 Petit（2019）考察了 2002—2010 年 100 家上市公司的 3 万多起 ESG 消息事件在 Covalent Ethical Quote 数据库中的市场反应，发现负面 ESG 消息发布前后 3 天窗口内公司市值的变化平均约为 0.1%，正面 ESG 消息的影响几乎不显著，进一步发现 ESG 披露的文化邻近性和词汇内容在影响的大小方面起着显著的作用。少数研究表明两者之间存在负相关关系。此时，CSR 披露要么是强制性的，要么不是由公司产生的。例如，Shane 和 Spicer（1983）利用企业污染控制记录的外部信息，发现证券价格变动与企业社会责任报告负相关。Manchiraju 和 Rajgopal（2017）采用事件研究和断点回归设计研究发现，印度法律迫使的非自愿企业社会责任支出导致受影响公司的股价下降 4.1%。最后，Chen 等（2018）的研究表明，我国强制性的社会责任信息披露要求降低了企业的盈利能力，这种减少在经济上是有意义的。Masulis 和 Reza（2015）研究发现，公司捐赠不是纯粹的公司价值最大化工具，而是经理人-股东代理问题的一种表现形式，这种形式的公司捐赠通常服务于 CEO 个人利益，损害了外部董事的独立性，并导致较低的股票收益，因而这种类型的 ESG/CSR 活动并不被投资者重视，没有发现明确关系。Khan 等（2016）发现，对物质可持续性问题的投资可以为股东降低风险，而对非物质可持续性问题的投资几乎没有任何积极或消极的价值影响。而 Guiral 等（2020）发现，当公司的整体社会责任表现由物质性社会责任问题驱动时，社会责任表现对投资者基本面价值估计的影响不受其是否明确评估社会责任的影响。

②分析师

财务分析师等金融中介机构也会关注企业的社会责任信息披露。Bernardi 和 Stark（2018）在南非企业样本中证实了独立的 CSR 报告与更高的分析师关注度和更低的分析师预测误差相关。Tsang 等（2022）认为，在世界各国，财务分析师在企业社会责任信息披露与企业价值的关系中起着关键作用，分析师报告也会影响其他投资者的认知。

③债务市场

债务市场与股东一样，贷款人也可能对企业社会责任信息披露存在偏好。Schneider（2011）利用美国政府数据，发现披露较低污染率的公司比高污染者的利差更低，这表明披露较好企业社会责任表现的公司风险更低。Truong 等（2021）发现披露较高的客户满意度评分与较低的公司债券收益率和较小的银行贷款利差相关。Tan 等（2020）提供的证据表明，公司债券持有人也重视公司的社会责任信息披露。

④管理者和员工

报告企业社会责任的行为可能会促使管理者在企业的经营管理中付出一定的努力。Christensen（2016）发现当管理者报告其公司问责活动时，高知名度的不当行为比率降低了 24.8%，这与报告过程一致，这有助于公司更好地管理其运营和风险。披露了社会责任表现积极的公司的管理者也会抑制盈余管理（Kim 等，2012）。Dai 等（2021）认为，披露积极的企业社会责任表现提升了 CEO 的劳动力市场潜力。公司也可以战略性地披露企业社会责任（CSR）活动，以对冲盈余管理的不利影响，从而转移利益相关者对非标准报告程序的注意力。Borralho 等（2022）使用了 2009—2018 年法国和西班牙上市公司的数据，ESG 披露确实能够减少管理层的盈余管理行为，但不同维度的影响可能不同，且 ESG 披露与盈余管理之间的关系受到企业家族或非家族身份的影响。Khurram 等（2024）采用绿色企业、高新技术企业和国有企业的差异化分组方法，探讨 ESG 披露如何改变中国高管与员工之间的内部薪酬差距，发现 ESG 信息披露与内部薪酬差距呈显著的 U 型关系，绿色和高新技术企业的内生特征在这种 U 型关系中具有正向调节作用。企业社会责任信息披露产生的外部性可能会影响普通员工。Christensen 等（2017）发现，当证监会（SEC）要求矿业企业披露矿山安全记录时，员工相关的伤害减少了 12%~16%。同样，当雇主评论发布在社交媒体上时，企业改善了他们的员工关系和增加了员工多样性，这表明这些披露唤醒了公众意识，从而对员工产生了现实世界的影响。员工的行为也可能受到企业社会责任导向的影响，例如，Balakrishnan 等（2011）的研究表明，当企业捐赠增加时，员工会给予更多的慈善捐赠。

⑤外部环境

企业社会责任信息披露也具有环境外部性。例如，强制 CSR 披露与较低的温室气体排放（Downar et al，2021）、增强的碳绩效（Qian 和 Schaltegger，2017）和改善的水质（Chen et al，2018）相关。

2.1.2　国内企业社会责任研究现状

（1）企业社会责任信息披露内部驱动因素

①公司治理

在管理层自利主义假说下，企业社会责任的信息传递效应被扭曲为信息遮蔽效应，管理者可能利用良好的社会责任表现来转移公众对其不当行为的注意力（高勇强等，2012）。关于管理层自利主义假设所引起的企业社会责任负面影响的研究指出，企业社会责任的展现往往掩盖了管理层的盈余操作、提升了审计人员对企业潜在风险的评估，并加剧了股价崩盘的可能性（权小锋等，2015；田利辉、王可第，2017），从而损害了股东利益和企业价值。与此同时，上市公司中小股东在保护投资者权益方面发挥着重要作用，他们可以通过减少信息的不对称性来提高决策的透明度，减少管理层短视，显著提升上市公司的 ESG 表现（汤旭东等，2024）。李增福和陈嘉滢（2023）研究了企业 ESG 表现与其财务策略之间的联系，特别是短债长用策略如何受到企业社会责任实践的影响。

② 可持续发展战略

ESG 的价值产出能否满足企业可持续发展的需求构成了企业 ESG 决策的关键（杨有德等，2023）。潘玉坤、郭萌萌（2023）认为，企业经营的不确定性加剧会促使企业进行战略调整，通过可持续转型和增加绿色投资，进而提升 ESG 表现。

也有文献从跨期的视角来分析社会责任对长期绩效与长期竞争力的影响。李百兴等（2018）与朱乃平等（2014）的研究表明，企业积极承担社会责任对当期和近期财务绩效无显著影响，但会显著提高数期后的长期财务绩效。企业加强绿色创新投入履行企业社会责任不仅能减少对环境的负面影响，还能够通过提供绿色差异化的产品来激发市场的新需求，从而增强其在市场中的长期竞争力（李青原和肖泽华，2020）。

另外负责任的银行贷款可以显著提升上市公司的 ESG 表现（朱光顺和魏宁，2023）。金融机构通过提供与 ESG 绩效挂钩的贷款产品，不仅支持企业的可持续发展，也强化了金融市场在全球可持续发展目标中的作用。

③企业文化

企业在履行社会责任时，基于利他主义的动机，体现出一种无私奉献的精神，旨在为社会做出贡献而不期待回报。研究表明，来自贫困背景的企业首席执行官更容易推动带有社会责任特征的企业文化，导致其企业在社会福利捐助上的活动更为频繁。此外，那些在经历过严重饥荒的环境中成长的首席执行官所管理的企业，也往往在慈善捐赠方面表现得更为慷慨（许年行和李哲，2016）。

④内部利益相关者

与企业社会责任信息披露相关的内部利益相关者研究对象主要为员工与股东。企业主动披露企业社会责任信息与企业员工相关。一方面，具有 ESG 优势的企业会通过积极披露履行社会责任的信息，建立良好的声誉，树立负责任的企业形象（谢红军和吕雪，2022），这会吸引更多的员工加入企业，有助于增强员工的组织支持感和外部荣誉感，调动员工工作积极性（颜爱民和李歌，2016）。另一方面，善待员工通常是在 ESG 评级中社会责任方面的主要因素，包括平等对待员工、增加员工职业安全投资、为员工提供在职培训等，这有利于提高员工的人力资本，从而改善员工的收入状况，进而导致企业就业水平的提高（毛其淋和王玥清，2023）。

从股东方面，企业的资本输入与知识转移也对企业的 CSR 有影响。创业投资通过资本和知识的注入帮助企业实施有效的 ESG 策略（朱炳昇等，2024）。这种资本和技术的注入不仅促进了企业的绿色创新和技术升级，还帮助企业在市场上建立了可持续竞争优势。创业投资支持的技术创新项目常常带来新的商业模式和产品，这些都可能成为企业增长的新动力。

（2）企业社会责任信息披露外部驱动因素

①社会期望与压力

监管环境的强化能显著提升企业的 ESG 表现（汤旭东等，2024）。这表明，一个严格的监管框架可以有效地激励企业改善其社会和环境责任表现。严格的环境法规、社会责任要求和治理标准促使企业投入必要资源以达到或超过这些标准，从而提高整体业绩，在提升公司的 ESG 成绩的同时，还能推动整个行业向更高标准的社会责任实践转变，从而强化了企业对环境和社会责任的承诺。另外，李宗泽和李志斌（2023）探讨了企业在群体中如何进行 ESG 信息披露的决策，揭示了监管政策和行业标准对企业公开透明度的推动作用。在监管动机下，以机构投资者为代表的资本市场势力会在促进企业 ESG 表现方面发挥重要的作用。一方面，机构投资者日益将企业在环境、社会及治理方面的表现融入其投资决策中，并对这些表现给予积极关注。基金经理和投资者的 ESG 投资承诺可以直接影响企业的 ESG 表现（蔡贵龙和张亚楠，2023）。投资者越来越侧重于企业的社会责任表现，这促使企业在决策过程更加注重环境、社会及治理因素，进而提高其在资本市场的竞争力和收益表现。同时，机构投资者在绿色金融的监管压力下，必须对上市公司的 ESG 表现提出更为严格的标准。目前我国在中央层面也已建立起针对金融机构的绿色金融绩效评估机制，并将评估结果融入考核标准以及央行的评级体系，中国银保监会倡导金融机构在其管理程序及全面风险管理体系中整合环境、社会及公司治理要求（何德旭和程贵，2022）。雷雷等（2023）持相反观点，认为共同机构持股会显著降低企业的 ESG 表现，而长期机构投资者对企业 ESG 表现无显著影响。此外，政府过于严格的环境规制，会增加企业生产成本，降低企业全要素生产率（刘和旺等，2016）。

媒体报道企业 ESG 信息，能够显著促进企业 ESG 信息披露质量提升（翟胜宝等，2022），能够使得企业 ESG 各项相关表现有了较为公平的被"曝光"机会，其信息受体也将扩展到社会中的各类利益相关者（沈弋等，2014），从而在一定程度上可以起到对企业 ESG 公开信息的重要补充作用，督促管理者对企业 ESG 信息披露质量的良好保持。

②市场竞争

当企业在环境风险管理、环境信息披露以及环境绩效等方面表现较好时，企业将获得规模更大、期限更长以及成本更低的外部融资（黎文靖和路晓燕，2015；沈洪涛和马正彪，2014；吴红军等，2017）。

ESG 优势可以让企业更好地克服在投资中的安全审查或环境保护等隐形壁垒（谢红军和吕雪，2022），巩固与利益相关方关系（黄伟和陈钊，2015）。据李志斌等（2020）

分析，与社会责任及环保相关的高外部效应行为，常被企业视为维系利益相关者关系的有效手段，旨在获取稀缺的市场资源。

依据资源依赖理论及利益相关者理论，企业展现社会责任能促进与银行、投资者等利益相关者的金融资源获取。在股权与信贷市场相对薄弱的国家，ESG 表现成为改善企业融资路径的重要策略（冉戎等，2016；邱牧远、殷红，2019；吴红军和刘啟仁、吴世农，2017）。通过帮助企业建立政治关联（李姝、谢晓嫣，2014），企业履行社会责任可以促使金融机构，特别是银行，增加对企业的信贷支持。对于股权融资受限的企业，承担社会责任向市场传递了企业财务绩效良好、具备社会责任意识的信号（闫海洲和陈百助，2017），这有助于缓解投资者对公司未来运营风险的忧虑，从而提升他们的投资热情，并降低资本成本（邱牧远和殷红，2019）。

（3）企业本身经济后果

① 企业价值

提升 ESG 表现有助于提升企业价值。一方面，提高 ESG 表现能够加强市场竞争力，从而获得更高的现金流，提升市场价值，潘健平等（2021）的研究发现，企业提升 ESG 表现不仅提高了自身经营业绩，而且增加了股东财富水平。另一方面，尽管在短期内提升 ESG 表现可能涉及一定的支出，但此举有助于优化公司治理，减轻代理问题，进而提升企业的长期价值。

② 财务表现

已有文献研究了企业社会责任披露与企业财务绩效、成本收益等方面的关系。研究表明企业社会责任存在"金融化"效应，能够提高企业金融资产配置水平（顾雷雷等，2020）。这一发现突出了透明的信息披露和强化监管在增强企业金融表现中的关键作用。通过披露社会和环境信息，企业能够吸引更多关注可持续投资的投资者，从而提高资本市场的参与度和企业的市场价值。丁宁等（2020）指出，短期内银行从事 ESG 投资可能会增加经营成本，降低经营效率，但在长期内发挥主要作用，对银行成本效率产生正向影响。王双进等（2022）指出工业企业 ESG 责任履行对财务绩效的影响呈现 U 形非线性特征，而竞争战略强化了二者间的 U 形关系。

③绿色转型

ESG 评级在企业与市场的连接中起着重要作用，能够改善企业的外部信息环境，为企业绿色发展提供激励相容的市场化治理机制。胡洁等（2023）发现ESG评级通过市场激励机制与外部监督机制，显著促进了企业绿色转型。

④国际竞争力

资本市场的国际化推动企业提升其ESG表现以满足国际投资者的期望（宋献中等，2024）。随着全球投资者越来越重视可持续投资，国内企业为吸引国际资金，必须遵守更严格的国际ESG标准。这不仅增强了企业的国际竞争力，还可能引来更多的外国直接投资，从而提升企业的全球市场地位。

⑤弱化风险

还有文献表明企业社会责任披露能显著弱化企业金融风险。企业需在金融决策中考虑到环境风险，如"绿天鹅"风险，这种风险指的是由于气候变化导致的极端环境事件（杨子晖等，2024）。认识到这些风险并采取相应的风险管理策略可以帮助企业更好地适应气候变化，减少潜在的财务损失，对冲环境风险，从而保持其长期的投资价值。此外，社会责任信息可以显著降低股价崩盘风险（宋献中等，2017；权小锋和吴世农和尹洪英，2015），提升上市企业对外投资的可能性和规模（谢红军和吕雪，2022），加剧企业避税行为（李增福等，2016）。

（4）资本市场参与者的经济后果

①分析师

CSR/ESG还会影响分析师预测准确性。ESG评级的分歧可能影响分析师对企业盈余的预测准确性（周泽将等，2023）。这表明市场对ESG信息的反应存在不确定性，企业需要更有效地管理其ESG信息披露策略，以减少市场的误解和投资风险。

②投资者

企业社会责任对投资者的行为也有一定的影响。蔡贵龙和张亚楠（2023）的研究深入探讨了公募基金签署负责任投资原则（PRI）后的行为变化。该研究发现，基金经理在承诺遵守ESG投资原则后，其投资决策和管理策略明显转向更加重视企业的ESG表现。具体表现在投资组合的选择上，更倾向于选择那些在ESG表现上有优异表现的公司。此外，这一承诺还促使基金经理在日常管理中采用更为透明和责任感强的沟通策略，以此来满足日益增长的投资者对可持续投资的需求。研究揭示了这种行为转变对市场的广泛影响，尤其是在提高市场整体的ESG标准和推动更广泛的社会责任意识方面。

此外，唐棣和金星晔（2023）的研究综述了在全球碳中和政策背景下，ESG投资者行为的最新趋势。他们指出，随着国际社会对气候变化问题的关注增加，投资者日益寻求那些能够证明其业务模式与长期环境可持续性相符的投资机会。研究强调了投资者在评估潜在投资时，越来越多地考虑企业的碳足迹和减排努力。此外，该文还探讨了如何通过投资创新的绿色技术和支持具有强大环境政策的公司，来促进碳中和目标的实现。综述为理解和塑造未来的投资策略提供了理论基础，展示了ESG投资不仅符合道德和环境标准，同时也可望带来经济回报。

③社会与环境效应

除此之外，企业社会责任还具有一定的社会与环境效应。毛其淋和王玥清（2023）研究聚焦于中国上市公司实施环境、社会及治理（ESG）实践对就业市场的具体影响，该研究发现，积极采取ESG措施的公司往往能够创造更多的就业机会，并提供更好的工作环境，这反过来又提高了员工的满意度和工作效率，该研究揭示了企业社会责任活动对劳动力市场产生的正面和深远影响。张大永等（2023）的研究深入探讨了气候金融的概念和实践，尤其是在中国的应用，并系统地讨论了气候变化对金融行业的影响。研究指出，随着全球气候变化的挑战加剧，金融行业在资金配置、风险管理和创新金融产品开发方面扮演着越来越关键的角色。特别是在中国，政府和私营部门正在积极探索如何利用金融工具和机制来支持低碳经济的转型。该研究详细介绍了绿色债券、绿色银行及碳交易等金融产品的发展现状和面临的挑战，同时分析了这些金融工具如何助力于实现国家的碳中和目标。研究还突出了需要进一步探讨的前沿研究方向，包括如何改进气候风险评估模型以及如何设计激励机制以促进更广泛的市场参与。

2.2　理论基础

2.2.1　可持续发展理论

可持续发展的理念是一种综合框架，旨在为人类提供指导，使其在满足当代需求的同时，保留未来世代满足其各自需求的能力。该理论侧重于协调社会、经济与环境之间的需求，以保障现今与后代的健康和福祉。这一理论强调在发展过程中，不仅要实现经济增长和满足人类需求，还要保护和维持自然资源和生态系统的完整性，强调经济发展、社会包容与环境保护之间的平衡。

（1）理论介绍与发展

格罗·哈莱姆布伦特兰（Gro Harlem Brundtland，1987）作为前挪威总理，在联合国的委托下领导了世界环境与发展委员会（WCED），该委员会发布了《我们共同的未来》报告，首次提出了可持续发展的现代定义，即"满足当代人的需求而不损害未来世代满足其需求的能力"。该报告不仅强调了环境保护的必要性，而且提出了经济发展与社会福祉的平衡需求，提醒全世界注意到，未来的发展必须建立在对自然资源的合理利用和保护之上。布伦特兰的工作启发了无数政策制定者、学者和公众人物，对环境与发展的问题进行更加全面和深入的思考。她的理念至今仍是全球许多可持续发展政策和实践的基石，她的影响力横跨了政治、科学和教育等多个领域。

接着在 *In Fairness to Future Generations* 中，Edith Brown Weiss（1989）探讨了环境决策中的代际公正问题，她的理论提出了在使用自然资源时必须考虑到未来世代的权利和福祉。她提出了一种具有远见的理念，认为在使用自然资源和制定环境政策时，必须充分考虑到未来世代的权利和福祉。她的理论强调，现在的我们有责任维护地球的生态完整性，确保其不因今天的经济活动而受损，从而保障未来世代同样能享有自然资源和健康环境的权利。Weiss的理念不仅引发了环境法和政策制定者的广泛讨论，而且还促进了国际社会对可持续发展的认识深化。她提出，保护环境不仅是为了我们自己，更是对未来承诺的一部分，这种观念为全球环境治理提供了道德和法律的新视角。她的工作推动了诸多关于环境正义和代际责任的后续研究，成为理解和实现可持续发展目标的理论基础之一。

而后 John Elkington（1997）提出了三重底线（Triple Bottom Line）概念，这一定义描述为"满足当前人们的需求而不损害未来世代满足其需求的能力"。这一理论认为企业和组织的成功应基于它们在经济、环境和社会这三个维度上的表现。这种观点为企业界和政策制定者提供了一种衡量和实施可持续性的实用框架，从而深刻影响了全球环境政策和发展策略的走向。

作为系统动力学和环境问题的先驱，Meadows（2008）在其著作 *Thinking in Systems : A Primer* 中深入阐述了系统思维在解决复杂的环境、经济和社会问题中的关键作用。作为系统动力学和可持续发展的先驱,Meadows提供了一种全新的思考方式,强调理解组件之间相互作用的重要性。她的理论指出,许多全球挑战如气候变化、经济不稳定和社会不公正都不是孤立存在的问题,而是系统性问题,需要通过系统思维来综合分析和应对。

而联合国也一直致力于可持续发展理论的全球推广。1992年,在巴西里约热内卢举行的联合国环境与发展会议(亦称"地球问题首脑会议")上,可持续发展的概念在全球范围内得到了推广。地球问题首脑会议制定并通过的《里约宣言》和《21世纪行动议程》等重要文件,为全球环境政策和可持续发展战略奠定了基础。之后,2000年联合国提出了"千年发展目标",2015年又提出了"可持续发展目标"(Sustainable Development Goals,SDGs)。SDGs设定了至2030年的全球发展目标,包括从消除贫困到保护地球的生态系统等17个目标,在2015年千年发展目标到期之后接替并指导2015—2030年的全球发展工作。SDGs旨在从2015年到2030年间以综合方式彻底解决社会、经济和环境三个维度的发展问题,转向可持续发展道路。

这些学术研究和政策里程碑彰显了可持续发展理论的复杂性和多维性。从系统思考到代际公正,从地球峰会到全球发展目标,可持续发展理论不仅是环境保护的呼声,而且是对经济和社会发展的全面考量。未来的挑战在于如何将这些理论转化为实际的行动和政策,以确保地球及其居民的长远福祉。

(2)理论的批评与评论

可持续发展理论虽然在全球范围内被广泛接受并用于指导发展政策,但也面临着一系列批评和挑战。这些批评主要涉及概念的模糊性、实际执行难度、忽视社会和经济问题,以及可能的经济影响等方面,具体包括:

① 概念的模糊性。可持续发展的定义虽然广泛使用,但其具体含义经常受到批评。批评者指出,"可持续发展"这一术语在不同的背景和利益相关者中可能有不同的解释,导致其在政策和实践中的应用变得模糊不清。这种模糊性可能削弱了该理论的实际效力和应用性。Hopwood、Mellor和O'Brien(2005)在其论文中指出了这一点,认为可持续发展概念的多义性导致了在操作层面的混乱和误解。

② 实际执行难度。可持续发展的实现在实际操作中面临巨大挑战。这些挑战包括技术限制、资金短缺、政策不连贯以及缺乏有效的监管机制等。Turner(1993)在其研

究中探讨了实现可持续发展目标的环境、经济和社会约束，指出这些因素在很多情况下限制了可持续策略的有效实施。

③ 忽视社会和经济问题。一些学者和政策制定者批评可持续发展过于强调环境保护，而可能忽视了迫切的社会和经济问题，如贫困、不平等和社会不稳定。Redclift（2005）强调了可持续发展理论在实践中往往忽视了社会公正和经济发展的重要性，而过分强调环境方面的考虑。

④ 可能的经济影响。尽管可持续发展旨在促进环境保护与经济发展的协调，但批评者认为，过分的环境规制可能抑制经济增长和技术创新。Lomborg（2001）在其著作 *The Skeptical Environmentalist* 中批评了环保政策可能对经济增长产生的负面影响，认为在某些情况下，可持续发展的环境目标可能与经济增长的目标相冲突。

这些批评反映了可持续发展理论在理论与实践中需要解决的复杂问题和挑战，呼吁对现有的可持续发展政策和实践进行更深入的审视和改进。

（3）对理论未来研究的建议

本书对可持续发展理论未来的研究提出以下建议，以应对当前批评，并增强理论的应用性和有效性：

① 概念澄清与标准化。未来的研究应致力于对"可持续发展"概念进行进一步的澄清和标准化。通过跨学科的合作，建立一个更加精确和一致的定义，能够帮助政策制定者、研究者和实践者更好地理解和实施可持续发展策略。

② 加强跨学科研究。推动环境科学、经济学、社会学等多个学科之间的协作，以全面分析可持续发展的各种影响因素和后果。跨学科研究可以提供更全面的视角，帮助解决在可持续发展实施过程中遇到的复杂问题。

③ 开发和评估新技术。鼓励对可持续技术的研究和开发，特别是那些能够促进环保、经济增长和社会福祉的创新技术。同时，需要对这些技术的长期影响进行严格评估，以确保它们的实际应用不会带来未预见的负面效果。

④ 强化实证研究。加强对可持续发展政策和实践的实证研究，特别是在不同地区和不同经济体中的应用效果。通过收集和分析数据，研究者可以更好地理解哪些策略最有效，以及如何根据具体情况调整策略以提高效率。

⑤ 探索代际公正和伦理。未来的研究应更深入地探讨代际公正和伦理问题，特别

是如何在当前的政策制定和资源分配中公平地考虑到未来时代的需求和权利。

⑥ 改进政策设计与执行。研究应关注政策设计的创新，特别是如何设计灵活、适应性强的政策框架，以应对快速变化的环境和社会需求。此外，研究应探索提高政策执行效率的方法，包括利用现代技术和方法提高监管和执行的能力。

⑦ 文化和行为研究。深入研究文化和行为因素如何影响可持续发展的实践，以及如何通过教育和公共宣传改变公众行为，促使更广泛的社会参与可持续发展活动。

通过这些研究方向的发展，笔者认为可持续发展理论不仅能更有效地指导全球发展政策，而且能帮助各国更好地应对环境挑战，从而促进经济和社会的长期健康发展。

（4）理论相关必读经典文献

《我们共同的未来》（*Our Common Future*）——世界环境与发展委员会（Brundtland Commission），1987

Limits to Growth——Donella H. Meadows，Dennis L. Meadows，Jørgen Randers，William W. Behrens Ⅲ，1972

Thinking in Systems：A Primer—— Donella H. Meadows，2008

The Ecology of Commerce：A Declaration of Sustainability——Paul Hawken，1993

The Tragedy of the Commons—— Garrett Hardin，1968

这些文献构成了可持续发展理论的核心思想，为理解和推动全球可持续政策提供了理论基础。

（5）理论与 CSR 的联系与启示

可持续发展理论与 CSR 紧密相关，两者都强调了组织在追求经济发展的同时，需要考虑社会福祉和环境保护。可持续发展理论为 CSR 提供了一个更宽广的框架和哲学基础，而 CSR 则是企业在可持续发展路径上的具体实践。

可持续发展理论强调环境、社会和经济的三重底线，这与 CSR 中的相应元素相呼应。企业在其 CSR 活动中，不仅要追求利润最大化，还需考虑其对环境的影响和对社会的贡献。这种思想启示企业在制定长远战略时，应综合考虑经济效益与社会、环境责任的平衡。

另外，可持续发展理论倡导的系统思维方法对 CSR 实践具有重要启示。企业不应仅关注自身的直接影响，而应从更广泛的系统层面考虑其行为对环境和社会系统的影响。这种思维方式促使企业在决策过程中考虑到行为的间接效应和长期后果，从而更好地实现可持续发展目标。

而可持续发展理论中的代际公正概念，即当前行为应确保不损害未来世代的福祉，为 CSR 活动提供了伦理基础。企业在进行社会责任投资时，需要考虑其对未来世代的影响，确保资源的合理利用和保护。

可持续发展理论还强调将环境和社会目标整合到核心商业战略中。同样，现代的 CSR 越来越被视为不仅是慈善活动，而是一种能够增强企业竞争力和市场定位的战略工具。通过整合 CSR 到业务战略，企业能够在市场中建立可持续的竞争优势。

最后，可持续发展理论提供的全球视角，强调考虑全球影响和履行全球责任，对于跨国公司的 CSR 实践尤为重要。同时，企业还需要关注其在当地社区的社会责任，实现全球与本地需求的平衡。

总体来说，通过将可持续发展理论与 CSR 活动相结合，企业不仅能够在法规和市场压力下应对挑战，还能主动寻求创新和改进，以社会和环境责任为动力，推动经济增长与社会进步。这种综合方法不仅有助于构建更加公平、健康和繁荣的社会，也为企业自身带来长远利益。

2.2.2　利益相关者理论

利益相关者理论（Stakeholder Theory）是理解和实施 CSR 的一个核心框架，它强调企业在经营过程中应考虑和平衡所有利益相关者的需求和利益，而不仅仅是股东。这一理论由 R. Edward Freeman 在 1984 年的作品 *Strategic Management：A Stakeholder Approach* 中系统提出，并且自那以后，它已经成为指导企业社会责任实践的重要理论。

（1）理论介绍与发展

利益相关者理论是一个关于组织管理和伦理实践的理论框架，主要关注企业应如何考虑和平衡其决策中涉及的所有相关方的利益。这一理论自 20 世纪中叶逐渐发展起来，并在 20 世纪 80 年代成为管理学和企业社会责任研究的一个重要领域。其基本观点认为，企业的成功依赖于其与广泛利益相关者群体的关系管理。这些利益相关者包括但不限于股东、员工、客户、供应商、社区、政府以及环境等。理论主张企业应当：①识别利益相关者：确定所有直接或间接影响或被企业活动影响的个体或团体。②认知利益相关者的期望与需求：通过有效的沟通与互动，深入了解各类利益相关者所希望的具体内容与要求。③寻求利益平衡协调：在决策的过程中，致力于兼顾各方的利益，确保所有相关方的权利获得应有的重视和满足。

早在 20 世纪 60 年代 Eric Rhenman（1960）在他担任瑞典工业经济研究所研究员期间首次系统地提出了利益相关者的概念，他在企业管理中提出了利益相关者作为核心组成部分的观点，并认为企业应当与其利益相关者保持良好的互动与沟通。H. Igor Ansoff（1965）在其著作 *Corporate Strategy* 中也引入了对企业外部环境的分析，包括利益相关者的需求和期望。他的"环境扫描"模型帮助企业在制定战略时考虑外部影响，这为后来的利益相关者理论提供了策略层面的前提。

Ian Mitroff（1983）等学者已经开始探讨组织涉及多方利益相关者的复杂性。他们的研究着重于如何识别和管理企业决策中的复杂利益关系。而利益相关者理论初期思想与发展在现代意义上是由 R. Edward Freeman（1984）在其著作 *Strategic Management：A Stakeholder Approach* 中系统提出的。他认为企业应在其战略管理中考虑和平衡所有关键利益相关者的需求和利益。此理论从一个更全面的角度出发，挑战了传统上以股东利益最大化为中心的企业管理和决策模式，引导企业更加注重社会责任和伦理行为。Freeman 强调，企业成功的关键在于管理层如何处理与企业利益相关的各方关系，包括股东、员工、客户、供应商、社区和政府等。此书极大地推广了利益相关者理论，并使其成为现代企业战略不可或缺的一部分。

Max Clarkson（1995）进一步扩展了利益相关者理论，特别是在企业社会责任领域。他提出企业不仅要对其直接利益相关者负责，还应对那些通过间接方式影响或被企业影响的群体负责。同年，Thomas Donaldson 和 Lee Preston（1995）在其论文中强调了利益相关者理论的道德和哲学基础。他们论证了企业对利益相关者的责任是建立在道德义务之上的，这一观点为理论提供了更深层次的伦理支持。在 Robert Phillips（2003）的作品中，Phillips 对传统利益相关者理论也进行了扩展，特别是在利益相关者身份认定和道德责任上的界定。他提出了"利益相关者的公正理论"，强调在识别和优先考虑利益相关者时应依据道德和公正原则进行，他的工作帮助理论界更准确地界定何谓"真正的"利益相关者。

而在 21 世纪初，利益相关者理论被发展应用于全球化背景下的企业伦理和企业社会责任问题。Andrew Crane 和 Dirk Matten（2007）在其著作 *Business Ethics: Managing Corporate Citizenship* 和 *Sustainability in the Age of Globalization* 中进一步探讨了全球化对企业社会责任的影响。他们分析了在全球化进程中，如何通过更广泛的利益相关者参与来提高企业的道德标准和社会责任，他们讨论了跨国公司如何在不同文化和法律环境中平衡多样化的利益相关者需求，特别是在跨国运营中面临的伦理挑战。

利益相关者理论的发展历程反映了管理学和企业社会责任理论的演进。从最初的概念提出到深入的理论研究，再到实践中的广泛应用，这一理论不断被扩展和丰富。它不仅帮助企业更有效地管理内外部关系，也推动了全球商业伦理和可持续发展的进步应用。利益相关者理论已经从单纯的理论框架，转变为指导企业在复杂经济和社会环境中做出道德和战略决策的实用工具。

（2）理论的批判与评论

利益相关者理论自从提出以来，在学术和实践领域得到了广泛的应用，但同时也面临了众多批判和挑战。Milton Friedman（1970）批判企业承担社会责任的观点，认为企业的主要责任是为股东创造利润。他指出，过分关注其他利益相关者会分散企业的主要目标，从而影响经济效率和股东价值。Michael C. Jensen（2001）提出，利益相关者理论缺乏清晰的目标函数，使得企业难以在实际操作中衡量和优化其行为。他认为这种理论是不完善的，因为它试图服务于多个目标而非最大化企业价值。Robert M. Grant（1991）在工作中指出，利益相关者理论虽然强调了企业与多方利益相关者的关系，但未能提供一个具体的可操作性的框架来权衡这些相关者的利益。他认为这种理论过于依赖道德判断，缺乏实际的管理指导。Elisabeth Garriga 和 Domènec Melé（2004）综述了 CSR 理论，并提出利益相关者理论虽然提升了企业的社会责任意识，但过于强调平衡各方利益可能导致决策的模糊和执行的困难。Aneel Karnani（2010）批判了企业在追求利益相关者利益的过程中可能忽视了其核心的经济责任，尤其是在资源有限的情况下，试图满足所有利益相关者的需求是不现实的。

这些批评反映了对利益相关者理论在理论深度、实际应用和道德实践方面的主要担忧。尽管如此，这一理论依然是理解和实施现代企业社会责任的重要工具。未来的发展可能需要在确保理论的实际可操作性和经济合理性的同时，进一步整合和回应这些批评。

（3）对理论未来研究的建议

利益相关者理论为理解和管理组织与其广泛利益相关者之间的复杂关系提供了一个强有力的框架。然而，随着全球化、技术进步和社会期望的变化，未来的研究需要对现有理论进行扩展和深化，以适应不断变化的商业环境和社会需求。以下是本书对利益相关者理论未来研究的几点建议：

① 整合全球视角。随着企业活动的全球化，利益相关者的范围和复杂性也在增加。未来的研究应更多地考虑跨国文化、法律和经济差异对利益相关者关系的影响。研究如何在不同文化和监管环境下有效地识别和平衡全球利益相关者的需求和期望。

② 数字化与技术影响。现代技术，如人工智能、大数据和区块链，正在改变组织与利益相关者的互动方式。未来研究应探索这些技术如何影响利益相关者的沟通、参与和管理，以及如何利用这些技术提高透明度和增强利益相关者参与。

③ 深化环境与社会维度。面对气候变化和社会不平等等全球挑战，企业的环境和社会责任越来越受到关注。未来的研究应深入探讨企业如何在其策略和操作中有效地整合环境保护和社会福祉，以及这些行为如何影响其与利益相关者的关系。

④ 重视道德与伦理。利益相关者理论在道德和伦理方面的应用需要进行更深入的探讨。未来的研究可以探索如何在企业决策中更好地应用伦理原则，特别是在处理潜在的利益冲突和权衡不同利益相关者利益时。

⑤ 实证研究与案例分析。尽管利益相关者理论在理论上已经较为成熟，但在特定情况下的应用和效果仍需通过实证研究来验证。未来的研究可以利用更多具体案例分析，提供关于理论在不同行业和具体情境下的应用效果，以及如何实际解决复杂的管理问题。

利益相关者理论将需要能更好地适应当代和未来的挑战，帮助组织更有效地管理与众多利益相关者的关系，从而促进可持续发展和社会责任。

（4）理论相关必读经典文献

Strategic Management: A Stakeholder Approach——R. Edward Freeman，1984

Stakeholders of the Organizational Mind——Ian Mitroff 1983

Stakeholder Theory 和 *Organizational Ethics*——Robert Phillips，2003

Business Ethics: Managing Corporate Citizenship 和 *Sustainability in the Age of*

Globalization——Andrew Crane 和 Dirk Matten，2007

这些经典文献为理解和应用利益相关者理论提供了深入的视角和方法，为企业如何平衡和优化与其利益相关者的关系提供了全面的理论框架和实用的管理策略。

（5）理论与 CSR 的联系与启示

利益相关者理论与 CSR 紧密相关，为理解和实施 CSR 提供了重要的理论基础。这一理论强调企业在做出决策时不仅应考虑股东的利益，还应关注其他各方利益相关者的权益。这种理念与 CSR 的核心目标，即企业在追求经济利益的同时，也应承担社会责任和环境责任，高度一致。

首先，利益相关者理论为企业社会责任提供了一个广泛的视角，强调企业除了追求经济利益外，还应承担社会责任，具体包括：①环境保护：企业应采取措施减少对环境的负面影响，比如减少废物产生、使用可持续资源、减少碳排放等。②社会福祉：企业应通过提供安全的工作环境、支持社区发展项目、参与慈善事业等活动，促进社会福祉。③道德行为：企业应在其业务和供应链管理中坚持高标准的道德行为，例如，公平交易、反对贪污腐败和尊重人权。

其次，利益相关者理论与 CSR 主要有以下几个方面的联系：①扩展责任范围：利益相关者理论推动企业将责任范围从传统的股东利益最大化扩展到更广泛的社会责任和环境责任。这包括对员工、客户、供应商、社区以及环境的责任。②促进透明和对话：利益相关者理论强调企业与其利益相关者之间的沟通和对话的重要性。这种交流有助于企业更好地理解和满足各方的需求与期望，同时也增强了企业的透明度和信任度。③整合战略与道德：理论认为，企业的长期成功依赖于其与利益相关者的关系质量。通过考虑这些关系的伦理维度，企业可以构建更为可持续和道德的业务模式，这与 CSR 的基本原则相吻合。

最后，利益相关者理论对 CSR 实践带来了如下启示：①全面识别利益相关者：企业应全面识别并分析所有潜在的利益相关者，包括直接和间接影响的个体或集体，从而确保在企业决策中考虑到各方的利益和需求。②构建有效的沟通机制：建立和维护与利益相关者之间的有效沟通渠道是至关重要的。这不仅有助于及时响应利益相关者的关切，还可以在危机管理和企业创新中发挥关键作用。③评估和平衡冲突的利益：企业需要发展策略和工具来评估和平衡不同利益相关者之间的冲突利益。这可能包括建立公平的决策过程，以及通过第三方审计和评估来保证透明和公正。④持续监测与改进：企业应定期监测其CSR活动对利益相关者的影响，并根据反馈和变化的环境条件持续改进其策略和实践。

通过整合利益相关者理论的观点和方法，企业可以更有效地实施CSR活动，不仅增强企业的市场竞争力，还能显著提升其社会形象和可持续性。

2.2.3 综合报告（统一报告）理论

综合报告（统一报告）理论是一种新兴的企业报告框架，旨在提供比传统财务报告更全面的企业信息。它融合了财务与非财务数据，包括环境、社会和公司治理（ESG）因素，以反映企业的整体绩效及其对经济、环境和社会的广泛影响。该理念的发展旨在帮助投资者、利益相关者和决策者更全面地了解企业的持续价值创造能力。

（1）理论介绍与发展

综合报告理论的提出源于对传统财务报告的局限性的深刻认识。传统的财务报告通常集中在企业的财务表现上，但往往未能全面反映企业对环境和社会的影响，或详尽描述企业如何影响和利用各类资本以创造长期价值。为了解决这些不足，并提供一个更全面的企业绩效视角，国际综合报告委员会（IIRC）于2010年正式提出了综合报告的概念。这种报告方法不仅关注财务成果，而且将企业的社会、环境和经济影响整合在一起，为利益相关者提供一个全面的企业价值创造画面。综合报告的目的是通过这种全景式的信息展示，帮助投资者和其他利益相关者更好地理解企业的持续发展能力。在这一理念的指导下，国际综合报告委员会继续深化研究，并于2013年发布了《国际综合报告框架》。这一框架不仅明确了综合报告的结构和核心内容，而且强调了透明度和连贯性在企业报告中的重要性，为全球企业提供了一套清晰的指南，以实现更加负责任和可持续的业务操作。

而理论的发展在综合报告的实践中表现出以下几个关键方向：

① 从财务到非财务信息的整合。综合报告理论倡导企业超越传统的财务报告范畴，扩展到非财务信息的披露，包括企业操作对环境和社会资本的影响。这种转变不仅有助于利益相关者全面理解企业的持续运营和价值创造能力，而且强调了企业活动在社会和环境维度上的综合效应。Robert G. Eccles 和 Michael P. Krzus（2010）在 *One Report:*

Integrated Reporting for a Sustainable Strategy 中深入分析了整合对企业战略的关键作用，并指出信息的透明性对于实现可持续发展和创造企业长期价值至关重要。

② 透明度与责任。综合报告极大地强调透明度和责任，推动企业在其报告中全面披露战略、治理、绩效以及对社会和环境的影响。这种全方位的透明度不仅增强了企业的责任感，而且通过建立信任，提高了公众和投资者对企业活动的认可和支持。Mervyn King（2016）在其指导下的《国际综合报告框架》中明确提出了透明度和责任在维护企业长期成功中的核心地位，指出企业应当如何通过综合报告向公众展示其对社会责任和环境责任的承担。

③ 连接不同的报告框架。为实现信息的整合并提供统一而全面的报告框架，综合报告理论与全球报告倡议（GRI）标准、SASB（Sustainability Accounting Standards Board）标准以及其他非财务报告标准之间的连接持续增强。这种整合努力确保了报告的一致性和可比性，使得各种标准之间的信息能够无缝对接。Nancy B. Kurland 和 Debra Shapiro（2011）在他们的研究中探讨了不同报告框架的整合对于增强企业综合报告质量的重要性，说明了多标准集成的实际应用对于透明度和综合性的提升。

这些理论和实践的发展不仅展示了综合报告在企业报告领域的进步，同时也指出了在全球企业透明度和责任感提升过程中的重要步骤。通过这些努力，企业不仅能够更有效地沟通其对社会和环境的贡献，还能在全球市场中建立起更高的信誉和更强的竞争力。

（2）理论的批判与评论

综合报告理论在推动企业向可持续发展和社会责任方向发展的同时，也面临着一些批判和挑战。

① 缺乏一致性和标准化。综合报告的实践缺乏一致性和标准化，不同企业使用不同的报告框架和指标，导致报告内容难以比较和评估。

② 信息过载。综合报告包含了大量的信息，可能导致信息过载，使得利益相关者难以从中获取有用信息。

③ 真实性和可靠性。一些批评者对企业在综合报告中提供的信息的真实性和可靠性表示怀疑，认为企业可能夸大或掩盖了一些信息。

④ 短期主义。一些企业在综合报告中仍然过分关注短期财务绩效，而忽视了长期

可持续性和价值创造的重要性。

⑤ 监管和治理不足。在综合报告领域，缺乏有效的监管与治理机制，导致企业在报告的实践中未能建立起必要的规范与约束。

尽管存在这些批判和挑战，但综合报告理论仍然是推动企业向可持续发展和社会责任方向迈进的重要工具。未来，需要进一步加强标准化和一致性，提高信息的真实性和可靠性，促进财务和非财务信息的整合，加强长期价值观念，同时加强监管和治理机制的建设，以推动综合报告理论的持续发展和实践。

（3）对理论未来研究的建议

在探讨对综合报告理论未来研究的建议时，笔者认为可以从以下几个方面来考虑：

① 更广泛的行业和地区覆盖。综合报告理论的应用多集中于特定行业和发达地区。未来的研究可以扩展到更多行业以及发展中地区，考察综合报告在不同经济环境和文化背景下的适用性和效果。

② 技术的融入和创新使用。随着科技的发展，特别是大数据和人工智能的广泛应用，研究如何利用这些技术来优化综合报告的生成、分析和利用，将是一个重要的研究方向。例如，自动化工具和算法可以帮助企业更高效地整合以及报告财务与非财务信息。

③ 利益相关者参与和反馈机制。综合报告不仅是信息的展示，更是一个多方参与的沟通过程。研究如何有效地增加利益相关者，尤其是小股东、员工和社区等非传统财务利益相关者的参与度，以及如何构建有效的反馈机制，对于提高报告的质量和实用性极为重要。

④ 综合报告的标准化与定制化。研究如何在维持报告标准化的基础上，加入更多定制化的内容，以满足不同利益相关者的具体需求。这包括探索不同行业和区域对报告内容和格式的特定要求。

⑤ 综合报告与企业绩效的关联。探讨综合报告的实施与企业社会责任、可持续发展目标及长期财务绩效之间的关系。通过实证研究分析综合报告的有效性和影响力，为企业提供实施综合报告的经济动力。

⑥ 法规、政策和激励机制。研究政府和监管机构如何通过法规和政策推动综合报告的广泛采纳。此外，探讨激励机制，如税收优惠、资金支持等，来鼓励更多企业采用

综合报告。

通过这些方向的深入研究，综合报告理论不仅可以在学术上得到丰富和发展，同时也能在实践中更好地服务于企业和社会的可持续发展目标。

（4）理论相关必读经典文献

《国际综合报告框架》（*International Integrated Reporting Framework*）——国际综合报告理事会（IIRC），2013

One Report: Integrated Reporting for a Sustainable Strategy——Robert G. Eccles 和 Michael P. Krzus，2010

The Impact of Corporate Sustainability on Organizational Processes 和 *Performance*——Robert G. Eccles，Ioannis Ioannou 和 George Serafeim，2014

Integrated Reporting: The New Big Picture——Mervyn King，2011

The International Integrated Reporting Council: A Call to Action——Carol A. Adams，2011

以上文献对于理解综合报告的理论框架和实际应用都具有指导意义。

（5）理论与 CSR 的联系与启示

综合报告理论（Integrated Reporting，IR）和 CSR 之间有密切的联系，两者都关注企业的持续发展和对社会的影响。综合报告理论旨在通过将传统的财务报告与非财务信息（如环境、社会和治理因素）整合在一起，提供给利益相关者一个更全面的企业表现视图。

其联系体现在：①信息整合。CSR 通常涉及报告企业在环境保护、社会责任和公司治理（ESG）方面的表现。综合报告框架强调将这些非财务信息与财务数据结合起来，提供一个全面的业务表现视图。②利益相关者沟通。CSR 报告的一个主要目的是提高企业与其利益相关者（包括投资者、消费者、员工和社区）之间的透明度和沟通。综合报告同样强调利益相关者的参与，旨在通过全面和一致的信息披露来增强利益相关者的信任和满意度。③战略对齐。综合报告鼓励企业在其报告中反映出战略目标、资源配置和业绩表现之间的一致性。CSR 活动通常与企业的核心战略紧密相连，综合报告提供了一种框架来展示这种战略整合如何帮助企业实现长期的可持续性目标。

而该理论对 CSR 启示在于：①强化战略整合。企业应将 CSR 活动更深入地融入其核心业务战略。综合报告可以作为一个工具，帮助企业识别和表达 CSR 活动与其长期商业目标之间的对接和增值点。②增强非财务性能的度量和报告。企业应发展和采纳更全面的非财务性能指标，如环境影响、社会贡献和治理质量，这些都是衡量企业社会责任表现的关键因素。综合报告提供了一个架构，通过这些指标的整合展现企业在这些领域的表现。③提高透明度和信任。通过综合报告，企业可以向外部利益相关者展示其承担社会责任的具体方式和结果，这有助于建立外部利益相关者的信任，可能促进投资者关系、提升客户忠诚度。④促进可持续发展。综合报告促使企业在报告中包含可持续性目标，这不仅反映了其对当前社会和环境问题的回应，而且展示了企业如何通过其业务活动促进长期的环境和社会福祉。

总之，综合报告理论为企业提供了一种有效的工具，通过整合财务信息和非财务信息，更全面地反映企业的整体表现和价值创造过程。这种综合性的信息披露是实现 CSR 目标和展示企业社会责任承诺的关键方式。

2.2.4　其他相关理论

（1）合法性理论

合法性理论是组织理论中的一个关键概念，它探讨了企业如何在其运营的社会系统中获得和维持合法性。合法性通常被理解为社会价值系统对组织的行为、目标或存在的接受度。这一理论对理解组织如何通过符合社会规范、价值观和期望来获得支持和资源极为重要。

该理论的核心概念是组织需要获得其外部环境中关键利益相关者的认可，这种认可是组织生存和成功的关键。合法性可以基于几个不同的层面（Suchman，1995）：①认知合法性：组织的存在和操作被视为理所当然，被人们普遍理解和接受。这种合法性通常是通过习俗、惯例或公认的合理性来获得。②规范合法性：组织行为是否符合社会的规范、价值观和法律标准。这涉及组织的政策和实践是否符合社会的广泛道德和伦理标准。③审查合法性：通过外部审计或评估机构的认可获得，反映了组织活动的透明度和责任性。

合法性理论广泛应用于管理和组织行为研究，尤其在企业社会责任（CSR）、环境管理和公共关系策略等领域。组织通过以下方式增强其合法性：①适应和符合

（DiMaggio 和 Powell，1983）：组织可能会改变其政策、实践或目标，以更好地符合外部环境的期望和标准。②战略沟通（Ashforth 和 Gibbs，1990）：组织通过积极的沟通策略来塑造其公共形象，强调其对社会价值和规范的承诺。③社会参与：通过参与社区活动或支持公益事业来展示其对社会的积极贡献。

当然，合法性理论也面临一些批评，尤其是关于其假设组织总是被动适应外部环境的标准。批评者如 Oliver（1991）认为，组织可以采取更积极的策略来塑造其合法性，例如通过影响或改变外部规范和期望。

这些学者的研究和观点为理解组织如何在复杂的社会环境中操作提供了深刻的洞见，同时也为企业如何更有效地管理其公共形象和社会责任提供了指导。

（2）资源基础观点理论

资源基础观点（Resource-Based View，RBV）是战略管理中的一个核心理论，它强调企业通过识别、开发和利用其独特的内部资源和能力来获得竞争优势。这一理论的基本前提是，企业的资源和能力在很大程度上决定了其性能和竞争力。资源基础观点最初由 Birger Wernerfelt 在 1984 年的文章 *A Resource-Based View of the Firm* 中提出，并由其他学者如 Jay Barney 和 Margaret Peteraf 进一步发展。

该理论的核心概念是企业的资源和能力，这些可以分为几个关键的属性：①价值性：资源必须能够为企业带来价值，使其能够有效地利用市场机会或消除外部威胁。②稀有性：可利用的资源需要具备独特性，以确保竞争对手难以获得。③难以模仿性（Barney，1991）：资源应具有独特性，难以被竞争对手复制或替代，这可能由历史条件、因果模糊性或社会复杂性导致。④不可替代性：资源不能通过其他资源或方式轻易被替代。

资源基础观点在战略管理实践中具有广泛的应用，尤其是在企业如何实现并维持竞争优势的问题上。组织通过以下方式利用其资源：①资源审计：企业进行内部资源的详细审计，识别其核心资源和能力。②资源配置（Peteraf，1993）：基于资源的价值和独特性，企业优化资源配置，以最大化其效用。③能力发展：企业不断发展和完善其独特能力，以应对外部环境的变化和竞争压力。

资源基础观点同样面临一些批评，主要集中在以下几个方面：①过分强调内部资源：批评者如 Priem 和 Butler（2001）认为，RBV 可能过于强调内部资源的作用，忽视了外部市场和行业结构的影响。②资源定义模糊：资源的概念在不同研究中往往缺乏一致性，导致理论的应用和验证存在困难。③动态能力的忽视：传统的 RBV 较少关注企业如何通过动态能力适应快速变化的环境，尽管后续的动态能力理论（Teece 等，1997）对此进行了补充。

资源基础观点为理解企业如何通过内部资源获得竞争优势提供了重要的理论基础，并指导了企业的战略决策。未来的研究可能需要进一步探讨如何整合内部资源优势和外部市场机会，以及如何在快速变化的环境中持续更新和发展企业的核心能力。

（3）信号理论

信号理论在经济学和管理学中是一个重要的理论框架，用于解释信息不对称情况下的信息传递问题。这一理论最初由 Michael Spence 在 1973 年的经济学论文 *Job Market Signaling* 中提出，用于分析就业市场中的教育如何作为个人能力的信号。

该理论的核心概念是，信息较多的一方（发送方）通过发送一个与成本相关的信号来传递其隐私信息，以此影响信息较少的一方（接收方）的行为和决策。有效的信号需要具备以下特性：①可观察性：信号必须是明显的，能够被接收方观察到。②代价性：发送信号的成本必须与发送者的类型相关，以确保只有真正具备某种属性的个体才愿意承担这一成本（Spence，1973）。③可区分性：信号应该能够使接收方区分发送者的不同类型或属性，从而做出更合理的决策。

信号理论在多个领域中有广泛的应用，包括：①招聘与人力资源管理：求职者通过教育背景、工作经验等来传递其能力信号（Spence，1973）。②金融市场：公司通过公开财务报表、信用评级等方式向市场传递其财务健康状况信号。③消费者行为：企业通过广告、品牌形象等来向消费者传递产品质量信号。

信号理论虽广泛应用，但也面临一些批评：①信号的可靠性：John Conlisk（1989）提出，在复杂的市场环境中，信号的可靠性可能受到质疑，尤其是当信号可以被操纵时。②信号与噪声的区分：在信息丰富的环境中，区分哪些是真正的信号，哪些是噪声成为一个挑战。③信号成本的变动：随着市场环境和技术的发展，原有的信号发送成本可能发生变化，从而影响信号的有效性。

信号理论为理解市场中的信息传递和决策提供了强有力的工具，尤其是在信息不对称显著的环境中。未来的研究可能需要进一步探索信号理论在新兴市场和技术变革背景下的应用，以及如何优化信号机制以提高市场效率。

（4）制度理论

制度理论是组织研究中一个关键理论框架，它探讨了制度环境如何影响组织的结构和行为。这一理论强调，组织行为不仅受到市场压力的影响，还受到社会、文化和政治环境中广泛的规范和预期的塑造。制度理论在20世纪70年代和80年代得到了广泛的发展，特别是学者如John Meyer，Brian Rowan（1977），Paul DiMaggio和Walter Powell（1983）的研究，这些研究有助于深入理解组织如何适应并反映其所处的制度环境。

该理论的核心概念主要关注以下几个方面：①制度同质化（Isomorphism）（DiMaggio和Powell，1983）：组织为了获得合法性和资源，往往会模仿其成功的同行或适应明确的规范和标准，从而导致在特定领域或行业内组织之间的结构和行为趋同。同质化可以是强制的、模仿的或规范的：Ⅰ.强制同质化：由外部压力，如法律、规定导致的改变。Ⅱ.模仿同质化：组织模仿在相似环境下表现良好的其他组织，以减少不确定性。Ⅲ.规范同质化：源自专业标准和行业规范，通常通过专业化过程传播。②制度环境：包括政治、法律、教育和文化等方面的因素，这些都为组织提供了一套行动规范。③合法性（Meyer和Rowan，1977）：组织采取符合制度环境预期的结构和策略，以增强其操作的合法性，获得必要的社会接受和资源支持。

制度理论广泛应用于组织变革、战略管理和企业社会责任等领域。具体应用包括：①组织改革：理解组织如何响应外部制度压力进行结构和策略的调整。②文化适应：分析跨国公司如何调整其策略和管理实践，以适应不同国家的文化和制度环境。③政策制定：研究政府如何通过制度框架影响私营和公共部门的行为。

尽管制度理论为理解组织与其环境的互动提供了深刻的见解，但它也面临一些批评：①行动主体的忽视：制度理论有时被批评过分强调环境的影响，而忽视了组织内部行动者的主动性和战略选择（Oliver，1991）。②缺乏动态视角：传统的制度理论可能不足以解释组织对快速变化环境的适应，特别是在技术快速发展的行业中（Garud，Hardy和Maguire，2007）。

总体来说，制度理论提供了一个框架，帮助学习者理解组织如何受到其广泛社会和文化环境的影响，以及它们如何通过适应这些环境来获得稳定性和合法性。未来的研究可能需要探索更多关于制度创新和变革的动力，以及组织内部和外部因素的相互作用。

（5）理论相关必读经典文献

Managing Legitimacy: Strategic and Institutional Approaches——Suchman，Mark C.，1995

Firm Resources and Sustained Competitive Advantage——Barney，Jay B.，1991

A Resource-Based View of the Firm——Wernerfelt，Birger，1984

Job Market Signaling——Spence，Michael，1973

Institutionalized Organizations: Formal Structure as Myth and Ceremony——Meyer，John W.，Rowan，Brian，1977

The Iron Cage Revisited: Institutional Isomorphism and Collective Rationality in Organizational Fields——DiMaggio，Paul J. & Powell，Walter W.，1983

这些文献详细探讨了合法性理论、资源基础观点理论、信号理论和制度理论的相关内容，为 CSR 学习者提供了理论基础，是应用理论领域不可或缺的学术资源。

（6）理论与 CSR 的联系与启示

合法性这一理论认为，组织从事 CSR 活动是为了获得其所在社会的合法性和接受度。通过参与社会责任活动，公司展示了它们对社会规范和价值的承诺，这可以增强它们的合法性。而资源基础观点理论认为，CSR 活动可以提供竞争优势的资源。实施有效的 CSR 策略的公司可以创建独特的能力，使其与竞争对手区别开来，从而引发更优的表现。CSR 不仅仅是一种成本，更是一种可以通过提升声誉、客户忠诚度和运营效率而带来重大回报的投资。在 CSR 的背景下，信号理论用于解释公司如何使用 CSR 活动来向利益相关者传递其质量或道德立场信号。这在信息不对称的情况下尤其相关，CSR 活动可以作为公司致力于良好实践和可靠性的信号。另外，制度理论是在制度压力的背景下解释 CSR。公司可能从事 CSR 活动不仅因为经济利益，而且因为它们面临来自行业或社会中流行的法律、规章或规范的压力。

第2篇
国内外企业社会责任信息披露标准比较研究

第3章 国内外企业社会责任信息披露标准及实践

3.1 政府机构社会责任信息披露标准

在发达市场经济国家，企业社会责任信息披露主要由政府机构和证券交易所推动。这些机构在促进透明度和公开性方面起着核心作用。政府机构通过制定涉及劳工权益保护、环境保护等领域的法律规章，或者直接出台关于企业社会责任信息披露的专门法规，要求国有企业、国有投资机构、养老基金及上市公司等经济组织披露相关的社会责任信息。例如，美国证券交易委员会（SEC）要求上市公司在年度报告中包含与企业社会责任相关的信息，如环境影响、社会政策和员工关系。这些规定旨在保护投资者利益，确保他们在做出投资决策时能够获取到企业的全面信息。

此外，证券交易所也通过推出相关指数和评估标准来鼓励公司披露更多的社会责任信息。例如，纽约证券交易所（NYSE）和伦敦证券交易所（LSE）等大型交易所都有推动环境、社会和治理（ESG）披露的举措。这些交易所通常会与国际非营利组织合作，共同制定可持续发展的评估工具和标准，以促进全球市场上的一致性和可比性。

政府机构制定和发布的社会责任信息披露法规和标准具有区域性特征，主要服务于本国的非上市公司、上市公司及投资机构。这些标准不仅反映了各国在社会责任方面的法律和文化差异，也适应了全球化背景下对企业行为透明度的普遍要求。例如欧盟，通过的新的非财务报告指令（NFRD）强化了企业披露社会和环境信息的要求，提高了标准的统一性和强制性。

因此，通过这些政府和交易所的规定，发达国家不仅提升了本国企业的透明度，也为全球资本市场的可持续发展设立了高标准。这种趋势表明，企业社会责任信息的披露已成为现代企业不可或缺的一部分，对于提升公司品牌形象、增强消费者信任及吸引负责任的投资具有重大意义。

3.1.1   国内政府机构社会责任信息披露标准

国内政府机构在推行企业社会责任信息披露方面，国务院国有资产监督管理委员会（以下简称"国资委"）的努力尤为显著。国资委2007年制定并发布《关于中央企业履行社会责任的指导意见》。2011年6月，国资委公开表示，从2012年开始，所有中央直属国有企业（以下简称"央企"或"中央企业"）将进行强制性社会责任信息披露。这一政策的实施标志着中国在提高国有企业透明度和社会责任方面迈出了重要步伐，说明中国对企业社会责任（CSR）的正式承认和支持。国资委不仅要求央企披露其在环境保护、能源消耗、劳工权益保护以及社会公益活动等方面的信息，还对信息披露的内容和质量提出了具体的要求，以保障披露信息的可靠性、准确性以及更新及时性。为进一步指导和规范此项工作，国资委于2024年6月制定了《关于新时代中央企业高标准履行社会责任的指导意见》，以促使中央企业在新时代更好地履行其社会责任。

此外，一些地方政府也积极推行区域性的企业社会责任标准，以响应和补充国家级的努力。例如，南京市政府于2009年12月推出了《南京市企业社会责任地方标准》，该标准旨在引导当地企业在经济发展的同时，注重社会责任的履行，强调了企业在促进就业、保护环境、保障员工权益及参与公益事业等方面的责任。杭州市政府也在2010年9月推出了《杭州市企业社会责任评价体系》，该体系通过设定一系列具体的评价指标，帮助企业和公众了解企业在履行社会责任方面的表现，同时也为政府监管提供了工具。

同时，可以看到财政部在2024年5月27日对外发布了《企业可持续披露准则——基本准则（征求意见稿）》（以下简称"基本准则"），基本准则是对党的二十大精神的积极响应，为中国企业（在中国境内注册的企业）推动经济、社会和环境的可持续发展并进行可持续发展信息披露提供了基本准则和通用性要求。基本准则的核心内容包括：构建统一的披露准则体系；明确披露目标和定位；彰显中国特色，保持国际衔接；信息质量要求；披露要素；其他披露要求。基本准则的征求意见稿的发布，标志着中国在推动企业可持续发展信息披露方面迈出了重要一步。

这些努力表明，中国政府在推动企业社会责任和建立与国际接轨的可持续披露准则方面的努力和决心，是在全球化背景下提升中国企业国际形象和竞争力的重要举措。

在国内政府机构社会责任信息披露标准方面，本书主要展示国资委2007年制定和发布的《关于中央企业履行社会责任的指导意见》更多细节。

国资委制定和发布的《关于中央企业履行社会责任的指导意见》是国内政府机构推出的企业社会责任标准的典型例子。这一指导意见明确了央企在社会责任方面的基本原则和履行目标，提出了具体的行动方案和实施步骤。指导意见强调了环境保护的重要性，要求企业采取有效措施减少生产运营过程中对环境的影响。同时，也对提升企业透明度、增强企业与利益相关者之间的沟通提出了要求，以增强公众对企业的信任和支持。通过这些政策和措施的实施，不仅加强了国有企业的社会责任感，也促进了整个社会责任信息披露体系的完善和发展。

（1）制定和发布机构

目前在我国，国务院国有资产监督管理委员会代表全体人民行使出资人的职责，对央企进行监督管理。国资委不仅是国有企业改革的推动者，更是国有资产管理的重要监督者。国资委的职责范围广泛，涵盖了推进国企改革、完善公司治理、推动国有经济结构布局和战略调整、人事任免、绩效考核等关键方面。此外，国资委还负责起草国有资产管理的法律、行政法规，并制定相关规章制度，确保国有资产的合理配置和高效使用。

在国企治理和责任实施方面，国资委积极发挥其政策制定和监督管理的双重作用。特别是在提高国有企业的社会责任感和透明度方面，国资委已经制定并发布了多项指导性文件。其中，《关于中央企业履行社会责任的指导意见》不仅明确了中央企业在社会责任方面的基本要求，还提出了实现这些要求的具体措施和目标。它指导央企如何在保障员工权益、环境保护、节能减排、支持社区发展等方面做出贡献，同时也强调了企业在促进社会和谐与持续发展中的作用。

此外，国资委通过定期的绩效考核和人事任免制度，确保央企高层管理者对公司治理和社会责任的重视，从而推动企业不仅在经济效益上，而且在社会责任履行上取得显著成效。通过这些综合措施，国资委努力确保央企在推动经济发展的同时，能够在社会责任方面树立典范，增强公众信赖。

国资委的这些努力显示了我国在推动国有企业社会责任方面的坚定决心和持续努

力，旨在通过强化国有企业的社会责任实践，进一步提升国有企业的公众形象和社会价值。

（2）背景

在经济全球化的大趋势下，一些大型跨国公司不仅在自己的核心业务中取得了领先地位，还在推广企业社会责任方面走在前列。这些公司通过国际贸易和全球业务网络，将企业社会责任理念传播到其他国家，成为全球企业社会责任实践的重要推动者。在国际舞台上，他们通过引入和实施高标准的环境保护措施、劳工权益保障，以及透明和道德的业务运营模式，展示了其对社会和环境责任的承诺。例如，许多跨国公司在供应链管理中引入严格的社会和环境标准，要求全球供应商遵守同等的责任准则，从而推动了全球责任管理的标准化。

在国内，中央企业作为国有产权性质的大型企业，往往拥有行业垄断的地位和丰富的资源，理应在履行社会责任方面起到表率作用。然而，历史上国资委在推动这些企业实施社会责任方面的步伐显得较为缓慢。直到2007年12月，国资委才正式出台《关于中央企业履行社会责任的指导意见》，象征着国家对央企在社会责任方面的正式承认与要求。虽然这些指导意见的发布相对较晚，但一经推出，便迅速将央企社会责任的履行提升到了企业战略的高度，并被国资委视为监管的重点内容之一。

国资委的这一转变反映了对国际和国内两种压力的响应。国际上，随着全球对企业社会责任的重视日益增加，中国的央企在参与国际市场竞争时，面临来自国际投资者、消费者和合作伙伴的高标准要求。国内方面，公众对央企的社会责任表现持续关注，尤其是在环境保护、公平就业和社区发展贡献等方面的表现。这些压力促使国资委加速推进相关政策的制定与执行，以确保央企不仅在经济效益上，也在社会责任的履行上能达到国际先进水平。

值得欣慰的是，国资委虽然起步较晚，但在推动央企社会责任方面显示出了坚定的决心并做出迅速的行动。通过强制要求央企编制并公开社会责任报告，以及定期评估其在社会责任方面的表现，国资委确保了央企在全面提升自身社会责任表现的同时，也能在经济全球化进程中，作为中国企业的代表，展现出强烈的社会责任感和良好的国际形象。

这些努力主要受到两大类驱动因素的影响：外部因素和内部因素。

第一，外部驱动因素：国外形象和国内压力。

首先，随着全球化的加深和中国在国际舞台上的日益活跃，央企不仅是国内经济的支柱，也成为了国际市场的重要参与者。国际社会对企业社会责任的关注不断增加，许多国际合作伙伴和外国消费者现在都将企业的社会责任表现作为选择合作与否的关键因素。因此，央企需要通过积极的社会责任实践，提升其在国际市场中的企业形象，以促进外贸和国际合作。此外，国内的公众监督也日益严格，媒体和公民团体对央企的社会责任表现持续关注，尤其是关注那些影响广泛的环境和社会问题，如高管薪酬透明度、公平分红政策、合理的资源分配和环境保护措施等。因此，公众压力促使央企必须在这些领域表现出更大的责任和透明度。

其次，中国政府长期倡导的科学发展观强调平衡和可持续的经济社会发展，强调企业在追求经济利益的同时应对社会和环境负责。作为国家战略的一部分，央企被寄望在社会责任的履行上发挥示范作用，引领中国企业文化向更加负责任和可持续的方向发展。这不仅涉及环保和社会福利项目的积极参与，也包括在企业治理、透明度提升和负责任的供应链管理中做出表率。

总的来说，央企在履行社会责任方面的行动不仅是对外部压力的响应，也是内部战略调整的结果。通过这些措施，央企不仅能够在国内外市场中提升其品牌价值和企业形象，还能通过促进社会和环境福祉来实现长远的可持续发展。

第二，内部驱动因素：主要涉及国家战略与可持续发展的重要目标。

中国政府一直以来都强调科学发展观，要求企业在追求经济利益的同时，必须坚持以人为中心的原则，承担对利益相关者的责任，并在保护环境的同时促进社会和谐。这一发展理念强调了经济增长与环境保护、社会责任之间的平衡，指向一个更广阔的发展视角——可持续发展。央企作为国有企业中规模最大、实力最强的群体，承担着特殊的责任和使命。它们不仅是国家经济发展的重要支柱，也是推动社会进步和环境保护的关键力量。因此，央企必须率先实践和推广科学发展观的理念，体现国家战略意志，并在全球和国内市场中展现责任感和领导力。

在理论和实践中，将企业社会责任与企业发展战略紧密融合已被证明能够同时提升企业的经济和社会效益。这种整合不仅可以增强企业的市场竞争力，还能在提升企业声誉、增强员工凝聚力的同时，开拓新的商业机会。此外，一个强有力的企业社会责任策略可以帮助企业有效管理运营风险，防范潜在的社会和环境问题，从而避免可能导致的金融和声誉损失。

对于央企而言，实践企业社会责任不仅是履行国家赋予的责任，也是提升企业长期可持续发展的关键。通过执行具有前瞻性的环保措施、确保供应链的社会责任和通过企业治理提升透明度，央企可以实现国有资产的保值增值，同时增强国有企业的整体竞争力。这不仅符合国家战略的要求，更是在全球范围内树立中国企业良好形象的有效途径。

总之，央企在推动可持续发展方面起到了模范作用，通过实践企业社会责任，不仅能够促进企业的健康发展，还能为社会和环境带来积极影响，实现经济、社会与环境三者的和谐统一。这种做法不仅是对内部战略的一种优化，更是对国家和全球可持续发展目标的有力支持。

（3）主要内容

国资委2007年制定并发布的《关于中央企业履行社会责任的指导意见》共计四方面内容、二十条规定，具体如下：

① 充分认识中央企业履行社会责任的重要意义：履行社会责任是中央企业深入贯彻落实科学发展观的实际行动；履行社会责任是全社会对中央企业的广泛要求；履行社会责任是实现中央企业可持续发展的必然选择；履行社会责任是中央企业参与国际经济交流合作的客观需要。

② 中央企业履行社会责任的指导思想、总体要求和基本原则：指导思想；总体要求；基本原则。

③ 中央企业履行社会责任的主要内容：坚持依法经营和诚实守信；不断提高持续盈利能力；切实提高产品质量和服务水平；加强资源节约和环境保护；推进自主创新和技术进步；保障生产安全；维护职工合法权益；参与社会公益事业。

④ 中央企业履行社会责任的主要措施：树立和深化社会责任意识；建立和完善履行社会责任的体制机制；建立社会责任报告制度；加强企业间交流与国际合作；加强党组织对企业社会责任工作的领导。

（4）关键绩效指标

《关于中央企业履行社会责任的指导意见》一般被看成一个指导性文件，因此，内容较为宽泛，代表国资委对央企社会责任的最低层次要求。从表3-1可以看出，一级指标及二级指标的分类显得无序，二级指标更加没有具体细分。

表3-1　　　　　《关于中央企业履行社会责任的指导意见》关键绩效指标一览

一级指标	二级指标
坚持依法经营诚实守信	模范遵守法律法规和社会公德、商业道德以及行业规则，及时足额纳税，维护投资者和债权人权益，保护知识产权，忠实履行合同，恪守商业信用，反对不正当竞争，杜绝商业活动中的腐败行为
不断提高持续盈利能力	完善公司治理，科学民主决策。优化发展战略，突出做强主业，缩短管理链条，合理配置资源。强化企业管理，提高管控能力，降低经营成本，加强风险防范，提高投入产出水平，增强市场竞争能力
切实提高产品质量和服务水平	保证产品和服务的安全性，改善产品性能，完善服务体系，努力为社会提供优质安全健康的产品和服务，最大限度地满足消费者的需求。保护消费者权益，妥善处理消费者提出的投诉和建议，努力为消费者创造更大的价值，取得广大消费者的信赖与认同
加强资源节约和环境保护	认真落实节能减排责任，带头完成节能减排任务。发展节能产业，开发节能产品，发展循环经济，提高资源综合利用效率。增加环保投入，改进工艺流程，降低污染物排放，实施清洁生产，坚持走低投入、低消耗、低排放和高效率的发展道路
推进自主创新和技术进步	建立和完善技术创新机制，加大研究开发投入，提高自主创新能力。加快高新技术开发和传统产业改造，着力突破产业和行业关键技术，增加技术创新储备。强化知识产权意识，实施知识产权战略，实现技术创新与知识产权的良性互动，形成一批拥有自主知识产权的核心技术和知名品牌，发挥对产业升级、结构优化的带动作用
保障生产安全	严格落实安全生产责任制，加大安全生产投入，严防重、特大安全事故发生。建立健全应急管理体系，不断提高应急管理水平和应对突发事件能力。为职工提供安全、健康、卫生的工作条件和生活环境，保障职工职业健康，预防和减少职业病和其他疾病对职工的危害
维护职工合法权益	依法与职工签订并履行劳动合同，坚持按劳分配、同工同酬，建立工资正常增长机制，按时足额缴纳社会保险。尊重职工人格，公平对待职工，杜绝性别、民族、宗教、年龄等各种歧视。加强职业教育培训，创造平等发展机会。加强职代会制度建设，深化厂务公开，推进民主管理。关心职工生活，切实为职工排忧解难
参与社会公益事业	积极参与社区建设，鼓励职工志愿服务社会。热心参与慈善、捐助等社会公益事业，关心支持教育、文化、卫生等公共福利事业。在发生重大自然灾害和突发事件的情况下，积极提供财力、物力和人力等方面的支持和援助

其实，从历年央企发布的社会责任报告（或称可持续发展报告）来看，对于社会责任报告的编制和发布，社会责任绩效指标信息的披露，各个企业自身遵循了更加严格的

标准，诸如 GRI 的 G3 标准，而非上文关键绩效指标。

（5）简要评价

从国资委制定和发布的《关于中央企业履行社会责任的指导意见》的具体内容来看，可发现具有以下特点：

第一，政府机构是推动企业社会责任实践的重要力量。

从国资委制定和发布的《关于中央企业履行社会责任的指导意见》的具体内容来看，该文件展现了几个明显的特点，其中最为核心的是政府机构在推动企业社会责任实践中的重要作用。在这一方面，国资委不仅仅是发出政策指令的机构，更是社会责任实践的核心推动者。通过制定明确的指导意见，国资委确保了央企不只是在追求经济效益的同时，而且要在环保、社会贡献和企业治理等方面展示出高度的责任感。这种做法不仅反映了国资委对于社会责任重要性的认识，更体现了将这种认识转化为具体行动的决心。政府通过这些政策的制定和实施，传达了一个明确的信息：国有企业作为国家资产的管理者，应当在推动社会和环境目标方面走在前列。政府部门希望通过这种方式强化国有企业在全社会的表率作用，使其成为推动社会责任和可持续发展的旗手。《关于中央企业履行社会责任的指导意见》的发布，不仅推动了央企在社会责任领域的具体实践，还强化了政府在引导企业社会责任方面的决策和执行力。这表明了国家对企业社会责任不断增长的重视，以及通过政策手段实现经济、社会和环境三者平衡发展的战略意图。

第二，指导意见传达国家对央企社会责任的最低层次要求。

国资委对央企制定和发布的社会责任指导意见，严格上说并不构成一个全面、系统、规范的社会责任信息披露标准，而更多地体现为对央企履行社会责任的基本要求。这些要求旨在确保央企至少达到一定的社会责任实践标准，为未来制定更严格和全面的规范打下基础。在指导意见中，国资委明确指出，企业履行社会责任的行动应与企业的实际情况相适应，同时考虑国家的基本国情。这意味着央企的社会责任行动不应脱离其运营的现实条件，包括其行业特性、企业规模和所处的社会经济环境等。此外，指导意见还强调了社会责任实践应突出重点、分步推进，确保每一步的实施都能在实际操作中取得具体的成效。这种逐步推进的策略有助于央企在保持经济效益的同时，逐渐提升其在社会责任方面的表现。

特别重要的是，指导意见中将保障员工权益放在首位，强调了央企在进行经济活动中应优先考虑员工的福利和权益保护。这不仅体现了社会责任的核心要素之一，也是建设和谐劳动关系、提升企业内部凝聚力和员工满意度的关键措施。

展望未来，随着社会对企业社会责任要求的提高以及国际标准的逐步引入，国资委可能逐步制定更详尽和规范的社会责任信息披露标准，如 2024 年 6 月制定发布的《关于新时代中央企业高标准履行社会责任的指导意见》。逐渐发布的更高要求标准将详细说明披露的内容、频率、方法及其他执行细节，以便央企不仅在国内市场中树立良好形象，也能在国际市场中展示其作为负责任企业的承诺和实力。通过这些更严格的标准，央企的社会责任实践不仅将更加透明和可量化，而且能更好地与国际实践接轨，提升中国央企在全球经济中的竞争力和声誉。

第三，央企社会责任实践与公众的预期还存在一定差距。

央企的独特地位，既是国有资产的管理者也是国家经济发展的重要力量，使得社会公众对其承担的社会责任抱有更高的期望。公众期待的不仅仅是央企能保障内部员工的权益和进行社会公益捐赠，更加重视其在更广泛社会经济领域中的作用和责任。

首先，公众对央企有一个明确的要求：确保国有资产的保值增值。作为国家资产的管理者，央企有责任通过有效和可持续的管理策略来保护和增加国家资产的价值。这不仅涉及资产的直接经济回报，也包括通过创新和投资推动经济转型和结构升级，从而实现长远的经济效益。

其次，社会公众期望央企能够提供质优价廉的产品和服务，在满足消费者需求的同时，推动行业的健康发展。这包括提升产品和服务的质量，确保其价格合理，以及在市场中维护公平竞争。这种责任不仅体现在消费市场，也体现在央企作为供应商时对下游企业的责任。

此外，公众寄望央企注重长期发展而非仅仅追求短期盈利。这意味着央企需要在商业决策中考虑环境保护、社会影响和经济可持续性，确保企业发展战略符合可持续发展的要求，而不是单纯追求短期的经济利益。同时，社会公众也希望央企能通过利润分红等方式回报社会，将企业的部分利润用于社会公益事业，支持教育、环保、医疗等社会领域的发展，这不仅有助于提升企业形象，也是企业回馈社会的重要方式。

最后，作为国有企业，央企应当成为社会表率和榜样，通过自身的正面行为示范引领行业乃至社会的正向发展。这包括在遵守法律、透明度、公平就业、环境保护等方面树立标杆，以及在面对国家和社会重大挑战时展现出领导力和责任感。

综上所述，央企作为国有企业在社会责任的履行上不仅要满足基本的经济和法律要求，更要积极响应公众的高期待，通过全方位的社会责任实践，真正成为促进社会和经济可持续发展的重要力量。

3.1.2   国外政府机构社会责任信息披露标准

世界范围内包括瑞典、法国、英国、阿根廷等在内的许多国家已经出台了政府强制性社会责任信息披露规定。这些规定的实施反映了全球范围内对企业透明度和社会责任的日益重视。

在马来西亚，政府将强制性社会责任信息披露规定视为重振经济的关键措施之一。这一决策缘起于1997年的亚洲金融危机，该危机揭示了信息透明度不足可能对经济造成的深远影响。马来西亚政府响应危机，提出了一系列改革措施，其中包括要求所有在马来西亚证券交易所（Bursa Malaysia）上市的公司在其年度财务报告中披露企业的社会责任活动，旨在提高公众对公司治理和社会责任实践的了解。

在英国，2006年的公司法修改后，政府强制要求在伦敦证券交易所上市的公司必须在年度商业回顾报告中披露涉及环境、工作场所、社会及社区方面的信息。这一法律变更是基于认识到这些信息对于股东和潜在投资者理解公司的经营和价值至关重要。

瑞典政府也将企业社会责任纳入其贸易、投资及国内外政策的重要组成部分。2007年，瑞典决定要求其所有国有企业根据全球报告倡议组织（GRI）的G3标准发布可持续发展报告，以促进更佳的商业实践和全面的企业透明度。

丹麦在2008年进一步推动了社会责任信息披露的立法工作，提出法案要求国家规模最大的1 000家公司，包括国有商业公司和机构投资者，必须在年度报告中声明是否有实施企业社会责任政策，以及这些政策的具体内容和实施计划。

澳大利亚政府也积极参与推动企业社会责任，启动了一项为期三年、总投资200万美元的项目，由非营利组织St. James Ethics Center操作。这一项目旨在发展一个企业社会责任的最佳实践网络，更新国家企业社会责任指数，从而在整个国家范围内推广社会责任的商业实践。

法国在政府推动企业社会责任信息披露方面尤为成功，其要求可以追溯到1977年政府首次关注企业社会和环境信息披露。到了2002年，法国进一步拓展了这些要求，使企业的社会责任信息披露成为法律强制要求的一部分。这些努力旨在确保法国在经济发展与社会及环境问题平衡的前沿，同时将一体化的财务报告和社会责任报告融入国家的可持续发展战略中。

本书以法国政府《新经济管制法案》（The Nouvelles Regulations Economiques）116条款为例，介绍国外政府对企业社会责任信息披露规定。

（1）制定和发布机构

与中国类似，法国是政府主导的会计信息披露国家，政府在企业会计准则的制定和执行、企业会计信息披露的监管过程中发挥着重要作用。法国政府将企业社会责任信息作为企业一种重要的非财务信息，并较早地制定和发布了企业社会责任信息披露法规。

（2）背景

自20世纪90年代以来，法国政府开始着手进行一系列广泛的经济改革，目的是将国家经济体制从过度的政府干预和国有化逐步转变为一个更加开放和私有化的市场体系。这一时期，法国面临着诸多经济和社会挑战，尤其是高失业率和劳动市场的僵化问题显得尤为突出。特别是青年和少数民族群体的失业率居高不下，这直接威胁到社会稳定和经济健康发展。因此，法国政府认识到必须采取措施，通过激励投资和创造就业机会来刺激经济增长。

在此背景下，法国政府逐渐意识到，企业社会责任的推广不仅有助于解决社会和环境问题，还能够通过提升企业竞争力和吸引投资者来促进经济增长。在全球范围内，对企业社会责任的投资日益增多，企业社会责任报告的实践也越来越广泛，这表明市场和投资者越来越重视企业在社会和环境方面的表现。随着全球企业社会责任的兴起，法国政府看到了通过 CSR 实践提升经济社会可持续发展的潜力。政府希望，通过要求企业披露社会责任信息，能够提升企业运营的透明度，同时响应国内外对可持续发展的需求。这种透明度被认为是提高企业在全球市场中吸引力的关键，能够增强投资者和消费者的信任，从而带动更多的资本流入和业务机会。因此，法国政府鼓励公司在其年度报告中满足所谓的"三重底线"（经济、社会、环境）要求，以体现其对股东原则的承诺并开展企业社会责任报告的实践。面对企业社会责任从自愿性到强制性的转变，法国政府最终决定通过立法强制企业进行社会责任信息的披露，确保所有企业都在同一标准下操作，进一步推动了这一实践的普及和深化。在这一政策和法规框架下，法国政府《新经济管制法案》第116条的颁布标志着这种变化的具体化和正式化，这不仅加强了国内市场的规范性和预测性，也使法国在国际上在处理经济与社会责任问题上保持了前沿地位。通过这种方式，法国政府希望确保在经济全球化和可持续发展趋势中，法国企业能够不仅遵循最佳实践，同时也能通过CSR活动展示其品牌价值和企业责任。

（3）主要内容

法国一直是全球企业社会责任实践和立法的先行者，特别是在非财务信息披露方面具有领先地位。早在1977年，法国政府便制定了开创性的规定，强制要求所有员工数量超过300人的公司在年度报告中披露关于雇员和工作场所的134项非财务信息。这一规定是法国推动企业透明度和社会责任的初步尝试，它标志着政府对企业内部运作透明度的高度重视，同时也体现了对劳工权益保护的承诺。

随着时间的推移和社会责任意识的增强，法国政府认识到单纯关注企业内部的劳动条件和员工权益已不足以满足日益增长的环境保护和社会责任需求。因此，在2001年，法国政府采取了更进一步的措施，通过《新经济管制法案》的116条款，拓展了社会责任信息披露的规定。这一法案的116条款具体要求所有在巴黎证券交易所主板上市的公司，不仅要在其年度报告中提供财务信息，还必须附带提供一份详细的关于社会和环境问题的报告。

这项报告的内容包括但不限于公司的环境保护措施、资源使用效率、社会贡献、员工多样性和包容性政策，以及企业治理结构等方面。此举意在推动公司管理层在运营决策中纳入环境和社会因素，提升企业的可持续发展能力。同时，这也使得投资者和其他利益相关者能够全面评估公司的非财务表现，辅助他们做出更为明智的投资决策。通过这样的法律要求，法国政府不仅加强了国内公司的社会责任和环境保护标准，也为全球其他国家在类似立法上树立了榜样。这种前瞻性的法规体现了法国在平衡经济发展与环境保护、社会公正之间的领导地位，强调了透明度和责任感对现代企业竞争力的重要性。这一政策的实施不仅提升了法国企业在国际上的形象，也促进了全球企业社会责任标准的提高和统一。

（4）关键绩效指标

法国的《新经济管制法案》116条款对上市公司的影响最为深远，116条款要求在巴黎证券交易所主板的上市公司披露涉及人权、社会贡献、环境保护等方面的定性或定量信息（见表3-2）。

表3-2　　　　　　　　法国的《新经济管制法案》116条款关键绩效指标一览

一级指标	二级指标	三级指标	
		建议定量披露	建议定性披露
人力资源	雇用	总雇员数	—
		年度新雇员数	招聘过程详情
		短期雇员数	分析与理由
		裁员数	分析与理由
		合约雇员数	分析与理由
		—	外包/分包
		为减轻重组影响而减少的解聘数	—
	工作组织	加班时间	分析与理由
		工作时间表	
		旷工	分析与理由
	薪酬	工资水平	—
		工资税	—
	社会福利	—	详情
	平等机会	不同岗位的妇女	—
		—	残疾人雇用政策
	健康与安全	—	健康与安全条件
		—	事件和事故详情
	培训	—	详情

续表

一级指标	二级指标	三级指标	
		建议定量披露	建议定性披露
社区参与	本地影响	—	融入当地社区
	当地合作伙伴关系	—	与环境方面的非政府组织、消费者团体、教育机构和受影响的人口之间的联系
	劳工公约	—	附属子公司遵循国际劳工公约的程度
	国外地区的本地发展	—	
环境	资源消耗	水资源消耗量	—
		能源消耗量	可再生能源的使用
		—	提高能源使用效率的举措
		原材料/自然资源使用量	
		土地资源的使用量	—
	排放	向空气、水、土地排放的废气、噪声和废物量	—
	生物多样性影响	—	减少对生物多样性影响的程序
		—	促进动植物多样性的方案
	环境管理	—	审核和认证政策
		—	对环境法律法规的遵守
		环境支出与花费	—
			环境管理组织结构
		—	员工意识和培训计划
		—	环境风险管理举措
		环境风险预备金	—
		遭遇的环境处罚数量及金额	—
		—	环境管理体系中对于外国子公司的整合措施

（5）简要评价

第一，坚定推行强制性企业社会责任信息披露。

欧洲不仅是企业社会责任履行和信息披露的兴起之地，更是这一理念的繁荣高地。在这方面，法国作为欧洲CSR实践的先锋，一直走在最前列。法国最早实施了企业社会责任信息的强制性披露政策，这种做法随后在英国、荷兰、丹麦等其他欧盟成员国中得到了广泛的采纳和实施。

这些国家通过强制性立法要求企业不仅披露传统的财务信息，还必须公开关于其社会和环境影响的详细数据。例如，法国的《新经济管制法案》在2001年提出所有在证券交易所上市的公司都必须在年度报告中包括社会和环境责任信息。这一举措推动了企业采取更为透明的运营方式，增强了企业对环境保护、社会贡献和企业治理的关注。

此外，欧洲在企业社会责任投资方面也取得了显著的进展。随着越来越多的投资者开始考虑将公司的CSR表现作为投资决策的一部分，企业的社会责任信息披露变得极为重要。这种趋势不仅改善了公司的公共形象，也增强了其在全球市场的竞争力，因为越来越多的全球投资者和消费者倾向于支持那些展示出高度社会责任感的企业。

通过这些政策的推动，法国及其他欧洲国家不仅提高了企业的透明度，还促进了更广泛的社会和经济福祉。这些国家在CSR方面的先进做法已成为全球的标杆，激励其他国家和地区也采取类似的措施。企业社会责任的强制性信息披露已被证明是提升企业责任、促进可持续发展和增强投资者信心的有效策略，这一点在全球范围内的推广将进一步推动企业和社会的整体进步。

第二，将企业社会责任信息披露上升到国家战略高度。

在法国，CSR的信息披露不仅是一个企业行为规范问题，而且是被视为国家战略的一个重要组成部分。通过深入分析法国政府在推动企业社会责任信息披露方面的政策发展历程，可以明显看出，法国政府对此采取了极其认真和前瞻性的态度。法国政府的这一战略决策与巴西和马来西亚等国家采取的策略类似，都显示了将CSR提升至国家战略层面的趋势。

法国政府认为，企业社会责任的履行和透明度的提高对于促进经济和社会的可持续发展至关重要。这不仅有助于提高企业的经营透明度，还能够确保企业在环境保护、社会公正和经济发展方面采取负责任的行动。此外，通过公开披露这些信息，企业能够在国际舞台上展示其承担社会责任的决心和实际行动，这有助于提升企业的整体声誉。

提升企业的透明度及对社会责任的关注，有助于吸引更多国际投资者，特别是那些对可持续发展投资极为重视的机构投资者。越来越多的投资者倾向于将资金投入那些在财务表现之外，也积极承担社会和环境责任的公司。因此，企业社会责任的有效实践成为吸引外国直接投资的一个重要因素，进而为法国经济带来竞争优势。

法国的这一策略反映了一个更明显的全球趋势，即现代经济发展需要企业不仅关注利润最大化，还要积极承担社会责任、保护环境，并确保其运营对社会产生正面影响。因此，法国政府通过立法和政策推动，确保企业社会责任的信息披露成为评价企业绩效的标准之一，从而推动整个国家经济社会向可持续发展的方向前进。

第三，注重企业社会责任信息披露的法治基础建设。

法国政府在企业社会责任信息披露方面的成功实践，得益于其历史上不断将社会责任信息披露纳入法律框架中。从20世纪70年代开始实施的《公司法》，到21世纪初通过的《新经济管制法案》，这些立法举措体现了法国政府将强制社会责任信息披露纳入国家法律体系的坚定意志。通过这些法律，法国确保了企业在社会责任方面的义务不仅仅是道德上的承诺，更是法律上的要求。

笔者认为，法制基础是欧美国家推行企业社会责任实践的重要保障。在很多欧美国家中，社会责任信息披露和社会责任投资的发展水平很高，但这些国家的法律体系和执行力度各有不同。以美国为例，虽然美国的社会责任信息披露和社会责任投资高度发达，但缺少以政府和证券交易所为主导的综合性社会责任信息披露规定。美国的做法主要依赖一系列独立的、具有强制执行力的社会责任法规。诸如，美国1934年的《证券法》S-K管制规则、1964年的《民权法案》第6部分，1986年的《紧急规划与社区有权利知晓法案》（Emergency Planning and Community Right-to-Know Act，EPCRA），2001年的《企业行为准则草案》（Corporate Code of Conduct Act），2001年的《全国温室效应气体盘查及登记法案》（National Greenhouse Gas Emissions Inventory and Registry Act），2001年的《儿童环境保护法案》（Children's Environmental Protection Act）、《公司法》，1993年的《公司治理准则——分析与建议》、《公法88-352》等。

3.2　证券交易所推出的社会责任信息披露标准

国内外证券交易所也在推进 CSR 信息披露方面采取了一系列积极的措施，以增强上市公司的透明度和责任感。以下是中国主要证券交易所的一些主要行动：

上海证券交易所（Shanghai Stock Exchange，以下简称"上交所"或"SSE"）：上交所对上市公司实施了社会责任信息披露的相关规定。例如，自 2018 年起，SSE 要求所有上市公司在其年度报告中包括企业社会责任部分，以及关于环境保护、社会责任和公司治理（ESG）的详细信息。SSE 也鼓励上市公司根据国际通行的 ESG 评级标准进行自评和披露。

深圳证券交易所（Shenzhen Stock Exchange，以下简称"深交所"或"SZSE"）：深交所特别推出了"社会责任指数"（CSR index），这一指数旨在评价上市公司在社会责任领域的表现，包括环境保护、社会贡献和公司治理。此外，SZSE 还要求特定行业的公司（如采矿、化工等高污染行业）提供更详细的环境保护和社会责任信息。SZSE 还明确要求上市公司在年度报告中披露关于环境保护的措施、劳动权益保护的情况，以及公司对社会公益活动的参与等。SZSE 还推出了"绿色债券"等金融工具，专门用于资助环保项目。

与国外证券交易所类似，中国的监管机构如中国证监会（CSRC）与上海证券交易所、深圳证券交易所在推动企业社会责任信息披露方面互为补充。中国证监会出台了一系列政策和指导意见，旨在促进上市公司更全面地披露非财务信息，特别是在社会责任、环境保护和公司治理方面。近年来，随着国际投资者对中国市场兴趣的增加，沪深证券交易所进一步加强了对上市公司社会责任信息披露范围和深度的要求。这包括但不限于企业的碳足迹、资源利用效率，以及社会和环境风险管理。通过这些措施，国内证券交易所不仅提高了上市公司的责任意识和透明度，也为投资者和其他利益相关者提供了更为全面和详细的信息，帮助他们做出更为明智的决策。这些举措表明，中国证券交易所在全球企业社会责任推动方面正在逐步走在前列。

近年来，国外的一些证券交易所在推进企业社会责任信息披露方面也开展了积极行动，这些行动经常与政府机构的举措一前一后，相互配合，主要包括以下几个方面：通过修订上市公司规则要求上市公司披露社会责任信息，以及发布社会责任投资指数。出于促进上市公司证券投资的考虑，南非证券交易所强制要求所有在南非证券交易所上市的公司在年度财务报告中披露企业社会责任信息。马来西亚证券交易所也按照政府的强制性规定严格要求上市公司披露社会责任信息，为与政府强制性信息披露管制相一致，马来西亚证券交易所上市规则中的 Section 9C.A 已经被重新修订，要求上市公司在年度报告中包含一个关于企业社会责任行动和政策的描述。

作为富时集团（FTSE Group）的共同拥有人，伦敦证券交易所较早开展社会责任投资指数的研发，在 2001 年，伦敦证券交易所发布了富时四好（FTSE4Good）系列指数。从那时起，富时四好指数成为世界社会责任指数的样板。

在 2004 年，南非证券交易所也发布了社会责任投资指数，这是证券交易所发布的第一个社会责任投资指数，也是新兴市场（Emerging Market）的第一个社会责任投资指数。跟随南非证券交易所的步伐，巴西证券交易所在 2005 年发布了公司可持续发展指数（Corporate Sustainability Index），指数成分股由可持续和社会责任评级分数最高的 40 家公司组成。

以色列证券交易所（Tel Aviv Stock Exchange）在 2005 年也发布了自己的社会责任投资指数，即 Maala 社会责任投资指数。Maala 社会责任投资指数的选股范围局限于那些进入 The Tel Aviv-100 指数的上市公司，在这些上市公司范围内，非营利性组织 Maala 根据公司的社区投入和社会贡献水平进行排序，选取前 20 家上市公司作为成分股。

北欧证券交易所（Northern Europe's Stock Exchange，OMX）[①]没有强制上市公司披露社会责任信息，但是，如果上市公司严重违反人权或其他国际道德标准，交易所将保留对其评价及将其退市的权利。北欧证券交易所也发布了 Nordic 可持续指数（Nordic Sustainability Index）。

东京证券交易所和新加坡交易所实施可持续发展目标（SDGs）相关披露，鼓励上市公司围绕联合国可持续发展目标进行信息披露，这包括企业如何通过其业务活动促进

---

① 纳斯达克-OMX 集团（NASDAQ OMX），美国纳斯达克证券交易所与北欧证券交易商瑞典 OMX 公司并购后的新集团，于 2007 年 5 月 25 日宣布成立。

这些目标的实现。

欧洲证券市场监管局（ESMA）引入强制性披露与自愿性披露结合的新策略，强化了对 ESG 信息的强制性披露要求，同时提供框架以支持企业进行超越最低要求的自愿披露，以促进透明度和刺激市场的进一步关注。

此外，受巴黎协定的影响，全球多个交易所已经开始加强对气候变化信息的披露要求，实施更为严格的关于气候变化的信息披露要求。这些要求帮助投资者更好地评估企业的气候风险和机会。

加拿大多伦多证券交易所推广多元化和包容性信息披露，要求上市公司披露有关董事会性别和文化多元性的信息，以促进包容性决策，在全球范围内推广性别和文化多元化的披露已成为趋势。

通过这些更新，国外证券交易所不仅推动了全球企业社会责任标准的提升，也为投资者提供了更全面的信息以做出更明智的投资决策。这些变化体现了市场对更高企业透明度和责任感的需求增长。

3.2.1　国内证券交易所推出的企业社会责任信息披露标准

不考虑企业社会责任信息披露的力度和效果，国内证券交易所推行企业社会责任信息披露行动并不落后，深圳证券交易所是全球第三家、中国第一家制定和发布上市公司社会责任指引的证券交易所。

上海证券交易所继深圳证券交易所之后制定和发布了《上海证券交易所上市公司环境信息披露指引》，并强制要求三类公司至少遵循上交所社会责任指引的最低标准披露社会责任信息，即"上证公司治理板块"样本公司、发行境外上市外资股的公司以及金融类公司，同时鼓励有条件的公司自愿披露。

《上海证券交易所上市公司环境信息披露指引》多次提及深交所上市公司社会责任信息披露指引，因此，此处仅以上交所上市公司社会责任指引作为总结对象，同时，在关键绩效指标中一同给出深交所上市公司社会责任信息披露关键绩效指标。

（1）制定和发布机构

在中国，深圳证券交易所（SZSE）和上海证券交易所（SSE）都在积极推动上市公司在社会责任和环境信息披露方面的透明度和标准。深交所早在发布《深圳证券交易所上市公司社会责任指引》之后，就持续推动上市公司在社会责任方面的行动。这些指引旨在帮助上市公司建立和完善其社会责任框架，确保它们在经营活动中充分考虑环境保护、社会福祉和经济发展的平衡。深交所还鼓励公司采取主动措施，如社会责任项目的实施和公开透明的社会责任报告，以提升公众和投资者的信任。上海证券交易所在2008年制定并发布了《关于加强上市公司社会责任承担工作的通知》，以及《上海证券交易所上市公司环境信息披露指引》。这些文件不仅明确了上市公司在社会责任和环境保护方面的责任，而且还设定了详细的披露要求，促使公司报告其在环境保护、资源使用和社会影响方面的活动和成效。到2021年，SSE更新了这些指引，以包括更严格的环境、社会及治理（ESG）披露标准，特别是对于那些在环境保护方面有重大影响的行业，如能源、采矿和重工业。

随着全球对可持续发展和透明度要求的增加，SZSE和SSE继续参与国际组织合作（如联合国可持续发展目标（SDGs）），以确保其指引和标准符合国际最佳实践。这包括通过提供培训、资源和指导来支持上市公司，帮助它们更好地理解和实施这些要求。

通过这些措施，深交所和上交所不仅提升了中国市场的整体透明度和可持续性，而且还促进了国内外投资者对中国上市公司的信任和投资。这些举措反映了中国证券交易所在全球推动企业社会责任和环境可持续性方面的领导地位。

（2）背景

在CSR的全球化背景下，上海证券交易所强调上市公司应成为企业社会责任的典范，不仅在中国市场上，而且在国际舞台上展示其领导力。上交所鼓励上市公司主动担当起推动企业社会责任和环境可持续性方面的角色，并且倡导它们发布详尽的企业社会责任报告，这些报告应详细反映公司在社会责任方面的行动和成果。上交所表明其对于推动上市公司在可持续发展和企业社会责任方面采取更加积极主动的姿态，旨在帮助公司在全球化的市场中保持竞争力，同时促进经济、社会和环境的整体可持续发展。

① 可持续发展理念和科学发展观的要求

可持续发展已成为全球公认的必要理念，它要求企业在追求经济效益的同时，注重环境保护和社会福祉。科学发展观作为中国经济和社会发展的核心理念，强调了发展的全面性、协调性和可持续性。上交所要求上市公司将这些理念融入企业文化和战略决策中，不仅要平衡短期利益与长期目标的关系，还要确保公司的增长与社会的整体福祉相协调。

上市公司被鼓励采用创新的方法和技术，以减少其业务对环境的影响，同时通过投资社区发展项目来提升企业的社会价值。例如，通过采用节能技术、支持可持续资源项目或提供公平的工作环境，公司可以在不牺牲经济效益的前提下，实现环境保护和社会贡献。

②对企业利益相关者权益保障的关注

现代企业的运营越来越依赖于与各方利益相关者的良好关系，这包括员工、客户、供应商、社区以及环境。上交所指出，上市公司应通过建立透明的沟通渠道和参与机制，积极响应利益相关者的需求和期望。这意味着公司在追求盈利的同时，还需要确保其操作对利益相关者产生积极的影响。

此外，上市公司还需在内部治理结构中设置专门的委员会来监督和评估其CSR活动的效果，确保这些活动符合公司的长期战略并且真正得到实施。这些措施不仅有助于提升公司的市场形象，增加股东价值，也有助于构建公司的社会资本，促进企业与社会的和谐共生。

（3）主要内容

《关于加强上市公司社会责任承担工作的通知》，以及《上海证券交易所上市公司环境信息披露指引》是上交所发布的上市公司社会责任信息披露的指导性文件，后者作为前者附件形式出现。

《关于加强上市公司社会责任承担工作的通知》主要从利益相关者角度对上市公司社会责任信息披露提出总体性要求，主要内容为：

① 上市公司社会责任信息披露的目的、要求、依据。

② 上市公司可以在年度社会责任报告中披露每股社会贡献值，并给出了粗略的计算方法。

③ 上市公司社会责任报告包含的主要内容。

④ 对开展社会责任实践并披露社会责任报告的上市公司的激励措施。

⑤ 对未来适时制定上市公司社会责任信息披露指引的设想[①]。

《上海证券交易所上市公司环境信息披露指引》主要关于上市公司经营对自然环境

---

① 从严格意义上讲，上交所的环境信息披露指引还不是真正的企业社会责任指引，其主要关注上市公司环境信息的披露，但本书依然称其为上交所指引。

影响方面做出的信息披露要求，主要内容为：

① 《上海证券交易所上市公司环境信息披露指引》制定的目的和依据。

② 上市公司发生以下与环境保护相关的重大事件，且可能对其股票及衍生品种交易价格产生较大影响的，上市公司应当自该事件发生之日起两日内及时披露事件情况及对公司经营以及利益相关者可能产生的影响。

③ 上市公司根据自身需要，可以在公司年度社会责任报告中披露或单独披露的环境信息。

④ 被列入环保部门的污染严重企业名单的上市公司，应当在环保部门公布名单后两日内披露的信息。

⑤ 上市公司申请披露前述环境信息时，应当向上交所提交的备查文件。

⑥ 根据相关环境保护法律法规公司必须履行的责任及承担的义务，且符合《企业会计准则》中预计负债确认条件的，公司应当披露已经在财务报告中计提的相关预计负债的金额。

⑦ 依据指引第三条自愿披露的信息，公司可以仅在上交所网站上披露。依据本指引其他规定应当披露的信息，公司必须在证监会指定报刊及网站上同时披露。

⑧ 对不能按规定要求，及时、准确、完整地披露相关环境信息的，上交所将视其情节轻重，对公司及相关责任人员采取必要的惩戒措施。

（4）关键绩效指标

上交所上市公司社会责任信息披露要求的关键绩效指标见于《关于加强上市公司社会责任承担工作的通知》、《上海证券交易所上市公司环境信息披露指引》和《上海证券交易所上市公司社会责任指引》（见表3-3至表3-5）中，第一个文件规定了一些模糊性绩效指标，提出上市公司应承担的社会责任，指导公司如何在经营活动中实现社会责任的综合融入，包括促进环境保护、确保产品和服务质量、保障员工权益，以及参与社区建设等方面；第二个文件主要针对上市公司对环境的影响，对环境绩效指标做出了详细要求，该指引专注于环境保护方面的披露要求，要求上市公司提供详细的环境保护措施、污染物排放情况、资源使用效率等具体数据，以便投资者和公众能够评估公司的环境绩效；最后一个文件具体定义了社会责任的范畴，强调上市公司应在其业务和供应链管理中积极履行社会责任，包括劳工权益保护、消费者权益保护，以及社会和公共利益的促进。

表3-3　　　《关于加强上市公司社会责任承担工作的通知》关键绩效指标一览

绩效指标	指标释义
每股社会贡献	在公司为股东创造的基本每股收益的基础上，增加公司年内为国家创造的税收、向员工支付的工资、向银行等债权人给付的借款利息、公司对外捐赠额等为其他利益相关者创造的价值额，并扣除公司因环境污染等造成的其他社会成本，计算形成的公司为社会创造的每股增值额
社会可持续发展	公司在促进社会可持续发展方面的工作，如对员工健康及安全的保护、对所在社区的保护及支持、对产品质量的把关等
环境及生态可持续发展	公司在促进环境及生态可持续发展方面的工作，如如何防止并减少污染环境、如何保护水资源及能源、如何保证所在区域的适合居住性，以及如何保护并提高所在区域的生物多样性等
经济可持续发展	公司在促进经济可持续发展方面的工作，如如何通过其产品及服务为客户创造价值、如何为员工创造更好的工作机会及未来发展、如何为其股东带来给高的经济回报等

表3-4　　　《上海证券交易所上市公司环境信息披露指引》关键绩效指标一览

绩效指标	指标释义
对股票及衍生品种交易价格产生较大影响的环境信息	上市公司发生以下与环境保护相关的重大事件，且可能对其股票及衍生品种交易价格产生较大影响的，上市公司应当自该事件发生之日起两日内及时披露事件情况及对公司经营以及利益相关者可能产生的影响：（1）公司有新、改、扩建具有重大环境影响的建设项目等重大投资行为的；（2）公司因为环境违法违规被环保部门调查，或者受到重大行政处罚或刑事处罚的，或被有关人民政府或者政府部门决定限期治理或者停产、搬迁、关闭的；（3）公司由于环境问题涉及重大诉讼或者其主要资产被查封、扣押、冻结或者被抵押、质押的；（4）公司被国家环保部门列入污染严重企业名单的；（5）新公布的环境法律、法规、规章、行业政策可能对公司经营产生重大影响的；（6）可能对上市公司证券及衍生品种交易价格产生较大影响的其他有关环境保护的重大事件

续表

绩效指标	指标释义
在公司年度社会责任报告中披露或单独披露的环境信息	上市公司可以根据自身需要，在公司年度社会责任报告中披露或单独披露如下环境信息：（1）公司环境保护方针、年度环境保护目标及成效；（2）公司年度资源消耗总量；（3）公司环保投资和环境技术开发情况；（4）公司排放污染物种类、数量、浓度和去向；（5）公司环保设施的建设和运行情况；（6）公司在生产过程中产生的废物的处理、处置情况，废弃产品的回收、综合利用情况；（7）与环保部门签订的改善环境行为的自愿协议；（8）公司受到环保部门奖励的情况；（9）企业自愿公开的其他环境信息。对从事火力发电、钢铁、水泥、电解铝、矿产开发等对环境影响较大行业的公司，应当披露前款第（1）至（7）项所列的环境信息，并应重点说明公司在环保投资和环境技术开发方面的工作情况
污染严重的上市公司需披露的环境信息	被列入环保部门的污染严重企业名单的上市公司，应当在环保部门公布名单后两日内披露下列信息：（1）公司污染物的名称、排放方式、排放浓度和总量、超标、超总量情况；（2）公司环保设施的建设和运行情况；（3）公司环境污染事故应急预案；（4）公司为减少污染物排放所采取的措施及今后的工作安排。上市公司不得以商业秘密为由，拒绝公开前款所列的环境信息
环保责任涉及预计负债的金额	根据相关环境保护法律法规公司必须履行的责任及承担的义务，且符合《企业会计准则》中预计负债确认条件的，公司应当披露已经在财务报告中计提的相关预计负债的金额

表3-5 　　　　　《上海证券交易所上市公司社会责任指引》关键绩效指标一览

绩效指标	指标释义
第二章　股东和债权人权益保护	第七条　公司应完善公司治理结构，公平对待所有股东，确保股东充分享有法律、法规、规章所规定的各项合法权益。第八条　公司应选择合适的时间、地点召开股东大会，并尽可能采取网络投票方式，促使更多的股东参加会议，行使其权利。第九条　公司应严格按照有关法律、法规、规章和本所业务规则的规定履行信息披露义务。对可能影响股东和其他投资者投资决策的信息应积极进行自愿性披露，并公平对待所有投资者，不得进行选择性信息披露。第十条　公司应制定长期和相对稳定的利润分配政策和办法，制定切实合理的分红方案，积极回报股东。第十一条　公司应确保公司财务稳健，保障公司资产、资金安全，在追求股东利益最大化时兼顾债权人的利益，不得为了股东的利益损害债权人的利益。第十二条　公司在经营决策过程中，应充分考虑债权人的合法权益，及时向债权人通报与其债权权益相关的重大信息；当债权人为维护自身利益需要了解公司有关财务、经营和管理等情况时，公司应予以配合和支持

续表

绩效指标	指标释义
第三章　社会责任与环境保护	第十三条　公司应在其运营和业务活动中采取积极措施以减少对环境的负面影响，包括但不限于有效的资源和能源使用，减少废物产生，并采用先进环保技术。第十四条　公司应当积极参与社会公益活动，包括支持教育、扶贫和灾害救援等。公司应建立与社区的良好关系，并在可能的情况下，帮助解决社区面临的问题
第四章　透明度与信息披露	第十五条　公司应保持高度透明度，定期发布经营结果、财务状况、治理结构及其变动。公司应确保信息的真实性、准确性、时效性，以帮助投资者和公众做出明智的决策。第十六条　公司应对外公布其社会责任活动和成效，包括对环境和社会产生的正面影响。公司应通过年报或专门的社会责任报告等形式进行披露

作为比较，《深圳证券交易所上市公司社会责任指引》关键绩效指标一览见表3-6。

表3-6　　　　《深圳证券交易所上市公司社会责任指引》关键绩效指标一览①

绩效指标	指标释义
第二章　股东和债权人权益保护	第七条　公司应完善公司治理结构，公平对待所有股东，确保股东充分享有法律、法规、规章所规定的各项合法权益。第八条　公司应选择合适的时间、地点召开股东大会，并尽可能采取网络投票方式，促使更多的股东参加会议，行使其权利。第九条　公司应严格按照有关法律、法规、规章和本所业务规则的规定履行信息披露义务。对可能影响股东和其他投资者投资决策的信息应积极进行自愿性披露，并公平对待所有投资者，不得进行选择性信息披露。第十条　公司应制定长期和相对稳定的利润分配政策和办法，制定切实合理的分红方案，积极回报股东。第十一条　公司应确保公司财务稳健，保障公司资产、资金安全，在追求股东利益最大化时兼顾债权人的利益，不得为了股东的利益损害债权人的利益。第十二条　公司在经营决策过程中，应充分考虑债权人的合法权益，及时向债权人通报与其债权权益相关的重大信息；当债权人为维护自身利益需要了解公司有关财务、经营和管理等情况时，公司应予以配合和支持

---

① 深交所要求深证100指数样本公司进行强制性社会责任信息披露，同时，鼓励其他上市公司进行自愿性的社会责任信息披露。

续表

绩效指标	指标释义
第三章　职工权益保护	第十三条 公司应严格遵守《中华人民共和国劳动法》，依法保护职工的合法权益，建立和完善包括薪酬体系、激励机制等在内的用人制度，保障职工依法享有劳动权利和履行劳动义务。第十四条 公司应尊重职工人格和保障职工合法权益，关爱职工，促进劳资关系的和谐稳定，按照国家有关规定对女职工实行特殊劳动保护。不得非法强迫职工进行劳动，不得对职工进行体罚、精神或肉体胁迫、言语侮辱及其他任何形式的虐待。第十五条 公司应建立、健全劳动安全卫生制度，严格执行国家劳动安全卫生规程和标准，对职工进行劳动安全卫生教育，为职工提供健康、安全的工作环境和生活环境，最大限度地防止劳动过程中的事故，减少职业危害。第十六条 公司应遵循按劳分配、同工同酬的原则，不得克扣或者无故拖欠劳动者的工资，不得采取纯劳务性质的合约安排或变相试用等形式降低对职工的工资支付和社会保障。第十七条 公司不得干涉职工信仰自由，不得因民族、种族、国籍、宗教信仰、性别、年龄等对职工在聘用、报酬、培训机会、升迁、解职或退休等方面采取歧视行为。第十八条 公司应建立职业培训制度，按照国家规定提取和使用职业培训经费，积极开展职工培训，并鼓励和支持职工参加业余进修培训，为职工发展提供更多的机会。第十九条 公司应依据《公司法》和公司章程的规定，建立起职工董事、职工监事选任制度，确保职工在公司治理中享有充分的权利；支持工会依法开展工作，对工资、福利、劳动安全卫生、社会保险等涉及职工切身利益的事项，通过职工代表大会、工会会议的形式听取职工的意见，关心和重视职工的合理需求
第四章　供应商、客户和消费者权益保护	第二十条 公司应对供应商、客户和消费者诚实守信，不得依靠虚假宣传和广告牟利，不得侵犯供应商、客户的著作权、商标权、专利权等知识产权。第二十一条 公司应保证其提供的商品或者服务的安全性。对可能危及人身、财产安全的商品和服务，应向消费者做出真实说明和明确的警示，并标明正确使用方法。第二十二条 公司如发现其提供的商品或者服务存在严重缺陷的，即使使用方法正确仍可能对人身、财产安全造成危害的，应立即向有关主管部门报告并告知消费者，同时采取防止危害发生的措施。第二十三条 公司应敦促客户和供应商遵守商业道德和社会公德，对拒不改进的客户或供应商应拒绝向其出售产品或使用其产品。第二十四条 公司应建立相应程序，严格监控和防范公司或职工与客户和供应商进行的各类商业贿赂活动。第二十五条 公司应妥善保管供应商、客户和消费者的个人信息，未经授权许可，不得使用或转售上述个人信息牟利。第二十六条 公司应提供良好的售后服务，妥善处理供应商、客户和消费者等提出的投诉和建议

续表

绩效指标	指标释义
第五章 环境保护与可持续发展	第二十七条 公司应根据其对环境的影响程度制定整体环境保护政策,指派具体人员负责公司环境保护体系的建立、实施、保持和改进,并为环保工作提供必要的人力、物力以及技术和财力支持。第二十八条 公司的环境保护政策通常应包括以下内容:(一)符合所有相关环境保护的法律、法规、规章的要求;(二)减少包括原料、燃料在内的各种资源的消耗;(三)减少废料的产生,并尽可能对废料进行回收和循环利用;(四)尽量避免产生污染环境的废料;(五)采用环保的材料和可以节约能源、减少废料的设计、技术和原料;(六)尽量减少由于公司的发展对环境造成的负面影响;(七)为职工提供有关保护环境的培训;(八)创造一个可持续发展的环境。第二十九条 公司应尽量采用资源利用率高、污染物排放量少的设备和工艺,应用经济合理的废弃物综合利用技术和污染物处理技术。第三十条 排放污染物的公司,应依照国家环保部门的规定申报登记。排放污染物超过国家或者地方规定的公司应依照国家规定缴纳超标准排污费,并负责治理。第三十一条 公司应定期指派专人检查环保政策的实施情况,对不符合公司环境保护政策的行为应予以纠正,并采取相应补救措施
第六章 公共关系和社会公益事业	第三十二条 公司在经营活动中应充分考虑社区的利益,鼓励设立专门机构或指定专人协调公司与社区的关系。第三十三条 公司应在力所能及的范围内,积极参加所在地区的环境保护、教育、文化、科学、卫生、社区建设、扶贫济困等社会公益活动,促进公司所在地区的发展。第三十四条 公司应主动接受政府部门和监管机关的监督和检查,关注社会公众及新闻媒体对公司的评论
第七章 制度建设与信息披露	第三十五条 本所鼓励公司根据本指引的要求建立社会责任制度,定期检查和评价公司社会责任制度的执行情况和存在问题,形成社会责任报告。第三十六条 公司可将社会责任报告与年度报告同时对外披露。社会责任报告的内容至少应包括:(一)关于职工保护、环境污染、商品质量、社区关系等方面的社会责任制度的建设和执行情况;(二)社会责任履行状况是否与本指引存在差距及原因说明;(三)改进措施和具体时间安排

（5）简要评价

第一，指引中提及的绩效指标过于粗糙、笼统和宽泛。

从上交所社会责任指引和深交所社会责任指引内容来看，两个指引的具体内容都显得过于粗糙、笼统和宽泛，这将使遵循指引的上市公司无所适从，披露的信息也不具有可比性，从而降低了其有用性。

上交所指引提及了上市公司社会责任关注的主要方面、社会责任报告应披露的主要内容，并对上市公司环境信息披露进行了详细规定，但没有系统地从利益相关者角度或企业社会责任范围角度进行详细阐述。深交所指引虽然从利益相关者角度进行了阐述，但是更多的是一种描述性的要求，具体有哪些定量和定性指标并不清晰。

第二，指引中缺乏系统性的绩效指标。

社会责任绩效指标是企业社会责任信息披露的核心部分，系统的社会责任绩效指标有助于提升社会责任信息的可比性和有用性，也可以为社会责任投资实践所用。上交所指引和深交所指引虽然对企业社会责任范围和对象都有涉及，但是还没有提出构建一个相对全面的社会责任表现评价指标框架体系，而公开的社会责任信息主要侧重于定性的描述，而非定量的分析。

第三，指引中内容规定缺少对国情环境差异、行业环境差异因素的考虑。

社会责任内容是动态演变的，社会责任履行和信息披露的具体实践也具有区域性和行业性特征，这意味着社会责任信息披露需要结合本国的具体经济、政治、法律、文化等特点做出安排。从上交所指引和深交所指引中并没有看出上市公司社会责任信息披露对国情和行业差异的考虑，虽然两个指引都指出了其制定遵循的法律依据，但是结合中国特有的政治、经济、法律、文化、宗教等特征，以及上交所和深交所的市场特征、行业特征、公司特征、监管现状等因素，制定适合本国国情的社会责任信息披露标准非常必要。

3.2.2　国外证券交易所社会责任信息披露标准

南非证券交易所在推动企业社会责任信息披露方面取得了可喜的成绩，南非证券交易所不但将上市公司社会责任信息披露作为公司治理的重要组成部分，并进行强制性披露，还要求上市公司详细报告其在环境保护、社会贡献和治理结构上的绩效。此举确保了投资者和公众能够获得关于公司操作和政策影响的透明信息。

南非的企业社会责任实践和信息披露显著地受到了该国独特社会经济背景的影响，特别是种族问题和艾滋病等公共健康挑战。南非证券交易所（JSE）在这方面采取了特别的措施，确保这些关键国情因素被纳入其社会责任信息披露要求和社会责任投资指数的开发中。JSE要求上市公司不仅遵循一般的全球CSR标准，还必须具体报告它们如何应对本地的主要社会问题，如种族不平等和HIV/AIDS。这种要求迫使公司不只是在财务表现上做出回应，还要在社会贡献上展示其角色和影响力。例如，公司需要详细说明它们如何通过各种倡议和项目，提高受HIV/AIDS影响的社区成员的生活质量，或如何通过企业治理和雇用实践，促进种族平等。

这种综合的披露方法强化了公司在本地社区中的形象，并显著推动了南非社会的整体可持续发展。通过这些举措，南非证券交易所不仅展示了对国内特定社会挑战的深入响应，也凸显了其在全球范围内推动企业社会责任进步的领导作用。此外，JSE还通过与国际标准接轨，确保其上市公司能在全球市场上保持竞争力，同时通过透明和负责任的商业实践，增强投资者和公众的信任。这种策略的实施不仅提高了南非企业的全球声誉，也为全球其他市场提供了一个如何将本地特色和挑战融入全球商业操作的典范。

本书以南非证券交易所推行上市公司社会责任信息披露的举措为例，介绍国外证券交易所推出的企业社会责任标准，以及其涉及的关键绩效指标。

（1）制定和发布机构

南非政府为加强公司治理并强调CSR，特别成立了金委员会，这是一个专门负责制定和发布公司治理与企业社会责任标准的机构。金委员会自成立以来，发布了一系列具有里程碑意义的报告，推动了南非公司治理和社会责任实践的发展。

在1994年，金委员会发布了其首份报告，即金委员会报告I（King I），为南非的公司治理和社会责任提供了初步的框架和指导原则。该报告强调了企业不仅要在财务管理上保持透明和公正，同时还需要在社会责任方面承担起相应的角色，包括对环境保护、社区参与和员工福祉的关注。

2002年，金委员会进一步深化这一议题，发布了金委员会报告II（King II），这份报告在King I的基础上进行了扩展，更全面地集成了企业社会责任的要求。King II报告详细阐述了企业在社会、环境和经济方面的责任，推动公司治理实践从单一的财务焦点扩展到更广泛的社会责任领域。

南非证券交易所（JSE）对这些治理准则给予高度重视，并将其纳入上市要求中。JSE 的主板上市公司规定中明确要求遵循金准则，确保上市公司不仅在经济活动中追求利润最大化，同时也积极履行社会和环境责任。

随后的金委员会报告 Ⅲ（King Ⅲ，2009 年）和金委员会报告 Ⅳ（King Ⅳ，2016 年）进一步强调了企业社会责任的内涵，特别是 King Ⅳ，它把"企业在社会中的角色"作为核心理念，强调企业应当在其策略和操作中整合社会责任，通过可持续的商业实践来实现长期价值。

通过这些迭代报告，南非企业的治理水平和社会责任感显著提高，增强了投资者对南非资本市场的信心，同时也为全球其他资本市场在公司治理和企业社会责任方面提供了重要的借鉴和指导。

（2）背景

20 世纪 60 年代，南非退出了英联邦，结束了英国的殖民统治，建立了南非共和国，但南非白人当局长期在国内以立法和行政手段推行种族歧视和种族隔离政策。当时，南非被视为收入差距较大的国家之一，加上严厉的种族隔离政策，使南非经济和社会发展极度不平衡，阻碍了南非经济的发展进程。

在经济发展过程中，受欧美投资者的影响，南非商业团体认识到，遵守和奉行"人权"对于促进商业实践、获得经济收益和经济增长是非常必要的。

1977 年，欧美投资机构奉行的"沙利文原则"导致"南非撤资运动"，资本外逃使得兰特（南非货币）的国际兑换率急剧下跌，这也使进口商品的成本显著上升，进而使南非的年通货膨胀率攀升至 12%~15%，严重打击了南非的经济。"沙利文原则"所关注的社会议题涵盖了住房、医疗、职业培训等领域，体现了有意在南非开展业务的美国公司所愿意自觉遵循的标准，已演变成南非企业社会责任的一个重要组成部分，成为南非企业社会责任的一个重要转折点。

（3）主要内容

南非证券交易所推行企业社会责任的举措包括两个方面：其一是关于上市公司遵循金准则的要求，其二是对于企业社会责任指数的研发。

金委员会报告 I（King I）倡导一种不限于财务管理和内部规章的、更为综合的企业治理方式，从基本原则层次上承认企业的利益相关者在更广泛的领域内与企业存在利害关系，包括财务状况、社会事务、道德遵守和环境保护等。

金委员会报告 Ⅱ（King Ⅱ）所采用的公司治理框架非常全面，明确指出在企业制定和实施任何战略时，应充分考虑所有相关利益方的需求。同时，该报告也指出，企业的经营者及企业本身是运营过程中的核心要素，所有股东以及相关利益方都应从企业的运营中获得令人满意的回报。

金委员会报告 Ⅱ 指出，良好的企业治理有七个主要特征：规范性、透明度、独立性、诚信、责任感、公正性以及对社会的担当。企业在履行社会责任时，需要确保其内部决策机制符合道德标准，同时也应遵守法律法规，并考虑社区及环境利益。金委员会报告 Ⅱ 强调，在企业的治理结构中，管理层必须妥善处理决策自主性与不同利益相关群体需求之间的平衡。

金委员会报告 Ⅲ（King Ⅲ）是在 2009 年发布的，它在南非企业治理的实践中，标志着一个重要的发展阶段开始了。King Ⅲ 是在全球金融危机后颁布的，强调企业治理不仅是合规的问题，更是一个关键的商业成功因素。该报告首次引入了"整合报告"的概念，鼓励企业发布包含财务信息和非财务信息的报告，从而提供一个更全面的企业表现视角。它进一步推动了企业治理的综合化和现代化，强调企业不仅要负责任地管理财务资源，还要考虑环境和社会影响，确保利益相关者的广泛利益。

金委员会报告 Ⅳ（King Ⅳ）于 2016 年发布，进一步强化了 King Ⅲ 中的许多原则，并在新的全球经济环境下更新了指导原则。King Ⅳ 的一个主要特点是普遍适用性，它适用于所有类型的组织，无论是公开上市的公司、非政府组织还是小型企业。金委员会报告 Ⅳ 特别指出，公司应在其治理结构中融入可持续发展的原则，并确保这些原则在公司的策略和运营中得到实施。

南非证券交易所要求主板上市公司在遵循《通用会计准则》的同时，也要在年度财务报告中进行如下披露：（a）对公司落实金准则的情况进行阐述，并提供相关解释，以便股东能够评估公司对该准则的执行情况；（b）需描述公司在遵循准则方面的表现，并对每一项违反准则的情况逐一阐述原因。此外，公司要特别指出在整个会计期间是否遵循了相关要求，并列明违反规定的事项发生在哪些会计期间。

南非证券交易所提出了企业报告应遵循"三重底线"原则，这意味着企业在报告中应同时反映其财务成果，以及对社会责任、安全、健康和环境等方面的影响。这就要求公司具备全面而有效的内部治理体系。如果公司自愿接受"三重底线"原则，并能够证明其报告了经济、环境、社会信息，公司就有可能成为社会责任投资指数的样本股。这不但可以使样本上市公司成为社会责任投资的投资标的，提高了上市公司股票的流动性，还可以提高上市公司的声誉和企业价值。

（4）关键绩效指标

King Ⅱ本质上是一个公司治理框架（The King Report on Corporate Governance），该框架强调增强企业透明度的举措。

King Ⅱ特别关注公司治理的非财务信息披露方面，认为企业社会责任信息是重要的非财务信息，公司治理应该包括对一些非财务信息的披露，这有助于提升企业的透明度，增强包括投资者在内的利益相关者对公司本身的理解。非财务信息包括：①雇员安全和健康。②道德问题（Ethical Issues）。③员工的公平待遇。④对公司参与社会事务的要求，诸如HIV问题、黑人人权问题。⑤对更广泛公共利益的责任和响应，鼓励对环境和环境利益相关者的责任意识。⑥承担企业社会责任并开展社会和道德会计、审计、报告实践。

为了被纳入企业社会责任指数，上市公司必须证明其遵循了包括环境、社会和经济在内的"三重底线"标准。这些标准综合考量了公司在可持续发展方面的表现和承诺，具体要求如下：

① 环境标准：公司必须展示其如何积极减少运营对环境的影响。这包括但不限于减少温室气体排放、优化资源利用、采用可再生能源，以及实施废物管理和循环利用措施。环境标准的核心是推动公司在生产和服务过程中采取更环保的操作方式，同时鼓励创新，以实现更大范围的环境效益。

② 社会标准：这些标准要求公司在内部员工管理及外部社区关系方面展示其社会责任。具体措施包括提供公平的工作条件、支持员工发展，以及参与社区建设项目。特别是对健康问题，如对艾滋病的关注，公司应展示其如何通过提供相关教育和支持项目来帮助员工及其家庭。此外，社会标准还涉及公司如何确保其产品和服务对消费者和社会造成积极影响，以及如何促进包容性和多样性。

③ 经济标准：这些标准要求公司在透明度和责任感方面做出具体承诺。这包括确

保所有财务报告的透明度、公开披露公司治理结构和决策过程，以及如何与利益相关者建立开放的沟通渠道。经济标准强调的是公司在保持财务健康的同时，还应关注其经济活动对所有利益相关者的长期影响。

通过这些全面的标准，企业社会责任指数旨在识别和奖励那些在推动可持续发展方面表现出色的公司。这不仅可以帮助投资者识别那些在企业社会责任标准遵循方面表现优秀的公司，也鼓励公司在全球竞争中采取更负责任的商业行为。随着市场经济对企业社会责任的要求日益提高，这些标准的重要性和影响力也在持续上升。

（5）简要评价

南非证券交易所在企业社会责任方面的积极举措使大规模的"南非撤资运动"终止，并重新树立起政府和企业的良好形象，吸引国际投资者重新关注南非投资市场，重振了南非的经济发展。

通过南非政府和证券交易所的社会责任信息披露实践，我们可以发现：

第一，推进企业社会责任实践是多方共同合作的结果。在南非企业社会责任实践中，以下几方面力量的共同作用使其取得了巨大的成绩，即南非政府、南非证券交易所、国外社会组织和投资者。正是由于国外社会组织和投资者对南非社会问题的关注和不断施压，南非政府才对企业社会责任问题予以重视，并采取了积极的举措。同时，南非证券交易所积极响应政府的号召，利用证券监管平台，对上市公司社会责任信息披露进行强制要求，并研发了社会责任指数，最终使企业社会责任实践快速发展。

第二，企业社会责任实践应结合本国国情，关注本国的特有问题。南非企业社会责任问题有一个显著的特点，就是主要关注本国特有问题，这些问题涉及黑人人权问题、HIV 问题。当然，企业社会责任的其他方面，诸如环境问题也非常重要，但南非企业社会责任的重点仍然是以上这些本国特有问题。这些特有问题也阻碍了南非经济社会的发展，由于企业社会责任实践充分考虑了本国国情，并具有针对性，南非企业社会责任实践取得了令国际社会满意的成绩。

第三，通过推进社会责任信息披露可以提升企业透明度，吸引更多的投资者。南非将企业社会责任信息披露纳入公司治理框架，认为企业社会责任信息披露可以提升企业透明度，而提升企业透明度可以强化利益相关者对企业的了解，以及企业和利益相关者的沟通，这有助于提升企业在利益相关者中的声誉，吸引投资者的关注，并引导投资者将资源配置给企业。一些在经济、社会、环境方面表现良好且进行信息披露的企业，可以进入社会责任指数，成为投资者的投资标的。

3.3　非营利组织推出的社会责任信息披露标准

3.3.1　国内非营利组织推出的企业社会责任信息披露标准

政府机构和证券交易所推出的社会责任信息披露标准具有很强的区域性特征，主要针对本国或本地区企业或上市公司。顺应国际企业社会责任发展趋势，国内一些非营利组织也制定和发布了企业社会责任信息披露标准。

2005年，中国纺织工业协会（China National Textile and Apparel Council，CNTAC）制定和发布了《中国纺织服装企业社会责任管理体系总则及细则》；2008年，中国工业经济联合会联合中国煤炭工业协会、中国机械工业联合会、中国钢铁工业协会、中国石油和化学工业联合会、中国轻工业联合会、中国纺织工业协会、中国建筑材料联合会、中国有色金属工业协会、中国电力企业联合会、中国矿业联合会等10家全国性工业协会（联合会）共同发布了《中国工业企业及工业协会社会责任指南》；2009年，中国社科院制定和发布了《中国企业社会责任报告编制指南》和《中国企业社会责任报告评级标准》；2011年，中国林业产业联合会和中国林产工业协会联合发布了《中国林产业工业企业社会责任报告编写指南》；2013年，中国电子信息产业发展研究院与中国电子商会共同制定并发布了《中国电子信息产业社会责任报告指南》；2015年，随着环保意识的增强和全球气候变化议题的升温，中国化工企业社会责任促进会发布了《中国化工企业环境责任报告指南》；2017年，中国服装协会更新了其《中国纺织服装企业社会责任管理体系》，以响应国内外对供应链透明度和劳工权益保护的日益增长的需求。2020年，新冠肺炎疫情对企业社会责任提出了新的挑战和要求，中国企业在疫情防控、社区支持和全球合作方面发挥了重要作用，许多企业不仅加强了对员工健康和安全的保护，还积极参与抗疫物资的生产和捐赠，体现了企业的社会责任和道德担当。

上述这些标准的制定和发布表明，中国企业在社会责任实践中不断进步，逐步形成了与国际接轨的社会责任管理体系。这不仅有助于提升中国企业的全球竞争力，也显著推动了社会的和谐与可持续发展。

在我国，较早实施并推出了社会责任管理体系的是中国纺织工业协会，其制定和发布社会责任管理体系的历史背景，以及社会责任管理体系的主要内容和绩效指标都有独特之处，且该管理体系在全球经济一体化的背景下，对中国的外贸经济产生了积极影响。本书以中国纺织工业协会的社会责任管理体系为例，介绍中国非营利组织制定和发布的社会责任信息披露标准。

（1）制定和发布机构

中国纺织工业协会作为全国性的行业联合组织，由多个具有法人地位的纺织行业协会和其他法人团体自愿组成，是一个非营利性质的社会组织。在中国纺织工业协会所承担的多种任务中，参与制定和修订行业规范，以及推进其贯彻实施工作，是非常重要的职责之一。2005年，中国纺织工业协会发布了《中国纺织服装企业社会责任管理体系总则及细则》，并利用其作为行业组织与管理者的优势，在整个行业内推动实施与推广。

（2）背景

随着全球经济一体化趋势愈加明显，以及中国加入WTO之后，中国经济取得了令世界瞩目的快速增长，投资、消费和出口成为拉动中国经济发展的三驾马车。其中，投资和出口对中国经济增长的贡献超过70%。虽然中国政府一直强调改变经济增长方式，但是，在短期内，我们难以摆脱对投资和出口的依赖。

出口型经济意味着中国存在外贸依赖型行业和企业，而纺织行业就是典型的外贸依赖型行业。然而，我国纺织行业在国际贸易中的竞争优势主要是靠相对于欧美发达国家的比较优势来获取的，这主要表现在我国的劳动力成本低廉，从而获得了出口产品的价格优势。

虽然有证据表明中国经济"刘易斯拐点"开始显现，但是，面对中国纺织品给欧美市场带来的冲击，欧美国家出于本国政治、经济、社会多方面考虑，建立了针对中国出口商品的绿色贸易壁垒，SA 8000就是这样一个对中国纺织行业产生重要影响的绿色贸易壁垒。以跨国公司为主的国际贸易商利用SA 8000，对供应链中的发展中国家供应商进行验厂，这就使我国纺织供应商面临失去竞争优势的压力，结果就是失去了更多的国际订单。

为了顺应国际企业社会责任潮流，提升中国企业在国际贸易供应链中的声誉和市场竞争力，也为了在国际标准制定中争取一定的话语权，中国纺织工业协会积极加强与欧美非营利组织的交流和学习，制定了自己的纺织行业企业社会责任管理体系。

（3）主要内容

中国纺织工业协会企业社会责任管理体系的主要内容见表3-7。

表3-7　　　　　　　中国纺织工业协会企业社会责任管理体系的主要内容

I	适用范围	—
II	参照的法律法规、国际公约及标准体系	—
III	定义与术语	—
IV	总则	—
V	细则	一、管理体系	1.管理体系
		二、劳动者权益	2.歧视；3.工会组织与集体谈判权；4.童工与未成年工；5.强迫或强制劳动；6.劳动合同；7.工作时间；8.薪酬与福利；9.骚扰与虐待
		三、职业健康与安全	10.职业健康与安全
		四、环境保护	11.环境保护
		五、公平竞争	12.公平竞争

附录：CSC9000T自我评估表

（4）关键绩效指标

中国纺织工业协会企业社会责任管理体系设计的关键绩效指标主要有以下几个方面：劳动者权益、职业健康与安全、环境保护、公平竞争，见表3-8。

表3-8 中国纺织工业协会企业社会责任管理体系主要绩效指标[①]

一级指标	二级指标	释义
一、劳动者权益	2.歧视	严格禁止企业因民族、种族、性别、宗教信仰、残疾、个人特性等原因使员工受到歧视
	3.工会组织与集体谈判权	企业应当承认并尊重员工组织和参加工会，以及进行集体谈判的权利，并且应当积极与工会或员工代表进行集体谈判和平等协商
	4.童工与未成年工	严格禁止招用童工，企业招用未成年工必须符合有关未成年工特殊劳动保护的要求
	5.强迫或强制劳动	严格禁止企业使用或支持使用强迫或强制劳动
	6.劳动合同	企业与员工建立劳动关系，应当订立书面劳动合同并全面履行合同义务
	7.工作时间	企业应当遵守国家法律、法规有关工作时间和休息休假的要求
	8.薪酬与福利	企业应当保证向员工支付的工资、福利待遇不低于法律、法规的要求，并且应与工会协商确定工资标准及其调整
	9.骚扰与虐待	企业应当尊重和保障员工的身体与精神健康，禁止并预防骚扰与虐待行为
二、职业健康与安全	10.职业健康与安全	企业应制定职业健康与安全方针，并基于PDCA的运行模式，建立、实施、保持并改进职业健康与安全管理体系，保障处于企业控制下的工作场所中的所有人员，尤其是员工的健康和安全
三、环境保护	11.环境保护	企业应制定环境保护方针，并基于PDCA的运行模式，建立、实施、保持并改进环境管理体系，控制生产经营活动对环境的影响，同时应制定目标，采取和改进措施节约能源，促进循环经济，减少温室气体排放
四、公平竞争	12.公平竞争	企业应当遵循自愿、平等、公平、诚信的原则，遵守公认的商业道德，提供符合消费者人身和财产安全的产品和服务，反对并预防商业贿赂，应用、尊重和保护知识产权和专有技术，同时应将本CSC9000T行为准则作为选择供应商和承包方的条件，并尽力协助其达到这些要求

---

① 此处并没有给出详细的三级绩效指标，具体可参见《中国纺织服装企业社会责任管理体系总则及细则(2008)》。

（5）简要评价

第一，外部压力是中国纺织行业积极推行社会责任管理的主要动因。

从中国纺织工业协会制定和发布社会责任管理体系的背景来看，企业社会责任主要还是由外部因素驱动的。国际贸易供应链上游的发达国家对发展中国家下游供应商使用绿色贸易壁垒，使依赖出口的纺织企业感受到订单减少的压力，为了保持和提升中国纺织行业在国际市场上的竞争优势，中国纺织工业协会制定和发布了社会责任管理体系。

第二，中国纺织行业社会责任管理体系主要关注的是劳工权益保护。

与SA 8000类似，中国纺织工业协会社会责任管理体系主要关注的是劳工权益保护，在11项二级绩效指标中，有9项是关于劳动者权益与职业健康与安全的规定和要求。因此，劳工权益保护成为纺织企业社会责任的重点。纺织行业本身就是劳动密集型的，关注劳工权益保护体现了企业社会责任要与企业行业特征、经营特点相关的要求。

3.3.2　国外非营利组织推出的企业社会责任信息披露标准

国外非营利组织制定和发布的社会责任信息披露标准打破了区域界限，试图给出全球通用的社会责任信息披露标准，这些标准可能关注某一特定领域，或者关注所有的企业社会责任领域。国外非营利组织通过国际贸易和投资来推行其制定和发布的企业社会责任信息披露标准，并在全球产生了重要影响。

几个影响较大的企业社会责任标准包括SA 8000、GRI、ISO 26000，本书将进行详细的介绍。

（1）SA 8000（Social Accountability 8000 International Standard）

①制定和发布机构。

美国经济优先权委员会（Council on Economic Priorities，CEP）是负责制定和发布SA 8000的机构。CEP是一个在社会责任与环境保护领域进行长期研究的美国非营利组织，它积极参与和推动企业社会责任标准的开发。

1997年年初，CEP成立了经济优先权委员会认可委员会（Council on Economic Priorities Agency，CEPAA）。CEPAA全权负责企业社会责任标准的制定，同时根据ISO/

IEC导则62（《质量管理体系认证机构通用要求》）①来评估认可的认证机构。

1997年10月，CEPAA首次推出了关于社会责任标准草案，起初被称为SA 2000，最终演变为SA 8000国际标准，并在全球范围内公开发布。

2001年，CEPAA进行了名称变更，正式成为了社会责任国际（Social Accountability International，SAI）。SAI的咨询委员会包括来自多个国家的代表，涵盖了多个机构与组织，如商业公司、非营利组织、工会、人权与儿童保护机构、学术单位、审计公司及认证机构等。

2001年12月，SAI发布了SA 8000国际标准的第一个修订版本，即SA 8000：2001。2008年5月，SAI发布了SA 8000国际标准的第二个修订版本，该版本在2010年开始应用。2014年，SAI发布了SA 8000：2014版本，这一版本在管理体系和劳工权利方面进行了重大改进，更加强调企业的持续改进责任。2023年，SAI开始了SA 8000国际标准的最新修订过程，以适应全球劳动环境的变化和新兴的社会责任挑战。

②背景。

自SA 8000发布以来，意大利、印度、中国、巴西、巴基斯坦等很多国家都积极行动起来，在这些国家的劳动密集型外贸企业中，通过SA 8000认证已经成为共识，SA 8000对世界贸易产生了重要影响。

SA 8000制定和发布的背景如下：

第一，缘于社会公众对企业社会责任的共同诉求。20世纪60年代开始，发达国家社会公众开始关注战争、环境污染、劳工权益等经济社会问题，消费者行动主义倡导通过消费者的购买行为向那些存在以上经济社会问题的企业表达要求其履行社会责任的诉求。社会公众的社会责任诉求在公民社会国家引起了企业的重视，并对企业经营战略产生了重大影响。在经济全球化背景下，社会公众对企业社会责任的诉求通过国际贸易扩展到任何有经济往来的国家和地区。SA 8000的制定和发布反映了经济发达国家的社会公众对企业社会责任的一种诉求。

---

① 国际标准化组织（ISO）于2006年9月15日正式发布了国际标准ISO/IEC 17021：2006《合格评定——管理体系审核认证机构的要求》，取代了ISO/IEC导则62《质量管理体系认证机构通用要求》。之后，ISO/IEC 17021：2006被ISO/IEC 17021：2011取代，而ISO/IEC 17021：2011又被ISO/IEC 17021-1：2015取代。因此，当前有效的标准是ISO/IEC 17021-1：2015。

第二，企业参与全球市场竞争的需要。社会公众对一些跨国公司的劳工权益保护特别关注，为了回应社会公众关于劳工权益保护的诉求，很多参与国际贸易的跨国公司都发布了自己的生产守则，这些生产守则成为国外供应商在本国劳动法不完善或执行不力的情况下保障劳工权益的一种重要替代方式。跨国公司要求其国外供应商应用自己的生产守则进行验厂，以此迎合社会公众对劳工权益保护的诉求。这对于跨国公司提升自己的市场地位、维护良好的市场声誉，最终提升企业竞争力非常重要。被要求验厂的供应商经常面对不同客户的生产守则，因此，要经过多次验厂。这使得供应商的经营成本不断上升，而经营效率逐渐降低。SA8000 的制定和发布为所有跨国公司提供了一个通用的可供第三方认证的社会责任标准，这正是企业经营发展所需要的。

第三，在政治上也是一种国际贸易绿色壁垒。在全球经济一体化背景下，世界经济分工趋势日益明显，发展中国家依靠资源比较优势自然成为了世界制造工厂，诸如中国的玩具、服装、日用品等，"Made in China"充斥世界各地消费市场。发展中国家因低人工成本而获取的价格优势对发达国家的相同产业造成了冲击，为了扭转这种不利局面，同时，政治家也为了获取更多的选票，一些反倾销措施、非关税贸易壁垒成为很多发达国家进行贸易保护的惯用伎俩。SA 8000 从劳工保护的角度，要求发展中国家供应商进行社会责任验证，从而成为国际贸易中一个重要的绿色壁垒。

③主要内容。

SA 8000 是在国际劳工组织（ILO）公约、联合国儿童权利公约与世界人权宣言基础上推出的，其核心要素包含童工、强迫劳动、安全与卫生、自由结社及集体谈判权、歧视问题、惩戒措施、工时、薪酬及管理体系等九项内容。

以 SA 8000 的 2014 版本为准，本书给出了 SA 8000 的主要内容：

A. 目的与范围。SA 8000 的目的是提供一个基于国际劳工组织公约、联合国儿童权利公约、世界人权宣言，符合各国劳动法律的要求、可审计的自愿性标准，授权和保护所有在组织管理和影响范围内、为该组织提供生产或服务的人员，包括受雇于该组织本身和其供应商、分包商、次级供应商的员工和家庭工人。

SA 8000 普遍适用于各种类型的组织，对组织规模、地理位置或行业部门没有限制。

B.规范性原则及其解释。组织应当遵守国家与地区及所有其他适用性法律、通用行业标准、组织签署的其他规章以及本标准。当国家及其他所有适用法律、通行的行业规定、公司签署的其他规章以及本标准所规范议题相同时，以其中对工人最有利的条款为准。

企业亦应当遵循一系列国际协定的基本原则，包括国际劳工组织的相关公约、世界人权宣言，以及联合国儿童权利公约等。

C.定义。对工人、供应商、利益相关方、童工、工人组织等进行了概念释义。

D.社会责任之规定。这包括童工、强迫性或强制性劳动、健康与安全、组织工会的自由和集体谈判的权利、歧视、惩戒性措施、工作时间、薪酬福利和管理体系等9个方面。

④关键绩效指标。

SA 8000的关键绩效指标有9个，即童工、强迫性或强制性劳动、健康与安全、组织工会的自由和集体谈判的权利、歧视、惩戒性措施、工作时间、薪酬福利和管理体系。这9个一级指标之下又有二级指标，具体见表3-9。

表3-9　　　　　　　　　　　　SA 8000关键绩效指标一览

一级指标	二级指标
童工	1.1不应雇用童工；1.2如果有童工，应做好记录并告知利益相关者，同时为童工提供受教育的机会并给予资助；1.3未成年工按法规要求在课外参加工作，每天工作、上课时间不超过10小时，工作时间不超过8小时，不上晚班或夜班；1.4不能将童工或青少年工人置于不安全或者危险环境中
强迫性或强制性劳动	2.1不能强制劳动，不能要求员工受雇期间交纳押金或寄存身份证；2.2公司或为公司提供劳工的实体不得扣留工人任何工资、福利、财产或文件，不能以此迫使员工继续为组织工作；2.3组织应确保员工不承担全部或部分雇用费用或成本；2.4员工有权在标准工作时间结束后离开工作场所，在对公司合理通知期限到期后，可以自由终止聘用合约；2.5任何组织或向组织提供劳工的实体都不可以从事或支持贩卖人口

续表

一级指标	二级指标
健康与安全	3.1应降低安全、健康隐患，提供安全、健康的工作环境；3.2对孕妇和哺乳期妇女，组织应评估他们所在工作场所的风险，并确保采取合理的措施消除或降低其健康和安全风险；3.3对于采取有效减少或消除工作场所所有危害因素措施后依然存在的风险，组织应免费向员工提供适当的个人防护设备，如有人员发生工作伤害，组织应提供紧急救护并协助工人获得后续医疗；3.4组织应任命一位高层管理代表，负责确保为所有员工提供一个健康与安全的工作环境，并且负责执行本标准中有关健康与安全的各项要求；3.5应当建立一个由管理者代表和工人平衡组成的健康安全委员会，除非法律另有规定，该委员会中至少要有一名工人代表（如果该代表同意加入委员会），且该代表是被认可的工会代表；3.6应有安全、健康规章并有一名高管负责落实；3.7应有安全、健康现场指示，应对新进、调职以及在发生事故地方的员工进行培训；3.8应建立安全、健康监测防范机制，保存所有事故记录；3.9应给所有员工提供干净的厕所、可饮用的水，必要时提供储藏食品的卫生设施；3.10如果提供员工宿舍，应保证宿舍设施干净、安全且能满足员工基本需要；3.11所有人员应有权利躲避即将发生的严重危险，即使未经公司准许
组织工会的自由和集体谈判的权利	4.1所有人员有权自由组建、参加和组织工会，并代表他们自己和公司进行集体谈判；4.2在结社自由和集体谈判权利受法律限制时，公司应允许工人自由选择自己的工人代表；4.3不能歧视、骚扰、胁迫或报复工会员工，员工代表可在工作地点与其所代表的员工保持接触
歧视	5.1不能在聘用、报酬、升迁等问题上有种族、民族、性别、宗教、残疾等方面歧视性规定或行为；5.2不干涉员工宗教信仰，满足涉及民族、血统等所有可引起歧视情况下所需要的权利；5.3不能存在性骚扰行为，包括姿势、语言和身体的接触；5.4不得在任何情况下要求员工做怀孕测试
惩戒性措施	6.1应尊重员工，不能有体罚、精神折磨、侮辱员工的行为，也不得以粗暴、非人道的方式对待工人

续表

一级指标	二级指标
工作时间	7.1应遵守工作时间和公共假期法规，标准工作周工作时间不得超过48小时；7.2员工工作6天必须有1天休息时间，除非法律有其他规定，以及另有集体协商协议；7.3所有加班必须是自愿性质的，每周加班时间不得超过12小时；7.4如公司与工人有集体协商协议，公司可以根据协议要求工人加班，以满足短期业务需要，任何此类协议应符合上述7.1的有关规定
薪酬福利	8.1应保证在一个标准工作周内所付工资总能至少达到法定或行业最低工资标准并满足员工的基本需要，以及提供一些可随意支配的收入；8.2应保证不因惩戒目的而扣减工资，除非得到国家法律许可或获得自由集体谈判同意；8.3应定期详细书面列示工资、福利构成，并与所有适用法律相符，工资应以现金支票形式发放，以方便员工获取；8.4所有加班应按照国家或集体谈判协议规定的倍率支付加班工资；8.5应保证不采取纯劳务合同安排、虚假的学徒工制度等规避对员工应尽的义务
管理体系	9.1政策、程序和记录；9.2社会责任绩效团队；9.3风险识别和评估；9.4监督；9.5内部参与和沟通；9.6投诉管理和解决；9.7外部审核和利益相关方参与；9.8纠正和预防措施；9.9培训和能力建设；9.10供应商和分包商的管理

⑤简要评价。

如果我们不把目光焦点集中于SA 8000绿色贸易壁垒的一面，而是以一种积极的态度去认识SA 8000的社会意义，就会发现：

第一，欧美各国有发达、完善的劳动法、社会保障制度、工会制度，并能得到有效执行，而这些在以劳动密集型制造业为主的发展中国家则非常欠缺，因此，在发展中国家，劳工权益还不能得到完全保护。在全球经济一体化背景下，SA 8000可作为发展中国家推动劳工权益保护的一种机制。

第二，我国正在走欧美发达国家走过的经济之路，改革开放初期靠廉价劳动力获得的低成本优势即将消失，中国制造业劳动力成本逐年上升，说明出现了"刘易斯拐点"。因此，在廉价劳动力作为比较优势逐渐丧失的情况下，实现经济结构调整和产业转型升级、发展高端制造业非常重要。

第三，消费者行动主义迫使跨国公司在国际贸易中不得不对供应商社会责任进行验厂，没有经过 SA 8000 认证的公司将失去订单。注重劳工权益保护的跨国公司和获得 SA 8000 认证的供应商，将得到包括消费者在内的社会公众的认可，企业声誉将得以提升，进而导致市场份额的扩大。注重劳工权益保护还将提升员工的忠诚度，降低员工流动成本。因此，SA 8000 有助于提升企业的全球市场竞争力。

（2）GRI（GRI Sustainability Reporting Guidelines）

①制定和发布机构。

全球报告倡议组织（Global Reporting Initiative，GRI）是一个致力于全球企业社会责任信息披露通用标准制定的 NGO，在企业社会责任标准制定方面具有很强的影响力。

全球报告倡议组织成立于 1997 年，由美国的非政府机构"对环境负责的经济体联盟"（Coalition for Environmentally Responsible Economies，CERES）和联合国环境规划署（United Nations Environment Programme，UNEP）共同发起，秘书处设在荷兰阿姆斯特丹。

1997—1998 年，为方便可持续发展信息的公开，CERES 逐步构思出一个框架，率先启动了名为"全球报告倡议"项目，并开始招募人员、筹集资金，以及进行网络建设。1999 年，UNEP 作为合作伙伴参与了全球报告倡议，这一举措确保该组织能够在国际舞台上更有效地推进其活动。

2000 年，GRI 推出了第一版《可持续发展报告指南》，其影响力已经扩展至南美洲、北美洲、大洋洲、欧洲、南亚以及日本等，有 50 个组织基于该指南发布了各自的可持续发展报告。2001 年，根据 GRI 管理委员会的提议，CERES 理事会做出了让 GRI 独立出来的决定，GRI 成为一个自主机构。GRI 着手制定合并成立法人组织的规章，并开始招募董事会成员，同时，它也收集第一版《可持续发展报告指南》使用情况反馈，以便进行修订。

2002 年，GRI 获得了独立国际组织地位，并以 UNEP 官方合作伙伴的身份加入了联合国。该组织解散了原有的管理委员会，设立了临时董事会并选举出新任主席，从此，GRI 的业务与资产实现了与 CERES 的分离，总部也迁至荷兰。在同一年，GRI 正式发布了其第二版《可持续发展报告指南》，该版本于 2002 年在南非约翰内斯堡举办的全球可持续发展峰会上进行了推介。

2003—2006年，GRI进行了多个机构领导层的任命，建立了其独特的治理体系，并在荷兰阿姆斯特丹设立了办公室，这里成为其永久性总部。2006年10月5日，位于荷兰阿姆斯特丹的GRI总部召开了一次会议，正式推出了第三版《可持续发展报告指南》（G3）。

世界可持续发展工商理事会（WBCSD）于2002年1月发布声明，表示对GRI的认可与支持，并承诺号召其成员积极参与这一倡议。此前，GRI的《可持续发展报告指南》受到了联合国时任秘书长安南、英国时任首相布莱尔以及经济合作与发展组织"可持续发展与环境及跨国企业指南工作室"的高度肯定。2002年，GRI与联合国时任秘书长安南发起的"全球契约"（Global Compact）建立了合作关系。基于《可持续发展报告指南》发布的报告在日本、美国和欧洲各国得到了一系列重要的非财务报告奖励，国际上一些著名媒体（如《华盛顿邮报》《金融时报》等）、著名跨国公司（如杜邦公司、宝马公司、荷兰皇家壳牌集团等）都对GRI及《可持续发展报告指南》给予了高度评价。2011年，GRI发布了G3.1版本，添加了关于性别、社区和人权等更多内容。2013年，GRI转变为一个全球性的独立标准制定组织，并发布了G4，引入了"重大性"概念，要求组织识别和报告其最重大的可持续性影响。2016年，GRI转换其标准制定系统，变为模块化的全球可持续性标准（GRI Standards），并于2018年完成了这一转变。2021年，GRI发布了最新的"通用标准"，这是一次重大更新，以提高标准的透明度和一致性，自2023年1月1日起生效。

②背景。

GRI旨在为企业或机构提供一套被广泛认可的标准，以使它们能够报告其在经济、生态与社会方面的表现。

GRI简要陈述了制定全球企业社会责任通用标准的重要性，这体现了该标准的制定背景或驱动因素。

第一，人类社会可持续发展的迫切需要。可持续发展理念本质上是人类社会短期发展与长期发展如何平衡的问题，是满足当前之所需但又不能危及后代子孙满足其所需的能力。全球经济一体化使可持续发展问题成为一个全球性问题，而不是一个国家、一个地区的问题。

在全球经济一体化背景下，科技知识共享，国际贸易繁荣，人们的收入水平和生活质量都得到了快速提高。与此同时，也有数据显示，全球经济一体化的好处并没有惠及全人类，仍然有遭受饥饿、瘟疫的国家和地区；生态环境遭受了严重的破坏，我们会担心每天饮用的水和所吃的食物是否有化学污染物，也许某一天呼吸新鲜空气都成了我们的一种奢求。

在经济全球化背景下，人类社会面临更多的选择机会，但同时人类社会的可持续发展也面临着巨大的威胁，因此，各种组织在决策制定过程中，要成分考虑其可能对社会和环境造成的影响，并详细披露这些信息。

为了有效传递关于可持续发展的信息，必须建立一个全球共用的框架，以涵盖理念、术语和报告指标等诸多方面。

第二，提升企业透明度的需要。信息充分对于制定令人满意的组织决策非常重要，提升企业透明度的方式是减少企业和其利益相关者之间的信息不对称，这有助于企业利益相关者做出明智的决策。除了企业的财务信息外，反映组织运营对社会和环境影响的可持续发展信息也是非常重要的决策信息。企业社会责任投资就是考虑企业经济、环境、社会、公司治理等重要可持续发展信息从而做出决策的投资理念。提升企业透明度，成为制定企业可持续发展信息披露标准的重要驱动因素。

③主要内容。

GRI制定和发布的标准被认为是当今全球信息含量最大、体系最完善和规范、使用机构最多的社会责任信息披露标准。

GRI报告框架包含四个部分：《可持续发展报告指南》（Sustainability Reporting Guidelines，以下简称《指南》）、《指标规章》（Indicator Protocols）、《技术规章》（Technical Protocols）及《行业附加指引》（Sector Supplements）。

其中，《指南》是所有其他文件的基础，适用于各类组织，是GRI最主要的工作成果。考虑到各行业可能面临的特殊问题，GRI提供了可与《指南》一起使用的《行业附加指引》。

下面我们给出《指南》的具体内容：

A. 简介：GRI制定和发布的标准是由相互关联的多套标准组成的系统，主要有三个系列：GRI通用标准、GRI行业标准和GRI议题标准。

B. 核心内容：组织及其报告做法；活动和工作者；管制；战略、政策和实践；利益相关方参与。

C. 术语表。

D. 参考文件。

④关键绩效指标。

GRI对信息披露内容的分类主要有5种：组织及其报告做法；活动和工作者；管治；战略、政策和实践；利益相关方参与（见表3-10）。

表3-10　　　　　　　　　　GRI关键绩效指标一览

一级指标	二级指标
组织及其报告做法	披露项1组织详细情况；披露项2纳入组织可持续发展报告的实体；披露项3报告期、报告频率和联系人；披露项4信息重述；披露项5外部鉴证
活动和工作者	披露项6活动、价值链和其他业务关系；披露项7员工；披露项8员工之外的工作者
管治	披露项9管治架构和组成；披露项10最高管治机构的提名和遴选；披露项11最高管治机构的主席；披露项12在管理影响方面，最高管治机构的监督作用；披露项13管理影响的责任授权；披露项14最高管治机构在可持续发展报告中的作用；披露项15利益冲突；披露项16重要关切问题的沟通；披露项17最高管治机构的共同知识；披露项18对最高管治机构的绩效评估；披露项19薪酬政策；披露项20确定薪酬的程序；披露项21年度总薪酬比率
战略、政策和实践	披露项22关于可持续发展战略的声明；披露项23政策承诺；披露项24融合政策承诺；披露项25补救负面影响的程序；披露项26寻求建议和提出关切的机制；披露项27遵守法律法规；披露项28协会的成员资格
利益相关方参与	披露项29利益相关方参与的方法；披露项30集体谈判协议

⑤简要评价。

GRI制定和发布的标准作为全球影响最大的企业可持续发展信息披露标准之一，提出了一些重要的CSR信息披露理念和概念，这对制定适合本国国情的社会责任信息披露标准具有重要意义。

第一，GRI制定和发布的标准的目标是提升企业透明度。

GRI明确了其制定和发布标准的目的。在全球经济一体化背景下，人类社会可持续发展的理念使政府组织、非政府组织、社会公众产生了对企业提供可持续发展信息的需求。GRI制定和发布的标准使企业能够提供系统、可比的可持续发展信息，这样便能够使企业更加透明，降低了企业和利益相关者之间的信息不对称，从而有助于利益相关者理解企业，做出令人满意的决策。

第二，GRI制定和发布的标准具有完善的体系结构。

GRI制定和发布的标准是最完善的企业社会责任信息披露标准之一，除了其系统的绩效指标体系外，还表现在以下三个方面：

首先，提出了报告内容确定相关原则。如利益相关者的范围要求企业确定产生相互影响的利益相关者，并明确利益相关者的期望。重要性（Materiality）强调选择与利益相关方关系重大的项目披露才有意义。

其次，提出了报告信息质量确保原则。为了保障可持续发展信息的决策有用性，GRI提出了中肯性、可比性、准确性、时效性、清晰性、可靠性的信息质量要求。

最后，强调企业社会责任融入管理战略中。GRI强调企业社会责任是企业管理战略的一部分，企业应该针对社会责任的战略、管制、承诺和参与度，提出可持续发展绩效指标，即经济、环境和社会，每一类下面均要有管理方针。

第三，GRI制定和发布的标准更适合发达国家。

自GRI《指南》制定和发布以来，在全世界范围内得到广泛应用和推广。欧洲和北美洲各国企业对GRI《指南》应用最广泛。可以看出，GRI《指南》是适合发达国家的标准，也更容易在发达国家推广，因为其更适合发达国家企业的现实情况。比如政治基础方面，公民社会①能够保障利益相关者的诉求得到很好体现，从而推动企业开展社会责任活动，而这样的基础在中国还不够扎实、牢固。再如法律基础方面，发达国家的劳工权益保障法、消费者利益保护法、人权法、环境保护法、商业欺诈法等法规成熟、完善，从而使企业社会责任自愿行为在本质上成为一种强制性行为，而这些法律在中国还不够完善或执行不力。

----

① 公民社会或市民社会（Civil Society）是指围绕共同的利益、目的和价值上的非强制性的行为集体。公民社会不属于政府及国有经济的一部分，也不属于营利性私营经济的一部分。公民社会是处于"公"与"私"之间的一个领域。通常认为，公民社会包括那些为了社会的特定需要，为了公众的利益而行动的组织，诸如慈善团体、非政府组织、社区组织、行业协会、工会等。

第四，GRI制定和发布的标准更适合大型企业。

从GRI《指南》的应用来看，跨国公司及世界500强企业、我国中央企业应用得较多，这就意味着GRI《指南》更适合大型企业。大型企业的社会影响力较大，更易受到利益相关者的关注。大型企业管理更加规范，更容易将企业社会责任融入管理战略中，并得到执行。小型企业的社会影响力较小，与利益相关者的关系也没有大企业那样复杂。因此，适合大企业的GRI《指南》并不一定适合中小企业，特别是经济绩效指标中的间接经济影响、环境绩效指标中的生物多样性、社会绩效指标中的公共政策等。

第五，GRI制定和发布的标准给出了不同应用等级，鼓励报告鉴证。

GRI《指南》中提到了应用等级，为满足新手、高级的报告撰写者和处于中间水平的人的各种需要，GRI《指南》包含三个等级，分别标以C级、B级和A级。每个等级的报告标准都反映了GRI报告框架不断增加的应用或其覆盖范围。一个组织如果利用了外部认证，即可在每个等级上自行加上"+"（例如C+、B+和A+）。一个组织是按照GRI应用等级中的标准对其报告内容进行评估的，可自行在报告等级上加上"+"。同时，GRI《指南》提倡对报告进行鉴证。

（3）ISO 26000（International Standard Organization 26000）

①制定和发布机构。

ISO全称为国际标准化组织（International Standard Organization），1947年2月成立，是全球性的非政府组织，也是世界上最大的自愿性标准制定机构。ISO成立至今，已经公布了18 000多个国际标准，其中最为人所熟知的ISO 9000和ISO 14000是ISO开发的管理标准实践系列，前者是关于质量的标准，后者是关于环境的标准，它们被运用到全球各行业的企业规范管理中。

自2001年起，ISO开始了关于社会责任国际标准的可行性研究与评价工作。2004年6月，ISO决定开发适用于包括政府在内的所有社会组织的社会责任国际标准化组织指南标准。此项标准的制定得到了54个国家和24个国际机构的参与，编号为ISO 26000。这是继ISO 9000和ISO 14000之后，ISO推出的最新标准，标志着其在新领域的探索。因此，ISO成立了专门的社会责任工作组（WGSR），负责该标准的编写工作。

2010年11月1日，国际标准化组织在瑞士日内瓦国际会议中心举办了社会责任指南标准（ISO 26000）发布仪式，该标准正式出台。

②背景。

ISO 制定并发布社会责任国际标准主要有以下几个原因：

A. 在全球经济一体化背景下，国际消费组织开始关注跨国公司经营过程中对社会和环境的影响，对员工工作条件、社会利益方面存在的一些严重问题做出了强烈反应，这让 ISO 在 21 世纪初就认识到社会责任管理的重要性。

B. 从 20 世纪 60 年代开始，社会责任理念广泛传播并深入人心，环境污染、资源枯竭、劳工权益等问题引起世界各国的重视，并上升到人类社会可持续发展的层次。ISO 认为，在这种情况下，需要国际标准框架来指导组织履行社会责任，以此推动组织和社会的可持续发展。

C. ISO 认为，目前存在的社会责任标准种类繁多且千差万别，急需一个适合各个国家、各种性质、各种规模的组织的统一的指导性标准，这有助于规范组织社会责任实践，衡量社会责任绩效，提供可比社会责任信息。

基于以上背景，21 世纪初，ISO 开始着手制定社会责任国际标准，并于 2010 年发布了 ISO 26000。具体过程如下：

自从 ISO 下属的消费政策委员会（COPOLCO）于 2001 年向 ISO 理事会递交了一份有关社会责任的标准化提案之后，ISO 理事会很快对此提案表示了支持，并决定成立一个战略咨询小组（SAG）。

COPOLCO 于 2002 年发布了一份关于社会责任标准化可行性的报告。

2003 年，SAG 提出建议，强调实施社会责任标准化的重要性，并指出在开展该项工作的过程中，需要满足特定的前提条件。

2004 年，ISO 在瑞典斯德哥尔摩举行了一场国际会议，讨论社会责任问题。在获得超过 2/3 有权投票的成员支持后，ISO 技术管理局（TMB）决定着手制定一份社会责任国际标准，但明确指出该标准不应作为认证的依据。

在标准起草的过程中，来自 90 多个国家和地区的 400 多名专家参与了这项工作，其中包括中国的专家。

经过漫长的讨论和修订，国际标准化组织于 2010 年 11 月 1 日正式推出了 ISO 26000（社会责任指南）。

③主要内容。

ISO 26000的基本框架和相关标题如下：

A.范围（Scope）。

B.术语、定义和术语缩写（Terms，definitions and abbreviated terms）。

C.了解社会责任（Understanding social responsibility）。

这包括历史背景、社会责任的最新动向、社会责任的特点、国家和社会责任四个条款。

D.社会责任的原则（Principles of social responsibility）。

它由总则、承担义务、透明度、道德行为、尊重利益相关方、尊重法律的规范、尊重国际行为规范、尊重人权八个条款组成。

E.识别社会责任和约束利益相关方（Recognizing social responsibility and engaging stakeholders）。

它由总则、辨识社会责任、利益相关方识别和约束三个条款组成。

F.关于社会责任核心主题指南（Guidance on social responsibility core subjects）。

它由总则、组织治理、人权、劳工惯例、环境、公平运营实务、消费问题、社区参与和发展八个条款构成。

G.关于整合整个组织（企业）社会责任的指南（Guidance on integrating social responsibility throughout an organization）。

它由总则、组织的特点同社会责任的关系、了解一个组织的社会责任、整合整个组织社会责任的实践、信息上的社会责任、提高社会责任可信性、评审和提高组织有关社会责任的措施和实践、社会责任的志愿积极性八个条款组成。

附录A（提示性附录）　社会责任志愿积极性和工具案例（Annex A（informative）Examples of voluntary initiatives and tools for social responsibility）

它提供一系列非完整的社会责任自愿性倡议和工具。这些倡议和工具处理社会责任一个或者若干核心问题，或者处理社会责任融入整个组织的问题。其中，A1为跨行业的倡议，A2为有关具体行业的倡议。

附录B　缩略术语

它包括ISO 26000中使用的缩略术语。

附录C 文献目录

④关键绩效指标。

ISO 26000的关键绩效指标即ISO 26000框架中的核心主题。ISO 26000共有7个核心主题，涉及36个议题，所列的主题和问题不是全部适用于每一个组织，但每个组织要以整体的眼光来看待每一个核心主题，考虑它们之间的关系。

评价一个组织是否尽到了社会责任，不能只局限于组织本身的活动，而是要看其影响力所能达到的整个范围。这个范围涵盖部分甚至整个价值链，包括合作伙伴及对手。

核心主题能够确定社会责任的范围、识别相关议题和确定重点所在，见表3-11。

表3-11　　　　　　　ISO 26000关键绩效指标（核心主题）一览

一级指标	二级指标
主题1：组织治理	组织应该定期检查其决策机制及架构，以提高以下能力：1.1创造提高透明度、道德操守、问责、守法、照顾利益相关方的环境；1.2善用财务、天然及人力资源；1.3确保在管理高层有合适比例的各种代表（包括性别、种族）；1.4平衡组织及其利益相关方的需要；1.5建立长期与利益相关方双向沟通的机制；1.6鼓励员工参与社会责任相关决策；1.7平衡员工权限、职责和能力水平，确定每一个员工相应的权力；1.8跟踪决定的执行情况，记录正面和反面结果的责任人；1.9定期评审和评估组织的治理过程
主题2：人权	对人权所持的价值观便是文明程度的指标，涉及的议题有：2.1尽力而为——包括人权政策、政策与业务的整合、评估方法、监察，以及优先顺序的确定；2.2人权风险状态——涉及贫穷、自然灾害、童工、非正式外包工安全及贪污等；2.3避免同流合污——包括对违反人权的同谋者评估及预防，无论是负有指使还是负有协助或容忍责任的；2.4处理申斥——遵守公平、公正以及公开原则；2.5不可歧视弱势社群——种族、肤色、性别、年龄、婚姻状况、艾滋病带病毒/病患等；2.6民权及政治权利——包括言论及表达自由、集会及结社自由、信息的搜索和接收、内部纪律程序前的公平聆讯，以及纪律处罚不能包括体罚、不人道或侮辱处置；2.7经济、社会及文化权利——包括教育、维持身心健康的生活标准（衣、食、住、医疗）、社会保障（失业、疾病、孤寡、老年）；2.8保障基本工作权利——组织工会及集体谈判自由、消除强迫或强制劳动、停止使用童工、消除招聘及待遇歧视

一级指标	二级指标
主题3：劳工惯例	劳工惯例是指组织内的工作及劳工为其机构工作中的所有政策及准则，相关的议题有：3.1促进就业及雇佣关系——确保所有就业人员是合法员工或自雇人士，尽量避免聘用散工，尽量减少营运转变（例如关、停、转）对员工的不利影响，消除歧视，勿作随意或惩罚性解雇，不从合作伙伴、分包方和供给方的不正当劳工事务中获益，在国际营运中优先考虑雇用对行业发展、当地推广及改进有利的人员；3.2工作条件及社会保障——确保工作条件合法及不低于国际劳工标准，提供符合合法协议或其他更好的待遇，确保适宜的工作条件（有关工资、工时、每周假期、职业安全和健康及女工分娩保障），直接发放工资，尊重正常或协议工时，加班需支付符合法律的超时补偿；3.3保持社会对话——明白社会对话对组织的重要性，参与员工组织的活动，不反对或不阻止员工组织工会或进行集体谈判，不辞去或歧视相关职工，让职工代表接触决策人士、工作场所及资料，不鼓励政府限制国际公认的结社及集体谈判自由；3.4顾及工作安全及健康——识别及控制职业安全和健康的风险因素，调查职业意外、疾病及职工提出的问题，应用职业卫生原则，明白社会心理危害引致工作压力及不适，制订职业安全和健康方针，提供安全保护设施，提供培训，采纳有员工参与制定的职业安全和健康制度；3.5参与人类发展和现场培训——提供公平的技术发展及接受培训机会，尊重职工的家庭责任（例如提供托儿服务），落实没有歧视的招聘、培训、升职及离职，保障及促进弱势群体的积极行动，参与青年失业及妇女就业不足的改进计划制订，制订劳资双方的管理方案以促进健康和福利
主题4：环境	自然环境的影响来自组织耗用的能源及自然资源、产生的污染及废物，以及产品和服务对自然栖息地的冲击，涉及的议题有：4.1预防污染——识别污染及废物，测量、记录及报告污染源头，采取控制措施（例如减少废物原则），公布所使用原料的危害种类及数量，实施识别及预防使用禁用物料的制度；4.2可持续资源的使用——识别能源、水及原料来源，测量、记录及报告它们的使用，采取资源效能措施（例如节约措施），寻求取代非再生能源的可行机会，管理水源以便在同一水系内公平享用；4.3缓和及适应气候变化——识别温室气体排放源头，测量、记录及报告温室气体排放，采取减排措施，减少依赖石化燃料，预防温室气体排放，不能预防的便考虑二氧化碳储藏或中和措施，考虑排污交易，评估、避免或减少气候变化的不良影响，在土地计划、划分区域、基建设计及维修中考虑气候变化，发展及共享农业、工业、医疗及其他保障健康的科技；4.4保护及恢复自然环境——评估、避免或减少对生态系统及生物多样化的不良影响，尽量运用市场机制转化环境负荷的成本，先保存继而恢复生态系统，考虑促进保护及持续使用的综合管理策略，采取措施以保存独特或濒危物种，采用可持续发展方式规划渔、农、林、牧业，在拓展及发展时考虑自然保护，避免使物种消失或引入外来具有侵略性的物种

一级指标	二级指标
主题5：公平营运实践	公平营运实践是指组织怎样运用关系，影响其他组织以促进正面结果的活动，相关的议题有：5.1反贪污——实施及改进防止贪污的政策及做法，支持员工及代理商杜绝贪污，训练及提高他们的意识，确保他们有相称的待遇及进步奖励，鼓励他们举报涉嫌贪污事件，向有关当局举报有刑事成分的案件，并能影响其他人采取相同做法，嫉恶如仇；5.2参与政治——训练及提高员工及代理商参与及支持政治活动的意识，对有关业务活动的政治游说及政治捐献坚持透明态度，订立政策及指引以控制机构代表，不可做出过分的政治捐献以避免"操控政策制定者"之嫌，避免涉及误述、误导、恐吓或强迫的政治游说；5.3公平竞争——进行符合竞争法的活动，制定避免介入或同谋、共犯反不公平竞争行为的程序，提高员工的意识，支持相关的公共政策（包括反倾销）；5.4在势力范围内推广社会责任——在采购、销售及分包政策内包含道德、社会、环境、职业安全和健康以及性别平等准则，鼓励其他组织采取相同做法，调查及监视有关组织的活动不会影响本组织对社会责任的承诺，提高这些组织对社会责任的认识，在价值链中推广公平分担社会责任的成本及收益；5.5尊重产权——实施尊重产权的政策及做法，调查以确定有合法拥有权去使用或弃置资产，不介入有违产权法的行为（例如假冒、盗用、侵害消费者权益），支付合理购置或使用费用
主题6：消费者问题	组织对享用其产品和服务的消费者负有社会责任，涉及的议题有：6.1实行公平营销、信息及合同做法——不介入欺骗、误导、虚假或不公平的做法，在推销信息中清晰标明推销的性质，披露明码实价、税项、条款、送货费用等数据，处理索赔时提供数据，避免采用模式化的形象（例如性别、种族），提供完整、正确、易懂及可比较的数据，使用公平、清晰、具有充足价格、条款及收费数据的合约（例如没有免责、单方面更改价格及条件）；6.2保护消费者安全及健康——提供对消费者、其他人及环境安全的产品和服务，评定相关法规、标准及规格是否充分，从产品设计开始减少风险，避免使用致癌、有毒或有害的物料，事前评估对人体健康的风险，以图像及文字提供必要的数据，指示正常及可预期的用法，采取由于误用及误用而出现事故的预防措施，从批发、零售及消费者回收有问题的产品；6.3可持续消费——提供对社会、环境有益及有效率的产品和服务，消除和减少它们对健康及环境的不良影响，以顾及身体健康的方法饲养动物，设计产品以方便重复使用、维修或回收，节省包装物料及提供回收服务以减少废物，向消费者提供重复使用、维修或回收的提示，使消费者能够可持续消费（例如提供耗电数据、贴上节能标签），采用"全民设计"原则方便所有消费者（例如弱视人士）；6.4提供消费者服务、支持投诉及纠纷的排除和解决——采取预防投诉措施（例如设立退换期限），解决投诉问题，提供比法定时限更长的保用期，清晰交代售后服务承诺、支持及投诉途径，提供充足且有效的支持及建议，提供收费合理的保养维修服务，采用按国家或国际准则的仲裁及冲突排解程序；6.5保护消费者数据及个人隐私——只收集必需的数据，表明收集用途，不披露或作为其他用途使用，容许消费者知晓组织是否存有其个人资料及提出删除申请，公开相关的政策、程序；6.6保障享用服务权——不随意因没收到费用便终止服务（例如涉及水、电、燃气的必要服务），不因一群消费者没缴款而终止整个地区的服务，在缩减或暂停服务时避免歧视个别消费群体；6.7教育及意识——教育及消费者意识的范畴包括安全及健康（产品危害）、相关法规（例如申斥及消费者权益）、产品标贴、环保、节约用水和电、可持续消费、包装及产品弃置信息和知识

续表

一级指标	二级指标
主题7：社区参与及发展	此主题涉及机构与同区其他机构和组织的关系，以及提高该区生活水平的发展，相关的议题有：7.1社区参与——参与地区组织（例如安全小区）的活动，为政治程序贡献力量，进行守法活动，保持与官员的廉洁关系；7.2教育及文化——推广文化活动，尊重本地文化及习俗，协助保存文化传统，推广本土知识系统的使用，支持各级教育及消除文盲，鼓励儿童接受正式教育；7.3创造就业和技能发展——决定投资、科技选择及外包时考虑可能带来的就业影响，考虑参与地方和国家的技能开发方案；7.4科技发展和途径——考虑与当地大学及研究院进行科研合作，尽量容许科技转移及科技扩散；7.5创造财富和收入——优先考虑本地供给方，只与合法供给方合作，鼓励及协助非正式机构成为正式机构，尽量使用可持续天然资源以帮助消灭贫困，事前征得本地社区同意才开发天然资源，为弱势群体改善活动做出贡献，支持社区企业，尽量发展具有潜力的本地知识及技术，履行税务责任；7.6推广健康——提倡健康生活，提高对主要疾病的预防意识，支持基本保健服务，保障清洁食用水和合适厕所的提供，减少组织产品或服务对健康的负面影响；7.7社会投资——在投资分析及决策时融入经济、环境、社会及治理议题，并适当发布有关信息，制定和公布符合社会责任的治理政策，参与其他组织的相关议题以改善它们的社会责任业绩表现，尽量在投资决定时增加对社会、文化及经济的贡献，进行基建及活动投资，以机构强项能力为主，社区投资不减少其他小区行动（例如资助、捐款、义务劳动），推广可持续社区投资项目，计划社会投资时考虑促进社区发展（例如在本区采购），考虑配合地区及国家政策，避免使社区长期依赖组织的乐善好施，对现有的社区方案提出建设性建议

⑤简要评价。

ISO 26000是继ISO 9000和ISO 14000之后制定和发布的又一国际标准，ISO希望以此标准改善和提升全球组织社会责任管理实践。通过回顾ISO 26000的制定历程和框架内容，可以发现：

第一，ISO 26000的框架内容过于宽泛。

任何组织都应承担社会责任，ISO 26000的目标是惠及各类私营企业、公共机构和非营利组织，而无论其规模及所在国家的发展水平如何。ISO明确指出，ISO 26000并非管理体系标准，仅作为一种指导性框架，因此不要求进行第三方认证。ISO 26000作为一个指导性文件，力求提供具有普遍适用性和权威性的组织社会责任国际标准，核心主题中的绩效指标更多的是一种较宽泛的指导性内容，具体量化的内容较少，这决定了其可能缺乏可操作性和实用性。

第二，中国出口依赖型企业应该积极应对。

ISO 26000 目前还不是一个认证标准，但是不排除未来成为认证标准的可能性。此外，处在价值链上游的企业或欧美发达国家也可能将其作为认证标准，这将给处在价值链下游的一些发展中国家供应商造成不可避免的冲击，众多实力较弱的中小企业将面临社会责任施压。鉴于此，我国出口依赖型外贸企业必须积极应对，重视企业社会责任并努力将企业社会责任融入企业发展战略中。

第三，ISO 26000 表达了对中小企业社会责任的关注。

ISO 26000 非常注重对于中小企业的适用性问题，ISO 26000 发布前，瑞士国家经济事务部（State Secretariat for Economic Affairs，SECO）在 2008 年 9 月提交了一份《ISO 26000 对中小企业重要性的调研报告》，指出中小企业占全球企业数量的 97%，构成了世界经济支柱，中小企业的社会责任应该比现在做得更好。调研结果表明，受企业品牌价值提升的驱动，ISO 26000 将成为中小企业的重要参考标准，但是由于标准过于宽泛，中小企业可能不会严格遵循。如果 ISO 26000 要具有广泛吸引力，它就必须解决中小企业在不同国家或地区所关心的特定问题。同时，中小企业需要有与社会责任相适应的企业文化，要意识到企业社会责任对于可持续发展的重要性，并融入企业的发展战略中，通过履行社会责任发现机会，提升竞争力。

第四，ISO 26000 认为社会责任是动态的和差异化的。

ISO 26000 对社会责任的理解进行了强调，指出社会责任的主要内容反映特定历史阶段的社会期望，因此是不断演变的。社会公众的关注点变化时，组织所面临的期望也会随之调整。在 ISO 26000 的实施过程中，关于社会责任原则的基本规定特别强调，必须综合考虑不同因素，包括组织所处的社会、环境、法律、文化、政治以及经济背景及各组织之间的差异。这一要求对发展中国家尤为重要。

第五，ISO 26000 论述了社会责任的内外驱动因素。

在关于社会责任的新进展中，ISO 26000 指出了全球化对机构、社会和环境的重要影响，强调在金融危机的影响下组织对于可持续发展的需求，以及来自利益相关者（如消费者等）对机构履行社会责任的诉求所造成的压力，这些因素共同塑造了组织社会责任的履行背景和驱动力。

第六，ISO 26000强调了社会责任应和组织战略相融合。

ISO 26000认为，社会责任的实质性特征为一个组织在决策制定的过程中考虑了该决策后果对社会和环境的影响，以及组织对其决策和活动所造成的社会和环境影响负责。这要求组织将社会责任融入整个组织，尤其是融入现有的组织战略、制度、做法和程序中。ISO 26000认为，无论一个组织社会责任的起点如何，它都有可能将社会责任融入组织运营方式中。

为此，ISO 26000给出了一些具体的实践方法：评估组织的影响范围，确定组织的关键主题和利益相关者；提高企业的社会责任意识和能力，确定组织的社会责任方向，将组织社会责任融入组织管理、体系和流程；建立与利益相关者的对话、沟通和反馈机制；提高数据采集和管理的可靠性，确定方法并提高社会责任报告的可信度，评价组织的社会责任进展和绩效。

3.4　诺和诺德披露案例

3.4.1　综合报告概述

（1）什么是综合报告

综合报告（Integrated Reporting）又称为"统一报告""整合报告""一体化报告"等，指的是"制作一份将一家公司年度报告中的财务及叙述性信息与该公司的社会责任报告或可持续发展报告中的非财务（如环境、社会及公司治理问题）及叙述性信息整合起来的统一的报告"（Eccles和Krzus，2010）。

理解综合报告的概念需要注意以下两点：

第一，狭义上，企业应当提供一份整合报告。企业应该向所有报告使用者提供一份整合了重要财务信息和非财务信息的报告①，这能让报告使用者从整体上评估公司现状对他们利益的影响，从而做出令人满意的决策。

---

①　这些报告使用者一般是指企业的利益相关者，但更多指的是需要通过年度报告对企业现状及企业价值进行评估的现有及潜在投资者、分析师。

第二，广义上，企业不只提供一份报告。企业应该制作一份综合报告，并不意味着企业仅提供一份报告。综合报告除了以纸质文档形式，还以PDF格式提供电子版本，但这并不排除公司向特定用户提供专门信息。最重要的是，综合报告充分借助了互联网技术和Web2.0工具，从而通过一些链接和特有的分析工具提供更加详细和个性化的信息①。

（2）综合报告的由来

ACCA的一项研究表明，标普500成分股上市公司的公司价值组成在40年左右时间里呈现了如下变化趋势：有形资产价值对于公司价值的贡献比重逐年下降，大约由70%降低到30%；无形资产价值对于公司价值的贡献比重逐年上升，大约由30%上升到70%。

ACCA的研究说明，随着轻资产特征的企业逐渐增多，传统财务信息之外的非财务信息对投资决策越来越重要，这些非财务信息大多数是表外信息而不能在传统财务报告中反映出来，诸如良好的企业声誉、称职的管理团队、优秀的研发团队、环境风险及应对能力、与供应商的关系、员工满意度和忠诚度、客户和消费者的评价、内部控制制度的健全及有效、公司治理完善程度等。

因此，融合财务信息（Financial information）和非财务信息（Non-Financial information）的综合报告能更全面地反映企业经营现状。

企业推行综合报告的原因在于，这种报告能够清晰地展示财务与非财务绩效之间的关系，以及股东的财务业绩对其他利益相关者的外部影响程度，从而为企业本身和各方利益相关者提供更明确的信息。因此，公司的整体表现以及实现这一表现的过程，包括其对社会的成本和收益，都显得愈加明晰（Eccles和Krzus，2010）。

更具体地说，企业制定综合报告主要出于以下两个原因：

第一，降低报告复杂性。经济交易日益复杂，以及会计准则项目繁多，导致企业财务报告日趋复杂。复杂的财务报告提供的财务信息难以理解并伴随大量噪声，淹没了有用信息并影响了财务报告使用者的决策质量。

第二，提升企业透明度。财务报告以财务信息为主，缺少一些重要的表外非财务信

---

① 可拓展商业报告语言（XBRL）就是目前互联网技术应用在上市公司信息披露领域的一种重要标准。

息，但毋庸置疑，一些重要的表外非财务信息对于投资者、分析师及企业其他利益相关者都是非常重要的。因此，当报告使用者仅使用财务信息时，他们并不能理解企业现状的全貌，因为缺少了重要的表外非财务信息，企业透明度较低，这影响了报告使用者对企业的理解。

（3）综合报告的应用

随着企业社会责任报告（可持续发展报告）理念和实践在世界范围内的快速普及，国际会计界开始研讨如何制定一种结合了关键财务数据与非财务数据的综合性报告。2010年8月2日，全球报告倡议组织与威尔士亲王可持续性会计项目（A4S）联合发起了国际综合报告委员会（IIRC），以便探索并推动综合报告的编制标准和框架。此外，该委员会还获得了国际会计准则理事会（IASB）和美国财务会计准则委员会（FASB）等机构的支持。

2011年9月，IIRC发布了一份讨论稿，系统性探讨了综合报告的构想与原则，并期望在2011年11月的G20戛纳峰会上正式推出这一框架，以获得G20的支持。

2011年1月，南非约翰内斯堡证券交易所推出了全球首份"综合报告指引"，并要求其已上市的400多家公司用综合报告代替传统的年度财务报告。自2012年起，法国当局同样要求那些员工总数超过5 000人的公司发布综合报告。

3.4.2　诺和诺德公司的综合报告实践

（1）诺和诺德公司简介

诺和诺德公司是一家成立于1923年的生物制药企业，总部位于丹麦哥本哈根，并在纽约证券交易所上市（NYSE：NVO）。该公司在糖尿病治疗领域，特别是在胰岛素的研发与生产上享有全球领先地位。目前，该公司分（子）公司遍及世界80个国家，全球员工总数超过60 000人。

诺和诺德（中国）制药有限公司成立于1994年，中国公司总部设在北京。早在20世纪60年代，诺和诺德公司的产品就已经进入中国市场。

（2）诺和诺德公司综合报告的发展历程

诺和诺德公司年度报告（Annual Report）是综合报告的楷模，该公司于2004年开始制定和发布综合报告。2010年，诺和诺德公司综合报告被评为"最佳综合报告奖"。

1995年，诺和诺德公司制定和发布了独立于财务报告的年度环境报告，这个趋势一直持续到2000年。从2001年开始，诺和诺德公司开始制定和发布"三重底线"报告，即环境、社会、公司治理报告。在此基础上，诺和诺德公司遵循GRI的G2标准对2001年ESG报告进行了改进，并在2002年度、2003年度制定和发布了可持续发展报告。

在2004年以前，诺和诺德公司都是单独制定和发布年度财务报告和年度可持续发展报告，但诺和诺德公司一直致力于研究如何将财务报告和非财务报告融合为一个单独的报告，即综合报告。诺和诺德公司认为，对公司财务和非财务信息进行整合，其目的就是协助利益相关者对公司进行更好的评估。因此，从2004年度开始，诺和诺德公司开始制定和发布融合了重要财务信息和非财务信息的"单一综合文档"，即综合报告。诺和诺德公司将综合报告统一取名为某某年度报告，并在每一年都为这个年度报告选择一个主题。

（3）诺和诺德公司综合报告的框架内容

诺和诺德公司于2024年1月31日发布了2023年度报告，并明确表示它将一年中的财务、社会和环境绩效都纳入了这份综合报告中。下面以诺和诺德公司2023年度报告为例，介绍综合报告的框架内容。

①诺和诺德公司介绍（Introducing Novo Nordisk）。

诺和诺德公司在年度报告的第一部分给出了2023年度关键信息，简要明了。具体内容有：

A.董事长与总经理标题为"创新、增长和影响力的非凡一年"，总结2023年的成果与未来展望。

B.诺和诺德公司的数字简介，包括公司在2023年造福糖尿病与肥胖症的患者人数、2023年公司销售额与营业利润、自由现金流、员工人数、分支机构所在国家数、研发基地所在国家数。

C.长期价值创造，强调建设可持续发展公司目标与实现长期价值的愿景。

D.战略决策成就，包括碳排放与妇女权益方面的成果。

E.财务表现，在销售额与营业利润方面相比上一年有显著增长。

对于以上年度关键数据，主要是数量化信息，包含部分期望描述。在披露2023年度关键数据的同时，在同一页上也披露了2022年度的数据，并给出了2023年度数据较

2022 年度数据的比较变化值。

②战略愿望（Strategic Aspirations）。

此部分由以下几方面内容组成：

A. 推动变革的具体举措，以实现可持续未来。

B. 诺和诺德公司的 ESG 表现的评估结果，如环境维度（E）减少碳排放与塑料使用、社会维度（S）支持更多的糖尿病患者与预防儿童肥胖等、治理维度（G）专门用一页的篇幅描述 ESG 治理。

C. 创新与重点关注，包括长期创新的总目标与具体任务。诺和诺德公司的研发重心在于慢性病的治疗，涉及糖尿病、肥胖、心血管及新兴治疗领域、罕见病，该部分对 4 种疾病的研发所在阶段和进展进行详细汇报。

D. 商业决策，受全球肥胖加剧和 GLP-1 的市场增长，诺和诺德公司药品价格飙升并供应短缺。因此，诺和诺德公司决定大幅提高产量并推出明确优先顺序原则，以确保广泛和公平地分配产品。

E. 财务表现，有关 2023 年业绩和 2024 年展望。

诺和诺德公司 2023 年销售和运营情况以 CER（按固定汇率计算）衡量的利润表现在国际劳工公约规定的范围内，自由现金流、有效税率、资本支出以及折旧、摊销和减值损失均符合指导意见。预计销售额增长为 18% 至 26%，主要为北美地区业务和国际业务的销售增长，预期增长额主要基于对肥胖症和糖尿病治疗的关注度显著提高。总体战略愿景为实现稳健的销售和营业利润增长、提高整个价值链的运营效率以实现资产增加、提供自由现金流以实现对股东有吸引力的资本配置。

③风险（Risks）。

此部分由以下几方面内容组成：

A. 诺和诺德公司的风险管理，风险包括对市场动态的分析，以及社会经济、环境、地缘政治和政治发展的影响。每年，执行管理层和董事会都会审查战略风险状况，如创新与竞争、生产力与供应链风险、可得性与可负担性、数据安全、环境影响、道德与伦理遵从、运营风险管理以及企业声誉管理中的风险。

B. 关键运营风险，包括研发与临床风险、产品供应与安全风险、商业风险、数据系统安全风险、财务风险、法律风险，该部分对风险内容进行具体阐释，并且预测可能产生的后果，提出相应的应对措施。

④管理（Management）。

此部分由以下几方面内容组成：

A.董事信息，该部分对董事进行具体介绍，并明确董事参与会议的情况。

B.糖尿病控制的不同途径，主要介绍糖尿病可以通过哪些途径进行控制。

C.经理信息，列明各个经理在诺和诺德的职责以及其他任职。

⑤合并报表（Consolidated Statements）。

合并报表是诺和诺德公司年度报告的核心内容，这部分内容在整个年度综合报告中所占比重也较大。例如，2023年度，诺和诺德公司年度报告为112页，然而合并报表长达51页，篇幅占整个年度报告的45.5%，其重要性显而易见。此部分由以下几方面内容组成：

A.合并财务报表，包括以下内容：损益表和综合收益表、现金流量表、资产负债表、权益变动表，以及合并财务报表的详细解释，包括编制基础与当年成果等，以上五个部分篇幅长达36页，占合并报表整个篇幅（51页）的70.6%。合并财务报表是根据国际会计准则理事会（IASB）发布的《国际财务报告准则》以及欧盟认可的《国际财务报告准则会计准则》和丹麦《财务报表法》的进一步要求编制的。除衍生金融工具、股权投资、有价证券和保理组合中的应收贸易款项按公允价值计量外，合并财务报表均按历史成本编制。诺和诺德的会计政策在合并财务报表的每项附注中均有说明。诺和诺德在编制所有年份的合并财务报表时，始终如一地适用会计政策。管理层评估了国际会计准则理事会发布的新的或经修订的会计准则和解释（IFRS）以及欧盟认可的于2023年1月1日或之后生效的IFRS的影响，认为这些措施的实施并未对2023年的合并财务报表产生重大影响。

B.合并ESG报表，篇幅长达9页。诺和诺德的年度报告符合丹麦《财务报表法》第99a、99b、99d和107d条，其中规定了报告与环境、气候、人权、劳动和社会条件、反腐败、性别分布和数据道德相关的风险管理的要求。这些要求在管理层审查中得到解决。根据气候相关财务披露工作组（TCFD）的建议，诺和诺德正在努力将两种气候变化情景纳入风险管理过程，以确定生产和供应链中的短期、中期和长期风险。

在环境表现方面，诺和诺德在2023年继续致力于节能、优化和稳定项目。这包括使用更多的可再生天然气和蒸气，减少丙烷、柴油和重燃料的使用，以及实施新的除湿系统。2023 年其在生产基地实施的节能项目实现年节能 6.4 万焦。这些努力无法完全抵消产量增加、产能增加和当地恶劣天气条件的影响，因此生产能源消耗增加了 4%。由于减少使用设施和实施节能措施，诺和诺德办公楼和实验室的能源消耗下降了 3%。自 2020 年以来，诺和诺德已过渡到通过多种解决方案采购 100% 可再生能源用于生产的阶段，主要包括可再生电力证书（REC）、购电协议（PPA）、原产地保证（GO）以及现场可再生能源解决方案。

在社会表现方面，诺和诺德糖尿病护理产品的全年患者估计人数从 2022 年的 3 630 万人增加到 2023 年的 4 050 万人。2023 年，诺和诺德通过"获得胰岛素承诺"实现了 33% 的业绩增长，这些渠道的销售价格等于或低于 3 美元的最高价格。

在治理表现方面，2023 年，集团内部审计进行了 40 次商业道德审查，而 2022 年这一数字为 35 次，这与当年计划的审查数量一致。此外，从 2022 年到 2023 年，供应商审核数量增加了 30%，这反映了诺和诺德活动水平的总体提高。2023 年其发布了两项关于负责任采购的重要调查结果，均与工资、福利和工作时间有关。其在质量审核期间发布了三项重要发现，涉及后处理、分析证书（COA）和交叉污染控制，已与受影响的供应商就解决所有关键调查结果的行动达成了协议。在 2022 年发布和报告的两项重要调查结果中，一项在同一年得到解决，关于环境报告的第二项重要调查结果的补救措施仍在进行中。随后其在 2023 年与供应商达成协议，并且与 2022 年相比，2023 年公司购买用于研究的动物数量减少了 29%，购买的动物中有 96% 是啮齿动物。2023 年其购买的鱼类和啮齿动物数量大幅减少，分别归因于年内停止利用鱼类幼虫的特定研究项目，以及不断努力减少用于研究的动物数量。

C.报表与审计报告，篇幅长度为 4 页，内容包括董事会和执行管理层的声明、独立审计师报告、独立审计师关于 ESG 声明的保证报告。

⑥附加信息（Additional Information）。

内容包括产品概况、ESG 首创与可持续框架、母公司财务报表等。

（4）诺和诺德公司综合报告的编制标准

编制财务报告需要遵循一定的准则（或标准），编制非财务报告同样需要一个准则（或标准）。诺和诺德公司财务报告的编制遵循的是《国际财务报告准则》以及欧盟认可的

《国际财务报告准则会计准则》和丹麦《财务报表法》，非财务报告编制属于自愿性的。

（5）诺和诺德公司综合报告的审计认证

诺和诺德公司在 2023 年度聘请了世界四大会计师事务所之一的德勤（Deloitte）作为其审计和认证提供者。德勤分别就诺和诺德公司的财务报表是否遵循了《国际财务报告准则》，以及 ESG 报表是否遵循了《温室气体排放声明鉴证约定》（ISAE 3410）和丹麦审计法规的其他要求给出了审计意见和认证意见。

（6）诺和诺德公司综合报告的披露形式

诺和诺德公司除了提供了融合财务信息和非财务信息的"单一的综合文档"纸质年度报告，即综合报告，还借助互联网技术为报告使用者提供更为详尽、个性化的信息。

诺和诺德公司每年都为年度报告开通了专门网站，在年度报告网站上，用户可以自行下载几种语言的电子版本年度报告，网站提供了很多背景资料和链接信息以供特定报告使用者获取信息，允许用户通过自己选定章节和顺序创建个性化的年度报告，同时设置了用户可以参与的互动游戏。

（7）诺和诺德公司综合报告的实施效果

综合报告为企业利益相关者提供了多样化的信息需求，也为诺和诺德公司赢得了各方支持和信任。诺和诺德公司前 CEO Iars Rebien 提到，"虽然在短期内还无法从企业的财务业绩中看出这一努力为诺和诺德公司带来的财务价值，但股东普遍认同企业的这一做法使得财务增长与社会责任、短期利益与长期利益、股东回报与其他利益相关者利益保持平衡"。

3.4.3 启示

第一，综合报告的目标：增强企业透明度。

企业单一财务报告信息披露形式的有效性受到了越来越多的质疑，财务报告使用者难以读懂繁冗、复杂的财务信息，难以通过财务报告掌握企业经营全貌。综合报告则致力于通过提供融合重要财务信息和非财务信息的一体化报告来解决以上问题，诺和诺德公司制定和发布综合报告使企业变得更加透明，报告使用人能够从整体上评估公司的经营现状全貌。

第二，综合报告的重点：提供决策有用信息。

综合报告与现有的财务报告的信息披露形式相比，一个重要的亮点是为报告使用人，尤其是投资者和分析师提供了更多决策有用信息。从诺和诺德公司综合报告实践可以看出，这体现在以下几个方面：首先，综合报告更加简洁。综合报告往往以一页报表的形式展示各种财务信息和非财务信息，以此降低报告的复杂程度。其次，综合报告只提供重要信息。通过对项目、交易或事项金额和性质的考虑，结合报告使用者尤其是投资者和分析师的意见决定哪些信息是重要的。再次，综合报告只提供有用信息。有用信息要求无论财务信息，还是非财务信息都应该与报告使用者，或者说企业的利益相关者，尤其是投资者和分析师的决策息息相关，通过提供有用信息，可以减少噪声，提高综合报告的信息质量。

第三，综合报告的难点：财务信息和非财务信息的融合。

制定和发布综合报告的难点在于，如何实现财务信息和非财务信息在"单一综合文档"中的有效融合，尽量避免财务信息和非财务信息机械拼接的两层皮形式，诺和诺德公司主要通过三重底线法（triple bottom line）①实现财务信息和非财务信息的融合和统一，以此实现财务信息和非财务信息之间的相互理解和印证。

第四，综合报告的未来：Web时代的综合报告体系。

综合报告提供了融合重要财务信息和非财务信息的"单一综合文档"，但是，这不意味着企业只通过这一种途径提供年度报告，诺和诺德公司的综合报告实践表明，企业还提供综合报告的电子版本，用户可以直接在企业年度报告网站上下载，通过互联网Web技术，用户可以在年度报告网站上点击链接以获取更详细的信息，也可以通过一些特有的分析工具获取更加个性化的信息，一些互动程序和游戏能够增强报告使用者对信息的理解。

第五，企业社会责任报告与XBRL。

诺和诺德公司的综合报告实践告诉我们，企业报告主要经历了四个发展历程：财务报告、财务报告和环境报告、财务报告和社会责任报告（可持续发展报告）、综合报告。

---

① 三重底线（triple bottom line）由英国学者约翰·埃尔金顿（John Elkington）提出，意思为在扩展或获取资源和经济价值时兼顾环境和社会的和谐统一，即经济（financial bottom-line）、社会（social bottom-line）、自然环境（environmental bottom-line）三方面的平衡统一。诺和诺德公司形容它的三重底线法可以"确保决策能使财务增长与企业责任、短期收益与长期利益、股东回报与其他利益相关者的利益保持平衡"。

目前我国上市公司的信息披露正处在初级层次，但未来的综合报告趋势是不可回避的。深交所2006年推动上市公司发布社会责任报告，2009年正式推出XBRL上市公司信息服务平台，这为未来综合报告的应用打下了良好的基础。未来，为了迎合上市公司综合报告的大趋势，我国证券交易所应该在以下两个方面投入精力、未雨绸缪：首先，以提升企业透明度为目标，重视企业社会责任信息披露，推动以提供决策有用信息为重点的社会责任信息披露实践；其次，加大XBRL的开发和应用力度，着重研究XBRL在社会责任信息披露方面的应用，为包括投资者和分析师在内的报告使用者提供更加可靠、有用的信息。

表3-12　　　　　　　　诺和诺德公司（2023年度）综合报告的框架内容

Introducing Novo Nordisk	Letter from the Chair和the CEO
	Novo Nordisk at a glance
	Our value creation
	Performance Highlights
Strategic Aspirations	Purpose 和 Sustainability
	Innovation 和 Therapeutic Focus
	Commercial Execution
	Financials
Risks	Risk management
	Key operational risks
Management	Board of Directors
	Executive Management
Consolidated Statements	Consolidated financial statements
	Consolidated ESG statement
	Statement和Auditor's Report
Additional Information	More information
	Product overview
	ESG initiatives
	Sustainability frameworks和performance

资料来源：诺和诺德. 诺和诺德公司2023年年度报告［EB/OL］.［2024-10-10］. https：//www.novonordisk.com/investors/annual-report.html.

第4章 国内外不同主体的企业社会责任信息披露标准比较分析

4.1 共同点分析

在现代商业实践中，CSR被广泛认为是企业成功的关键因素之一。所有文件都在不同程度上强调了CSR在增强企业透明度、道德经营和推动可持续发展方面的核心作用。例如：

通过《新经济管制法案》，法国强制公司不仅要披露财务信息，还要披露环境和社会绩效数据。这表明法国政府鼓励企业不只关注盈利，还要同样重视其对环境和社会的影响。

英国的公司法要求在年度报告中包含有关企业社会、环境责任的详细信息，强调公司治理应包括对社会和环境的考虑，这有助于提升企业的透明度和信誉。

在亚洲金融危机后，马来西亚政府明确要求上市公司披露其CSR活动，认为这是重建经济和增强国际投资者信心的关键策略。

这些国家的例子显示，企业的社会责任活动不仅被视为提高道德标准和消费者信任的方式，而且是企业战略的一部分，旨在通过可持续实践提高长期经济利益。通过这种方式，CSR已经从一个边缘话题转变为影响全球企业决策的核心考量。

4.1.1 法律框架与合规性

不同主体均强调企业必须在法律和监管框架内运营，确保所有活动符合国家和国际法律、法规以及行业标准的要求。这种共同强调体现了对合规性的普遍重视，凸显了在全球市场上，企业要实现可持续发展，遵守法律和行业规范是基础和前提。

政府机构在讨论企业社会责任时，特别强调了企业在进行其社会和经济活动时，必须严格遵守国家劳动法、消费者权益保护法及其他相关社会法律法规。企业应建立健全内部合规体系，定期对这些体系进行检查和更新，以适应法律法规的变动，确保企业的政策和操作始终符合法律的要求。

在证券交易所的披露标准中，明确提到企业应按照国家环保法规及国际环保协议执行操作，确保所有生产过程、产品和服务都不违反环境保护的法律要求。这不仅是企业社会责任的一部分，更是企业合法运营的基础。企业通过定期进行自我审查和第三方审计来确保这些标准得到遵守，从而增加透明度和建立公众信任。

非营利组织对合规性的要求涵盖了财务透明度和公司治理结构，要求企业遵守国际财务报告标准和本地税收法律，确保所有财务报告的真实性、准确性和时效性。这些措施不仅有助于增强投资者和其他利益相关者的信心，还是企业获得资本和市场认可的关键。

无论是在环境保护、社会责任还是企业治理方面，法律框架和合规性都被视为维护企业可持续发展的基石。所有这些要求共同构成了一个全面的合规体系，不仅要求企业遵循当前的法律，还要求它们主动适应法律法规的未来变化，从而确保长期的企业成功和社会信任。这种对合规性的持续关注是现代企业不可或缺的一部分，也是企业社会责任实践中不断被强调的一个重要方面。

4.1.2 透明度

透明度是企业社会责任（CSR）报告的核心原则之一，反映了一个企业对其内部和外部利益相关者的开放和诚信姿态，透明度在企业运营中的重要性被普遍强调，特别是在环境保护、社会贡献和企业治理方面。

透明度在环境保护方面尤为重要，因为它直接关系到企业对生态系统的影响和可持续发展目标的实现。例如，企业应按照国家有关环保的法律、法规和政策，定期披露其环境保护的情况，包括但不限于废气、废水、固体废物的排放情况及其处理措施。这种披露不仅有助于构建公众对公司环保措施的信任，还能促使公司持续改进其环保技术和方法。

在社会贡献方面，透明度帮助公司展示其对社会福祉的贡献，如支持教育、减贫和公共卫生项目。公司应公开其在支持社会和公共项目上的具体行动和成果,以提高公众对其社会责任实践的认知和评价。这种信息披露不仅改善了企业的社会形象,也加强了其与社区的关系,提高了企业的社会资本。

透明度在企业治理中同样关键,涉及信息披露的及时性和完整性,确保所有股东和利益相关者都能公平地访问公司的重要管理和财务信息。例如,公司应确保所有利益相关者,包括小股东,都能及时获取公司决策过程中的重要信息,确保公司治理的透明性和公正性。这种做法有助于提高公司的治理水平,增强投资者的信任,降低资本成本。

对透明度的重视反映了现代企业管理的一种趋势,即向公众和市场提供关于公司运营的全面和真实的信息,特别是在环境保护、社会贡献和企业治理这些对公众利益具有重大影响的领域。通过这种方式,企业不仅能够建立和维护其声誉,还能在竞争日益激烈的全球市场中获得竞争优势。

4.1.3　环境与社会指标

社会责任信息披露标准明确要求企业对其环境影响进行定期监测和报告。例如,证券交易所社会责任信息披露标准中提到,企业需要披露其在处理废物、减少排放以及节能减排方面的具体措施和成效。这些措施旨在减轻企业活动对环境的影响,同时促进资源的可持续使用。类似地,政府机构社会责任信息披露标准中也强调了企业应对外公开其碳足迹,展示其在减少温室气体排放方面所采取的策略及其效果。这种透明度不仅有助于建立公众信任,也符合日益严格的全球环境标准。

在社会指标方面,各主体均指出企业应在其社会责任报告中包含对员工、消费者和社区福利的贡献。例如,非营利组织制定的社会责任信息披露标准中特别提到,企业需要报告其在促进员工健康与安全、确保工作场所平等以及参与社区支持活动方面的实践。这种关注不仅体现了企业对内部利益相关者的责任,也展示了企业对广泛社会福利的承诺。

此外,各方都提到通过这些环境和社会指标的披露,企业能够展示其在全球责任和可持续发展方面的领导地位。通过实现这些目标,企业不仅能够提高其市场竞争力,还能够在投资者、消费者和监管机构中树立起更为正面的形象。这种综合的环境与社会指标披露策略反映了现代企业对于其经济活动影响的深刻理解，以及其在全球化商业环境中所承担的广泛责任。

不同主体在强调"环境与社会指标"的重要性上具有高度一致性，这不仅符合现代企业社会责任的趋势，也响应了全球对于可持续发展和社会公正的呼声。通过这些披露，企业能够更有效地参与到全球努力中，以应对环境挑战并增加社会福祉，同时也为自身的长期发展打下坚实的基础。

4.1.4　政策制定者的参与

CSR的推动和实施需要政策制定者的积极参与和监管。无论是政府机构还是监管部门都在制定法律框架、监督执行以及鼓励企业采取更为积极的社会责任措施中起到了关键作用。这种参与不仅确保了企业行为遵守法律要求，也促进了社会和环境福祉的长期目标的实现。

政府机构的披露标准中强调了政府在推动企业履行社会责任中的角色，特别是在劳动保护和消费者权益保护方面。政策制定者通过制定相关的劳工法和消费者保护法为企业社会责任提供了法律基础。政府的监管部门定期检查企业的合规情况，并对违反规定的行为进行处罚，这样的措施确保了企业在遵守社会责任方面的严肃性和一致性。政策制定者不仅通过制定和实施环保法规影响企业的运营，还通过提供指导和资源来帮助企业改善其环境绩效。政府机构应通过制定清晰的环境保护标准和企业应遵循的操作指南来引导企业实践，通过要求企业遵循国际财务报告标准和进行定期的财务披露，增强企业的透明度和公信力。政府还通过设立反腐败法规和鼓励企业建立内部控制系统来预防和打击腐败行为。此外，通过定期的环境评审和公开发布环境数据，政府机构帮助公众理解企业的环境表现，这在提高企业透明度和责任感方面起到了重要作用。

从这些讨论中可以看出，政策制定者的参与对于推动企业社会责任的实现至关重要。通过制定合适的政策和法规，政府不仅为企业行为设定了明确的期望和标准，还通过监管和指导帮助企业达到这些标准。这种参与确保了企业社会责任的实施既符合法律要求，也能有效促进社会公益和环境保护目标的实现。

4.2　差异性分析

4.2.1　披露侧重点

CSR披露标准的差异性可以从三个主要来源的角度进行探讨：政府机构、证券交易所以及非营利组织。这些不同的来源反映了不同的政策目标、利益相关者需求和监管环境，从而导致了在披露标准的设定上存在显著的差异。

（1）政府机构披露标准

政府机构设定的CSR披露标准具有较强的法规强制性，这些标准通常旨在保护投资者、消费者和公众的利益，强调透明度和责任。例如，欧盟的非财务披露信息指令要求大型公司披露其在社会、环境、人权和反腐败方面的影响和活动。这些披露不仅是企业合规的一部分，也是其社会责任战略的一个展示，帮助投资者和公众评估企业的非财务表现。

政府机构制定的标准通常包含一系列详细的要求，涵盖环境保护、社会影响和公司治理等领域。这些要求不仅确保企业采取必要措施以减少其运营对环境的负面影响，如减少温室气体排放、管理工业废物等，还要求企业在社会责任方面采取积极行动，如保障工作场所的安全与健康、保障员工权利和提供公正的劳动条件。

此外，这些政府设定的披露标准也强调公司治理的透明度，要求企业披露其决策过程、管理结构和关键治理实践。这包括但不限于企业的董事会结构、高级管理人员的报酬政策以及内部控制和风险管理机制。通过这些披露，政府旨在提高企业的治理质量、增强公众对企业运营的信任，从而促进市场的整体稳定和公平。

总之，政府机构通过法律强制企业遵守这些广泛而详细的CSR披露标准，不仅保护了广泛利益相关者的权益，也推动了企业在环境保护、社会责任和企业治理方面的持续改进。这种监管框架确保企业在追求经济利益的同时，也能够承担起对社会和环境的责任。

（2）证券交易所披露标准

证券交易所制定的CSR披露标准通常体现了对市场透明度和投资者保护的强烈承

诺，如纽约证券交易所（NYSE）和伦敦证券交易所（LSE）等主要交易所通常要求上市公司遵守详细的披露规则，这包括对公司治理、环境政策以及社会责任的综合报告。

这些规定的目的是确保所有市场参与者都能访问关键信息，从而做出明智的投资决策。例如，关于环境保护的披露可以帮助投资者评估公司管理环境风险的能力，而公司治理的透明度直接影响投资者对公司管理质量的信心。通过这种方式，证券交易所提高了市场的整体效率和公平性，增加了市场的吸引力。

然而，尽管这些规定具有强制性，证券交易所也通常提供一定的灵活性，允许公司根据自身的特定情况进行必要的调整。这不仅反映了对不同企业规模和行业特征的考虑，也体现了一个更实际的监管哲学——鼓励而非强迫。这种方法的核心在于平衡规范要求和为企业提供操作上的自由度，使其能够在不同的市场和监管环境中有效地适应和反应。

此外，许多证券交易所还通过倡导和推广自愿披露来补充这些基本要求。例如，它们可能会鼓励企业采用国际公认的报告标准，如全球报告倡议组织（GRI）或可持续会计标准委员会（SASB）的框架。通过这种方式，证券交易所不仅增强了市场信息透明度，也改善了全球投资者对企业社会责任表现的理解和评价。

总之，证券交易所在推动企业社会责任披露方面发挥了至关重要的作用，既维护了市场的公正和透明，也响应了全球投资者对企业社会表现的日益关注。通过这些努力，交易所帮助形成了一个更为稳健和可持续的全球金融市场。

（3）非营利组织披露标准

非营利组织如全球报告倡议组织和可持续发展会计标准委员会制定的CSR披露标准，主要目的是提供一个全球通用的最佳实践框架，这些标准注重增强全球企业的透明度和提升其可持续性表现。这些标准虽然是自愿性的，但强调按照国际最佳实践进行披露，使得企业能够向全球投资者和其他利益相关者展示其在社会和环境方面的责任和成就。

例如，GRI的标准涵盖了一系列的CSR领域，包括但不限于劳工实践、环境影响、公平运营实践等。这些标准为企业提供了如何报告各种非财务指标的详细指导，包括如何测量和报告碳排放、如何透明地报告供应链中的劳工条件以及如何评估产品生命周期的社会和环境影响等。GRI标准的详细性和全面性使其成为全球企业广泛采用的CSR报告框架，帮助企业遵守本国的法规，并满足国际投资者和消费者对可持续发展和社会责任的期望。

SASB则侧重于提供行业特定的标准，使企业能够披露与其行业最相关的可持续性信息。SASB标准帮助公司识别和报告那些对其业务和行业有显著影响的可持续性主题，例如在金融服务业，重点可能在于透明的报告和合理的风险管理实践；而在能源行业，重点可能是环境管理和资源效率。

这些由非营利组织提供的标准，虽然自愿采用，却因其专业性和针对性成为全球企业在执行CSR活动时的重要工具。通过遵循这些标准，企业不仅能提升自己在全球市场的声誉，也能实际改善其对环境和社会的影响，从而支持全球可持续发展目标的实现。总的来说，不同来源的CSR披露标准在强制性、覆盖范围和实施细节上存在显著差异。政府通常强调遵守法规和保护公共利益，证券交易所关注市场透明度和投资者保护，而非营利组织则提倡全球统一的报告标准和可持续发展的最佳实践。这些差异使得企业在全球不同市场中面临多样化的披露要求和挑战。

4.2.2　法规强制性

（1）政府机构

政府机构制定的CSR披露标准具有显著的法律约束力，这些标准通常通过法律、法规或政策直接施行，确保企业遵守特定的社会和环境责任要求。政府制定的规范旨在通过强制措施确保公共利益，如环境保护、社会公正和经济发展的平衡。这种法规强制性通常涉及严格的合规检查和违规企业的法律责任，确保企业在运营中充分考虑其对社会和环境的影响。

例如，欧盟的非财务信息披露指令要求大型企业必须详细报告其在环境保护、社会责任和人权方面的活动。这些规定是为了提高企业行为的透明度，并促进持续的社会和环境改进。此外，政府机构还可能通过提供指导和资源来支持企业实现这些标准，帮助它们理解和达到这些法定要求。

这些政府规定的实施通常伴随着监督和评估，以确保企业不仅遵循最低标准，还追求更高的社会责任目标。政府机构在设定CSR披露标准时兼顾企业的可操作性和政策的长远目标，从而在全球和国家层面推动更广泛的社会和环境正义。

（2）证券交易所

证券交易所制定的CSR披露标准虽然具有一定的强制性，但通常这种强制性结合了市场驱动的特点，这一点体现在其保护投资者利益和提高市场透明度的目标上。

尽管这些披露规则在一定程度上是强制性的，要求所有上市公司必须遵守，以确保信息的全面性和一致性——这有助于投资者和市场参与者做出更为明智的决策，但证券交易所也认识到各公司之间存在的差异，因此往往在执行这些规则时提供了一定的灵活性。例如，对于不同行业的公司，其环境和社会政策的相关性和重要性可能有所不同，交易所可能允许这些公司在披露的内容和详细程度上有所调整，以更好地反映其特定情况。

此外，证券交易所的CSR披露标准往往强调自愿披露的重要性，鼓励企业超越基本的法规要求，主动公开更多信息。这种做法不仅能够提高企业的透明度，还能够在投资者中建立更强的信任感，提升企业的长期价值。通过这种方式，证券交易所利用其市场影响力推动了CSR实践的深化和普及，同时保持了对不同市场和公司状况的敏感和适应性。

总之，证券交易所在制定CSR披露标准时，既强调规则的遵循，也考虑到市场的多样性和动态性，试图在规范要求和市场实际之间找到平衡，确保这些标准能有效地提升透明度和责任感，同时又不对企业的正常运营造成不必要的负担。

（3）非营利组织

由非营利组织如全球报告倡议组织和可持续会计标准委员会制定的CSR披露标准通常是自愿性的，虽然这些标准没有法律强制性，但它们因能够帮助企业满足日益增长的全球投资者和消费者对可持续性信息的需求而被全球范围内的许多企业广泛采纳。

GRI和SASB的披露标准强调了透明度和责任的重要性，提供了详细的指导方针和具体指标，使企业能够报告其在环境保护、社会福利和公司治理等方面的表现。例如，GRI标准涵盖了从劳工权益、环境责任到社会影响等主题，而SASB则提供了针对特定行业的可持续性话题详细指标。

这些自愿性标准被广泛采用，部分原因是它们能够帮助企业建立在全球市场中的信誉，改善与投资者和消费者的关系，同时也是企业回应全球可持续发展挑战的一种方式。企业通过采用这些标准，不仅能展示其对可持续发展的承诺，还能在激烈的市场竞争中脱颖而出。

尽管这些标准是自愿性的，但它们的影响力和认可度在业界逐渐增强，越来越多的企业认识到遵循这些国际标准的重要性，这不仅能提高企业的市场表现，还能加强其对外投资和融资的吸引力。因此，即便是自愿性的，GRI和SASB的标准也在全球企业中发挥着越来越关键的作用。

4.2.3　标准的详细程度和覆盖范围

CSR披露标准在详细程度和覆盖范围上的差异反映了不同组织对信息的需求和披露的目的。

（1）政府机构

政府机构设定的CSR标准通常以其广泛性和全面性而著称，特别强调法规的遵守。这些标准设计精细，涵盖了环境、社会及公司治理的多个方面，其核心目的是保护公众利益，同时提升企业在各个领域内的透明度和责任。例如，欧盟为了加强企业在可持续性方面的透明度和责任，实施了非财务信息披露指令，该指令要求在欧盟境内的大型公司必须披露其在环境保护、社会和员工关系、人权以及反腐败和贿赂方面的绩效。

此外，为了进一步强化这些要求，欧盟还计划推出《企业可持续发展报告指令》（CSRD），该指令将扩大披露要求的覆盖范围和深度。CSRD不仅要求公司披露现有的环境和社会表现，还要求它们报告未来的可持续性战略和目标，包括具体的行动计划和进度监控。这样的规定使得企业必须在其经营策略中更加重视可持续性问题，确保它们的商业活动与更广泛的社会和环境目标相协调。

政府机构制定的这些标准强调了一个关键观点，即企业的成功不仅仅是经济绩效的反映，还必须考虑到其对社会和环境的广泛影响。通过这种方式，政府旨在倡导一种更加负责任和透明的企业治理文化，鼓励企业采取前瞻性措施来应对全球可持续发展的挑战。这些举措不仅能够增强公众对企业行为的信任，还能够帮助企业在全球市场中建立稳固的品牌和竞争优势，从而在遵守法规的同时促进其长期的经济成功。

（2）证券交易所

证券交易所制定的企业社会责任披露标准专注于满足市场的核心需求，尤其强调披露信息的及时性和相关性，目的是保护投资者利益，并确保市场的公平性和透明度。例如，纽约证券交易所（NYSE）和伦敦证券交易所（LSE）等主要交易所都有严格的规定，要求上市公司及时披露所有可能影响投资决策的信息。这包括公司治理变动、财务状况、重大环境事件、社会责任活动以及任何可能影响公司运营和声誉的重大新闻。

这些由证券交易所制定的披露标准，虽然强调了信息的及时和全面披露，但也具有一定的灵活性，允许企业根据自身的特点和行业的具体特征来调整披露的内容和范围。这种灵活性基于对不同行业特有风险和管理实践的认识，允许企业在遵守总体披露原则的同时，调整具体的披露方法，以更准确地反映其特定情况。例如，能源行业的企业可能需要重点披露其环境影响和持续性能源管理措施，而金融服务公司则可能更专注于披露其公司治理和风险管理策略。

此外，证券交易所的这种灵活披露策略有助于企业更有效地与投资者沟通，为投资者提供他们需要的具体信息，从而帮助投资者做出更明智的投资决策。这不仅提高了企业的市场透明度，也增强了投资者对市场公正性的信任，从而支持了整个资本市场的稳定和健康发展。

总之，证券交易所的CSR披露标准旨在通过结合市场需求的及时性和相关性，以及对灵活性的重视，创建一个既保护投资者利益又提高市场透明度和公平性的交易环境。这种披露策略的实施，最终有助于提升整个市场的运作效率和公信力，为所有市场参与者创造价值。

（3）非营利组织

非营利组织，如全球报告倡议组织（GRI）和可持续会计标准委员会（SASB）所提供的CSR披露标准不仅涵盖了劳动权益、环境保护、气候变化、人权以及供应链管理等广泛主题，还细化到如何具体报告碳排放、水资源管理、劳工条件、企业治理等关键问题。通过这些详尽而具体的指导，企业能够以一种全球认可的方法来表达其在这些关键领域的绩效。

GRI和SASB的标准虽然基于自愿性原则，但它们强调通过提高披露的透明度来驱动市场和社会价值的提升。这种透明度不仅帮助投资者、消费者和其他利益相关者更好地理解企业的运营和社会影响，也促使企业自身持续改进其策略和操作，以应对环境和社会挑战。例如，GRI的标准鼓励企业披露其操作所产生的正面和负面影响，从而提供了一种衡量和比较企业可持续发展绩效的方式，这对于那些致力于提高其环境责任和社会责任的公司来说，是极其有价值的。

此外，SASB标准则特别关注与行业相关的可持续性信息，使企业能够针对其特定行业的重要可持续性问题进行披露。这种行业特定的方法不仅增强了信息的相关性和实用性，还帮助投资者在做出投资决策时，能够更准确地评估与特定企业相关的可持续性风险和机会。

总而言之，GRI和SASB等非营利组织所提供的全球统一的标准框架，在没有法律强制性的前提下，通过促进高标准的透明度和一致性的披露实践，帮助形成了一个更加负责任和可持续的全球商业环境。这些自愿性原则虽然是柔性的，但其在全球范围内被广泛接受和应用，体现了市场和社会对企业透明度和责任性的高度重视。

这些不同的披露标准反映了各种监管体和组织对企业透明度和责任的不同期望。政府机构强调法规遵守和全面性披露，证券交易所关注市场效率和投资者保护，而非营利组织则通过提供详细的可操作指南来推广最佳实践。这些差异对全球企业在制定其CSR策略和实施其报告实践时提出了不同的挑战。

4.2.4　实施监督和评估机制

在CSR披露标准的实施监督和评估机制方面，不同的组织有着显著的差异。

（1）政府机构

政府机构制定的CSR披露标准具有法律强制性，这些标准的实施和监督机制通常也相对严格。这类法规通常旨在确保企业在社会和环境方面的行为达到一定的责任标准，同时通过制度化的方式促进企业提升透明度和公众信任。例如，印度政府规定，大型企业必须将其利润的至少2%用于社会和环境发展项目。这一规定不仅要求企业进行财务投入，更重要的是要求它们提交详细的年度CSR报告，展示其在社会责任方面的具体成效。

这种制度化的披露要求使得企业必须在其年度报告中详细记录和解释其在社会责任

方面的活动，包括所投资的项目、实施的效果，以及这些活动如何影响了公司的商业实践和公众形象。政府机构通过定期的审查和评估，监控企业的 CSR 活动和报告的真实性和有效性，确保企业遵守相关法律法规。

这种监督机制通常涉及对企业的定期评审，可能还包括对企业 CSR 实践的现场检查，以及通过第三方审计来验证报告的准确性。在一些国家，如果企业未能遵守这些强制性披露要求，还可能面临法律上的处罚，包括罚款和公开谴责，这些措施进一步增加了企业遵守 CSR 披露标准的压力。

通过这些严格的实施和监督机制，政府机构有效地推动了企业在社会和环境责任方面的积极行动，这不仅有助于提升企业的社会形象，还有助于建立更加健康和可持续的商业环境。这种政策的推行反映了政府在促进企业社会责任方面的积极态度和方法，确保企业行为与社会公众的期望和国家的可持续发展目标相符合。

（2）证券交易所

证券交易所制定的 CSR 披露标准主要聚焦于维护市场透明度和保护投资者的利益，这些标准要求上市公司定期向市场披露可能影响投资者决策的重要信息，如公司的社会和环境影响。这种信息的披露帮助投资者进行知情投资，提高了市场的整体效率和公信力。

虽然证券交易所的 CSR 披露标准具有一定的强制性，上市公司需要遵守特定的披露要求，但这些标准的监督机制通常不具备与政府机构同等的法律执行力。监督和评估机制更多依赖于市场机制的自我调节，如市场监管机构进行的定期检查，以及投资者和分析师对公司披露信息的关注和反馈。如果上市公司未能遵守这些披露要求，它们可能会面临市场信用度下降或投资者信任的丧失，这些市场驱动的后果有时可以促使公司遵守规则。

证券交易所还可能采用其他机制来加强监督力度，如通过专门的合规部门来监控公司的披露行为，或是在投资者发现信息披露不当时提供投诉渠道。这些措施虽然不像政府机构那样有直接的法律约束力，但通过保护投资者利益和维护市场秩序的方式，间接推动了公司进行责任披露和提高透明度。

总的来说，证券交易所的监督机制虽然依赖市场自我调节，但通过确保信息的及时和准确披露，这些机制在保护投资者和维护市场公平交易方面发挥着关键作用。这种机制有助于形成一个更为透明和可信的投资环境，促进市场健康发展。

（3）非营利组织

非营利组织，如GRI和SASB制定的CSR披露标准的实施监督和评估机制较为独特，因为它们依赖于企业的自我管理以及广泛的利益相关者参与来确保标准的执行。

由于这些标准是自愿性的，非营利组织通常无法通过法律手段强制企业遵守。相反，它们通过提供一套详尽的指导和框架来帮助企业理解和实现这些标准，从而提高其透明度和社会责任表现。例如，GRI和SASB都提供了详细的报告指南和指标，帮助企业衡量和报告其在社会、环境和治理方面的绩效。

这种监督机制的核心是通过市场和社会压力来推动规则被遵守。企业为了维护其声誉、吸引社会责任投资并满足消费者和投资者的期望，通常会选择遵守这些国际认可的标准。此外，透明度的提高和利益相关者的压力也促使企业进行自我监督和持续改进其社会责任实践。

很多企业会通过第三方审核来验证其对GRI或SASB标准的遵守情况，以增加其报告的可信度。这些第三方验证可以包括独立的审核机构对企业披露信息的核查，确保报告的真实性和准确性。

总的来说，尽管非营利组织制定的标准缺乏法律强制力，但通过提供清晰的框架和广泛的市场认可，以及利益相关者的积极参与，这些标准在全球范围内被广泛接受和实施，有效地推动了企业在全球可持续发展和社会责任方面的进步。

4.3　小结

在对不同组织的CSR披露标准的差异性分析中，我们可以看到政府机构、证券交易所和非营利组织在推动企业透明度和责任方面各有其独特的方法和重点。

首先，政府机构通常制定具有法律强制性的CSR披露标准，强调全面性和法规遵守。这些标准旨在通过详细的环境、社会和公司治理（ESG）要求保护公众利益和提升企业透明度，实施和监督机制严格，确保企业的责任履行，通过法律法规执行力强化企业的社会责任表现。

其次，证券交易所的披露标准则更侧重于维护市场透明度和保护投资者利益。这些标准虽具有一定的强制性，但提供了较多灵活性，允许企业根据自身特点和行业特征调整披露内容。监督机制主要通过市场自我调节和投资者压力来确保信息披露的及时性和相关性。

最后，非营利组织，如全球报告倡议组织和可持续会计标准委员会制定的标准主要基于自愿性原则，专注于为企业提供一套全球通用的最佳实践框架。这些标准虽然缺乏法律强制力，但通过提供详细的指导和框架，帮助企业改善其社会责任表现，依赖于企业的自我管理和利益相关者的参与来推动其被广泛采纳和实施。

通过这些分析，我们可以看出不同类型的组织在设计和执行CSR披露标准时如何平衡法规的严格性与市场的灵活性，以及它们如何根据自身的目标和影响力来塑造企业的社会责任策略和行为。这些差异不仅影响了企业如何实施和报告其CSR活动，也影响了它们如何应对全球可持续发展的挑战。

第3篇
企业社会责任披露的实证研究

第5章 ESG保险功能：问询函与股价崩盘风险的视角

5.1 绪论

5.1.1 研究背景与意义

（1）研究背景

在近二十年的学术探讨与实践应用中，资本市场对可持续投资领域的关注显著增强，这一趋势促使投资者、政府以及其他信息使用者对企业社会责任（CSR）以及环境、社会及治理（ESG）计划的非财务信息需求急剧上升。在这一背景下，学术界涌现了大量以CSR和ESG为主题的研究文献，这些文献深入探讨了影响企业CSR和ESG计划的多种因素（Lys等，2015；Cohen等，2015；Amel-Zadeh和Serafeim，2018；Naughton等，2019；Chi等，2020；Grieser等，2021；Ryou等，2022）和经济后果（Matsumura等，2014；Dhaliwal等，2011；Dhaliwal等，2012；Bernardi和Stark，2018；Schneider，2011；Dai等，2021；Downar等，2021）。值得注意的是，部分研究聚焦于ESG/CSR的类保险效应，即它们如何作为企业风险管理策略的一部分，减轻潜在的负面经济后果。基于利益相关者理论，这部分文献主要分析了ESG对股票崩盘风险、股价波动、累计异常反应、股权成本和诉讼风险的影响（Blacconiere和Patten，1994；Luo和Bhattacharya，2006；Godfrey等，2009；Cho等，2012；Christensen，2016；Shiu和Yang，2017；Lins等，2017；Heflin和Wallace，2017；Albuquerque等，2020；Cornell，2021）。

　　在深入分析有关ESG绩效与公司经济后果之间关系的文献后，我们可以得出一个重要结论：ESG绩效与公司经济后果之间存在显著的内生性。尽管一些研究人员使用金融危机（Lins等，2017）等事件作为外生冲击来缓解这一内生问题，但这些冲击通常改变了整个资本市场的运行环境，因此在研究中引入了大量噪声，可能会掩盖ESG绩效与经济后果之间的真实关系。此外，还有文献指出公司可能因其ESG绩效而受到"反噬效应"，即当企业的ESG实践与其业务实践不一致或被认为不真诚时，可能会引起利益相关者的负面反应（Janney和Gove，2011；Bartov等，2021）。这种效应可能会对企业的声誉和财务表现产生不利影响，进一步增加了研究ESG绩效与经济后果关系的复杂性。鉴于这些挑战，学术界一直在寻找一个更"干净"的研究环境，以减少外部噪声，更准确地评估ESG绩效对公司经济后果的影响。

　　在这一背景下，我们通过利用上海证券交易所（SSE）和深圳证券交易所（SZSE）的问询函系统及其对股票崩盘风险的影响，研究ESG的类保险效应。如果SSE和SZSE发现财务报告、并购、重组、关联交易、异常股票波动和媒体报道等不符合标准的问题，它们会发出问询函，要求公司在规定的时间内书面回复并公开披露。对于尚未解决或回复不明确的问题，SSE和SZSE会进一步发出问询函。在所有类型的问询函中，年报问询函占比最大。这种类型的问询函是"事后"审查，主要针对公司年报中出现的会计处理、业务运营等问题。不同公司的年报涉及的问题数量和问询函的内容各不相同。一些年报问询函还要求独立董事和中介机构（如会计师事务所、律师事务所、资产评估公司、财务顾问或保荐机构）对相关事项出具专业核查意见。因此，SSE和SZSE发出的年报问询函是为了询问公司年报中的异常信息，而ESG报告不在其关注范围内，使得年报问询函对公司来说是不可控的外生事件。这为我们提供了一个独特的机会，可以在一个相对受控的环境中研究ESG绩效的影响。现有文献已经证明，问询函能够减少信息不对称，从而降低公司股票的崩盘风险，这一结论得到了普遍认同（Bozanic等，2017；Drienko，2017；Hoepner等，2019；Lu和Qiu，2023）。基于这一发现，我们利用SSE和SZSE的年报问询函作为特定研究情景，克服现有文献中的内生性问题，更为准确地识别和评估ESG绩效对公司经济后果的潜在类保险作用。

　　理论上，如果ESG确实体现了类保险效应，它可以通过增加透明度、建立投资者信任和增强风险管理来展现其保护作用。因此，当 ESG 绩效优异时，问询函在缓解股票崩盘风险方面的效果更加显著。我们在第 3 节中推理了这一猜想，并在该节中提出了我们的假设。为了测试 ESG 的类保险效应，我们使用了 2017—2022 年间 A 股中国公司的样本来检验可测试的假设。在所有 21 575 个公司年度观察中，10.5% 的样本（2 268 个）收到了财务报告问询函。基于倾向得分匹配（PSM）样本，结果显示：①问询函显著降低了未来的股票崩盘风险，通过负偏度系数（NCSKEW）或下行波动率（DUVOL）来衡量；②当公司在收到问询函前一年的 ESG 表现优异时，问询函会进一步减少股票崩盘风险。这种关系在控制了其他股票崩盘风险的决定因素和问询函的替代度量后仍然稳健。

随后，我们进行了几项补充分析。正如保险在公司面临事件时真正展示其价值一样，我们发现，尽管公司在延迟回复问询函或需要第三方回复问询函时，ESG 的类保险效果会减弱，但对于事前 ESG 表现良好的公司，这种效果仍然有效。此外，我们还发现，对于非国有公司或非高度污染行业的公司，这种保护作用更加显著。

（2）研究意义

在理论研究层面，本书有以下三点研究意义。

首先，本书的研究设计和方法论为解决 ESG 研究中的内生性问题提供了新的工具和途径。现有文献实证检验了 CSR/ESG 与股票崩盘风险之间的负相关关系，但面临内生性问题。由上交所和深交所等监管机构发布的年报问询函，主要关注公司年报中的异常信息，而 ESG 报告不在其关注范围内。因此，对于公司而言，年报问询函是一个不可控的外生变量。现有文献已经证明问询函可以降低公司的股票崩盘风险，并且对这一结论已达成共识（Bozanic 等，2017；Drienko，2017；Hoepner 等，2019；Lu 和 Qiu，2023）。尽管已有研究使用外生冲击来缓解内生性问题，但这些冲击改变了整个资本市场环境，如金融危机后的各种政策出台、投资者情绪的变化等，导致研究中出现过多噪声。问询函针对的则是公司内部的特定问题，不会影响资本市场的其他条件，也不会在短期内影响公司的治理环境。因此，这一研究情景更适合探索 ESG 的类保险效应。在这方面，本书也响应了 Tsang 等人（2023）的呼吁："通过寻求独特情景中能够减少因果关系相关问题的外生冲击来解决内生性问题。"因此，利用这一情景展开研究能够有效地控制潜在的遗漏变量和反向因果关系，提高研究结果的可信度和外部有效性。

　　其次，本书研究扩展了对年报问询函作用机制的理解，揭示了ESG绩效在放大年报问询函缓解效应中的潜在作用。在现有文献的基础上，本书进一步探讨了年报问询函对股票崩盘风险的缓解效应。根据Lu和Qiu（2023）的研究，年报问询函主要在短期内发挥信息发现的作用，其对股票崩盘风险的缓解效应通常是短暂的。然而，本书结合公司的ESG表现，提出了一个新的观点：当公司展现出优异的ESG绩效时，年报问询函对股票崩盘风险的缓解效应可能会得到放大，并在长期内持续。这一观点基于以下逻辑：公司的ESG表现不仅是对长期投资的体现，也反映了管理层对公司长期可持续发展的承诺。因此，在收到年报问询函后，公司有动力提升其治理能力和披露实践，而这些改进预计将在长期内持续，从而降低股票崩盘风险。本书的这一发现对现有文献做出了重要贡献。

　　最后，本书的研究结果对于理解和评估ESG绩效的经济价值具有重要意义。ESG作为一种战略定位，通常被视为公司长期投资和可持续发展的关键体现。相比于股价波动、短期市场反应、股本成本和诉讼风险，股票崩盘风险更关注长期信息不对称和潜在的大规模负面调整。因此，二者在"长期导向"上的一致性使得股票崩盘风险成为探索ESG类保险效应的更合适的研究焦点，不仅能够揭示ESG绩效对企业长期价值的影响，而且有助于投资者和管理层更全面地评估ESG投资的潜在回报。此外，尽管股票崩盘风险是资本市场研究中的一个重要议题，但现有文献中关于其与ESG绩效之间关系的研究相对较少。本书通过填补这一空白，为理解股票崩盘风险这一经济后果提供了新的视角和实证依据。

　　在责任实践层面，本书有以下三点研究意义。

　　首先，本书的研究为企业管理层的风险管理和预防提供了指导。本研究从ESG保险功能与股价崩盘风险的交互作用视角出发，为企业管理层提供了全面的风险管理和预防策略；通过深入分析ESG因素与问询函如何共同作用于股价稳定性，证实了企业在环境、社会和治理方面的积极表现能够作为风险缓冲机制，进一步降低股价崩盘的可能性，体现其保险功能，保护企业免受市场波动的不利影响，有助于更好地理解企业在ESG方面的表现如何影响其财务稳定性和股价长期稳定，从而推动企业采取更加可持续的经营实践，降低潜在的市场风险，同时提升其在消费者和投资者中的声誉，增强自身的市场竞争力。

其次，本书的研究为投资者识别和管理企业市场风险提供了方向。本研究为投资者提供了一套识别和管理企业市场风险的工具和方法，通过综合评估企业的 ESG 表现，以及其对问询函的响应情况，更准确地预测企业的长期价值和潜在风险。这种策略不仅有助于投资者做出更加明智的投资决策，避免不必要的损失，还可以促进投资者对企业 ESG 实践的监督和引导。投资者可以通过股东大会、投资者关系活动等渠道，向企业传达其对 ESG 的期望和要求，推动企业持续改善其 ESG 表现，实现企业的长期稳定发展。这不仅有助于投资者实现财务回报，还可以促进社会的可持续发展，实现经济效益和社会效益的双赢。

最后，本书的研究为监管机构推动资本市场稳定发展提供了参考。第一，研究揭示了企业如何通过问询函等机制降低企业的股价崩盘风险，说明增加透明度有助于促进企业的健康可持续发展，促进资本市场的稳定健康发展。第二，监管机构还应当超越传统的强制性监管措施，如问询函，鼓励企业主动践行 ESG 理念，培养可持续发展的企业文化。这可以通过提供 ESG 培训、制定 ESG 评价体系、建立激励机制等方式实现。通过这些措施，监管机构可以激发企业的内在动力，推动其在 ESG 实践中不断创新和进步，从而为资本市场的长期稳定和可持续发展做出贡献。

综上所述，本书的研究不仅为企业管理层、投资者和监管机构提供了宝贵的指导和参考，还为整个资本市场的稳定和可持续发展贡献了重要的理论和实践基础。通过深入理解和积极应对 ESG 保险功能与股价崩盘风险的交互作用，各方可以共同努力，推动资本市场向更加健康、稳定和可持续的方向发展。

5.1.2　研究内容与方法

（1）研究内容

本书的其余部分安排如下：

第 5.1 节为绪论。笔者通过分析研究背景提出本书的研究主体，分析本书选题的理论和现实意义，进一步阐述本书具体使用的研究方法和研究内容，展示了本书整体的结构框架，最后总结了本书可能存在的创新点与不足。

第 5.2 节为文献综述与理论基础。笔者通过阅读大量国内外研究文献，主要从问询函经济后果、股价崩盘影响因素、企业 ESG 保险功能等方面对现有研究进行梳理，然后对本书提到的问询函、股价崩盘风险以及 ESG 进行概念界定，同时介绍了后续理论假设中使用的理论，对相关理论进行进一步的阐述与分析，论证并引出了本书的主要假设。

第 5.3 节为理论分析与假设提出。基于文献综述的理论基础，本节将提出本书研究的可测试假设。这些假设旨在探索问询函对股价崩盘风险的抑制作用，并重点探究企业 ESG 如何在该关系中发挥保险效应，进一步假设企业 ESG 对该抑制作用的强化。

第 5.4 节为实证研究设计。本书选取的样本数据为 2017—2022 年沪深 A 股上市公司的样本，在手工收集企业年报问询函信息的基础上，结合已有学者的研究结果，提出本书的变量定义、度量方法以及实证模型。

第 5.5 节为实证结果与分析。本书在第 5 章提出的实证模型的基础上，运用 Stata 软件对相关数据进行回归，对主要变量之间的作用途径进行实证分析，首先检验问询函是否降低了股票崩盘风险。接着，我们将探讨 ESG 表现是否正向调节了问询函与股价崩盘风险之间的关系，对相关结果进行汇总与整理，阐述实证结果所代表的含义，以及是否验证了前文假设。为了确保结果真实可靠，本研究通过替换被解释变量的方法对假设进行了稳健性检验。

第 5.6 节为进一步分析。在这一部分，笔者将基于不同的企业特征和行业环境，深入探讨企业 ESG 保护效应的异质性。这可能包括问询函响应速度、企业性质、所有权结构以及行业特征等因素。异质性分析有助于我们更全面地理解 ESG 保险功能的作用机制。

第 5.7 节为结论与展望。本节将总结研究的主要发现，并基于研究结果讨论其对公司管理层、投资者和监管机构的实践意义，根据本书在研究中的发现和目前研究的局限性提出对未来的展望。

（2）研究方法

① 文献研究法：本书通过阅读并整理国内外研究文献，对国内外关于 ESG 保险效应的相关文献进行全面的收集和深入的阅读，思考并总结目前尚存的研究不足和研究空白，挖掘潜在的创新点，为本书的研究视角和路径提供理论支撑，以此为基础构建本书的理论框架，并提出本书的理论分析和研究假设。

② 实证研究法：参考现有文献，结合本书的理论假设，选取适合的研究变量，构

建相关多元回归模型。首先通过描述性分析，对本书选取的解释变量、被解释变量以及控制变量进行分析与梳理；其次进行相关性分析，排除本书选取变量之间的多重共线性问题；最后以手工收集整理的数据为基础，进行实证分析，验证研究假设。

③ 倾向得分匹配法（PSM）：为了解决本书样本可能存在的自选择情况，本书运用倾向得分匹配法，在进行1∶1匹配的基础上，运用匹配后样本再次实施回归，验证本书假设的稳健性与可靠性。PSM是一种统计技术，用于评估处理效果——特别是在观察性研究中处理分配可能依赖于不可观测的特征时。在本书研究中，我们将首先估计每个样本单位接受特定"处理"（收到问询函）的概率，这个概率称为倾向得分。本书精心选择了影响公司收到问询函可能性的一系列协变量，基于一系列预先确定的协变量来计算这个得分。完成倾向得分的估计后，对于每一个收到问询函的样本，在未收到问询函的样本池中，有放回地匹配4个样本作为对照组，这种1∶4的匹配比例旨在确保处理组和控制组在关键变量上的平衡，同时保持足够的样本量以进行稳健性检验。匹配后，本书将使用匹配样本进行回归分析，以验证本书假设的稳健性与可靠性。这将确保我们的实证结果不是由于样本选择偏差而产生的，而是真实反映问询函与股价崩盘风险之间的关系以及 ESG 的保险功能。

5.2　文献综述与理论基础

5.2.1　文献综述

（1）问询函的经济后果

问询函作为监管机构对上市公司信息披露和经营状况的一种监管手段，旨在提升信息披露质量并加强监督。然而，其经济后果具有复杂性，既有可能对市场产生负面影响，也可能带来积极的治理效应。

问询监管会对市场产生负向影响。问询函代表着企业在信息披露和经营状况上存在问题，证券交易所发函的目的是提高监督水平，提高上市公司的信息披露质量，但是市场首先接收到的是公司存在问题的负向信号，因此，从负面影响来看，问询函的发布通常被市场解读为公司存在信息披露问题或经营风险的信号，从而可能引起投资者的担忧和股价的下跌。李琳等（2017）研究发现，上市公司在收函和回函两个时段的股价会显著下降，而拥有更多内部消息的工作人员会提前抛售股票，利用信息优势赚取更多利益。丁钺轩（2021）则从文本的角度进行分析，发现上市公司收到的问询函内容重复率越高，说明企业对该部分内容未能彻底掌握或态度敷衍，此时市场对于这种行为的反应越强烈，负向影响更为显著。许文静等（2022）以我国2015—2020年的上市企业为样本，研究发现交易所年报问询函会影响市场定价，能够有效提高资本市场定价效率，进一步降低市场的股价同步性。此外，市场对问询函的反应持续时间较短，显示出投资者更加关注问询函背后的治理效应，而非问询函本身所传递的负面信号。薛茗元等（2022）则进一步探讨了延期回函对市场反应的影响，分析了企业延期回函的原因。研究结果显示，延期回函确实会引起市场的负面反应，这进一步证实了及时回复问询函的重要性。

　　然而，问询函也展现出积极的治理作用。Brown 等（2018）的研究则发现，问询函对同行业其他公司也存在溢出效应，能够提升整个行业信息披露的质量。Florou 等（2020）的研究发现，问询函能够发挥出较好的监管效用，提升企业的会计信息质量。翟淑萍等（2020）从会计信息可比性和报告可读性两个角度出发，发现交易所问询能够有效降低企业的代理问题，提高信息可比性，并且对年报的可读性有正面影响。陈思佶（2022）的研究则从会计稳健性的角度出发，发现问询函能够减少企业的盈余管理行为，提高信息披露的及时性和可靠性。在企业盈余管理方面，问询函能够发挥出较好的治理效用，有助于减少企业的应计盈余操纵，不过在真实盈余行为的治理方面，目前仍存在着一些争议。Li 等（2017）的研究发现，SEC 在 IPO 问询中能够有效抑制管理者的盈余操纵行为。Josnton 等（2017）则发现问询函能够提高财务报告质量，降低股价波动风险，提高盈余反应系数。陈运森（2019）的研究指出，问询函在提高信息披露的同时，能够减轻管理者的投机行为，但监管效用可能因市场环境和产权性质的不同而有所差异。

（2）股价崩盘风险的影响因素

　　股价崩盘是指在没有任何预兆的情况下市场指数突然大幅度下跌，或是单只股票的价格在短时间内发生暴跌。基于此，股价崩盘风险也就是市场指数或个股价格在未来突然发生大幅度下跌的可能性。股价崩盘风险是资本市场中一个重要且复杂的研究课题，其影响因素可从公司内部和外部两个层面进行分析。

　　内部因素主要包括管理者特质和公司内部治理。一方面，在委托代理理论框架下，管理者的个人特质及其决策行为对公司运营和股价表现具有显著影响。Kim 等（2016）的研究表明，CEO 的过度自信与股价崩盘风险存在正相关性，而传统的公司治理机制在此方面的作用有限。栾甫贵和赵爱玲（2021）指出，管理层权力的扩大可能因监督不足而导致信息选择性披露，增加股价崩盘风险。相对地，王德宏等（2018）发现具有海外背景的董事因具有较强的社会责任感和声誉意识，可能降低股价崩盘风险。鲁桂华和潘柳芸（2021）以及何瑛和韩梦婷（2021）的研究均发现，具有学术背景的高管具有高道德标准和责任感，有助于减少股价崩盘风险。另一方面，公司内部治理也是影响股价崩盘风险的重要因素。任莉莉和张瑞君（2019）进一步区分了股权激励的类型，发现股票期权与股价崩盘风险的正相关性更为显著。杨棉之和张涛（2018）以及钟宇翔和李婉丽（2019）的研究则表明，盈余平滑行为对股价崩盘风险的影响具有两面性，有效信息的盈余平滑有助于降低风险，而机会主义的盈余平滑则可能增加风险。施先旺和刘会芹（2019）以及蒋红芸和王雄元（2018）的研究亦指出，公司的战略差异度和内部控制信息披露质量与股价崩盘风险密切相关。

　　外部因素主要包括机构投资者和市场政策与机制。Callen 和 Fang（2013）的研究表明，长期机构投资者因其监督能力和对公司长期价值的关注，能够有效降低股价崩盘风险。吴晓晖等（2019）则发现，机构投资者的抱团行为可能阻碍负面信息的流通，增加股价崩盘风险。从市场政策与机制来看，潘凌云和董竹（2020）的研究指出，卖空机制通过威慑作用有助于降低股价崩盘风险，尤其在管理层权力较大的企业中更为显著。康进军等（2021）发现，媒体报道通过舆论监督作用能够缓解股价崩盘风险。吴非等（2020）以及徐捍军（2021）的研究分别从数字金融的普及和大数据税收征管的角度，展示了政策和技术进步如何降低股价崩盘风险。陈华等（2022）则发现，交易所的网络互通平台通过增强投资者与上市公司的互动，有助于减少股价崩盘风险。然而，李文贵和路军（2022）的研究提供了不同视角，指出网络平台互动可能增加股价崩盘风险，特别是在信息操纵方面。

　　（3）ESG 的保险功能

　　CSR/ESG 的"保险功能"是指通过实施良好的 ESG 标准和实践，企业能够降低各种风险，从而在某种程度上保护自己免受潜在的负面影响，或是在负面事件发生时，降低事件带来的影响。目前，已经有大量文献基于利益相关者理论、风险管理，重点对 CSR/ESG 的"事前"保险功能进行了研究。Luo 和 Bhattacharya（2009）认为 CSR 披露提升了企业的顾客信任关系、员工忠诚度、监管者关系，降低了价格弹性，从而为企业构造了道德资本蓄水池。当未来有负面事件发生时，由于道德资本的类保险作用（insurance-like protection），企业的现金流波动性明显更低。Christensen（2016）发现发布过 CSR 的企业会影响市场投资者对管理层的意图感知（intent perception），因此，在一些大受关注的不端行为发生时，它们的股价降低得更少。Cornell（2021）主张企业面临气候变化风险时，CSR/ESG 可以作为对冲，为企业提供保险溢价，降低股权资本成本。Godfrey 等（2009）实证检验了 CSR 报告与企业诉讼风险间的负相关关系，证明了 CSR 报告越可靠，它的类保险作用越强。Shiu 和 Yang（2017）则对 CSR 的保险作用的有效期与作用条件进行了验证。他们发现，只有当企业长期从事 CSR 活动时，才会对企业的股票和债券价格起到保险作用，并且这种保险作用是一次性的。由于从事 CSR/ESG 活动与企业绩效（firm outcomes）存在较强的内生性，一些研究使用了外生冲击准自然实验来研究 CSR/ESG 的保险功能。Lins 等（2017）利用 2008—2009 年的金融危机作为外生冲击，使用 CSR 表现作为社会资本的代理变量，发现 CSR 表现更好的企业比 CSR 表现更差的企业在股票回报率上高出 4%~7%。同时，前者还会表现出更高的盈利能力、发展能力以及人均销售额（sales per employee）。Heflin 和 Wallace（2017）重点关注了环境信息披露，他们利用英国石油公司漏油事件（BP Oil Spill）作为外生冲击，发现该事件发生以前，那些环境信息披露较多的企业受到的股东财富损失更小，原因是投资者相信这些企业能更好地应对此类事件。然而，同样有一些文献指出 ESG 保险功能的反噬效果。例如，Janney 和 Gove（2011）指出 ESG 确实能为企业树立良好形象并起到保护作用，但这仅限于泛化的风言风语（Scandal）。当公司治理方面的违规事件曝光后，公众会认为企业相当虚伪，并给予更严厉的惩罚。Bartov 等（2020）区分了无意财务重述和欺诈性财务重述（Inadvertent /Fraudulent Restatement），发现 CSR 表现会减弱前者导致的负面市场反应的影响，对企业起到保险作用；而加强后者导致的负面市场反应的影响，表现出反噬效果。正如保险"一事一保"的特点，这些研究聚焦于企业遭遇的负面事件类别与保险"险种"的匹配程度，发现了 ESG 的保险反噬功能。综上，这些研究从股价崩盘风险、股价波动性、市场短期反应、股权资本成本、诉讼风险的后果，证明了 ESG 为企业起到的"事前"保险作用以及在特定场景下 ESG 保险功能的反噬效果。

（4）文献述评

基于现有研究基础，可以发现，尽管现有文献对问询函的经济后果进行了广泛研究，但大多数研究集中在问询函的直接影响，而对其间接效应和长期影响的研究相对较少。在股价崩盘风险的影响因素方面，现有研究主要从公司内部和外部两个层面进行分析，但将公司内部治理与外部市场条件结合展开分析的研究相对较少。对于企业社会责任（CSR）和环境、社会及治理（ESG）的"保险功能"，学术界已有大量研究，这些研究基于利益相关者理论、风险管理等不同视角，重点考察了 CSR/ESG 的预防性作用，但忽视了可能的内生性问题。基于此，研究通过聚焦于年报问询函与股价崩盘风险的场景，提供了对 ESG 保险功能的进一步理解，与以往文献有以下不同点：首先，外生性问题的创新解决。研究采用年报问询函作为工具变量，有效解决了内生性问题。年报问询函作为监管机构针对企业年报异常信息发出的问询，是一个不可控的外生变量，有助于更准确地识别 ESG 的保护作用。这一方法的创新之处在于，它利用监管行为作为一个自然实验，从而为 ESG 与股价崩盘风险之间的关系提供了更为可信的证据。其次，长期视角的深入探讨。本书的研究聚焦于股价崩盘风险，这一风险与 ESG 的战略定位和长期投资属性相一致，为研究提供了一个合适的切入点，与以往研究相比，本书不仅关注短期市场反应，更重视 ESG 在长期内如何作为一种风险缓冲机制，帮助企业抵御市场波动和不确定性，从而保护投资者利益。最后，ESG 与问询函效应的结合。本书提出，优异的 ESG 表现能够放大问询函对股价崩盘风险的抑制作用，并确保其长期存在，这一点在现有文献中尚未得到充分探讨。本书将企业内部可持续性绩效与外部市场监管环境相结合，不仅有助于揭示 ESG 在不同监管环境下的作用差异，还能够为企业提供如何通过提升 ESG 表现来优化监管互动和降低市场风险的策略，理论上也补充了现有文献的研究视角。

5.2.2　概念界定

（1）问询函

目前，在我国沪深交易所的监管实践中，问询函作为一种重要的监管工具，其内容广泛覆盖了企业的关键运营与披露事项。具体而言，问询函通常涉及企业的财务报告、并购重组、关联交易、股票异常波动，以及媒体报道等多个方面。交易所要求上市公司就这些事项中可能存在的问题提供详尽的答复，并明确规定了答复及补充改正的具体期限。这种做法不仅大幅降低了监管前期的检查审核成本，而且确保了投资者能够获得更加专业、及时的信息披露。此外，证券交易所在问询函中还会特别要求上市公司聘请的中介机构，包括会计师事务所、资产评估机构，以及律师事务所等，对相关问题给出回复，并发表专业意见。同时，交易所还会对这些中介机构的工作提出进一步的要求，以确保其在提供服务时能够达到更高的专业标准和透明度。通过这种方式，问询函不仅强化了上市公司的信息披露责任，也提高了中介机构在资本市场中的监督和把关作用，共同促进了市场的健康发展和投资者利益的保护。

表 5-1 展示了 2015—2021 年沪深交易所发出的各类问询函的数量变化。通过数据趋势可以观察到，问询函的总体发放数量经历了一个先增后减的过程，这一现象在一定程度上反映了监管机构问询监管机制的有效性，以及上市公司在信息披露质量方面的逐步提升。在众多类型的问询函中，财务报告问询函所占的比重呈现出明显的上升趋势，这不仅凸显了交易所对财务信息透明度和准确性的高度重视，也反映了财务报告作为企业经营信息披露的核心渠道。财务报告问询函的增加表明，监管机构正不断加强对企业财务透明度的监管力度，以确保投资者能够接收到真实、公允的经营成果展示。这类问询函通常在交易所对上市公司披露的定期财务报告（包括年报、半年报和季报）进行事后审核时发出，当发现报告中可能存在问题或不规范之处时，交易所会在问询函中明确指出，并要求上市公司在规定的时间内提供解释和补充信息。鉴于财务报告问询函在提升信息披露质量和监管效率方面的重要作用，本书决定将其作为研究的主体对象。

表5-1　　　　　　　　　2015—2021年问询函类型及数量　　　　　　单位：份

年份	2015	2016	2017	2018	2019	2020	2021
问询函总数	534	841	970	1 109	1 357	1 265	916
财务报告问询函	139	271	374	520	717	785	587
重组类问询函	382	530	362	325	236	203	149
其他问询函	13	40	234	264	404	277	180

（2）股价崩盘风险

股价崩盘，通常被定义为市场指数或个股在短期内经历的剧烈下跌，是一种突发性的市场调整，对投资者信心和市场稳定性构成严重威胁。股价崩盘风险则指的是上市公司股票价格发生此类急剧下跌事件的可能性。这种风险的高低反映了股票价格潜在下跌压力的大小，它并不代表实际的崩盘事件，而是一种预警指标。在学术界，衡量股价崩盘风险的常用指标包括负收益偏态系数（Negative Coefficient of Skewness，NCSKEW）和股票收益的高波动与低波动比率（Downside Volatility，DUVOL）。NCSKEW指标捕捉了股票收益分布的负偏态特征，即收益低于中位数的幅度比高于中位数的幅度大，从而反映出崩盘风险的潜在性。而DUVOL指标则专注于衡量股票下跌时的波动性，相对于整体波动性，它更能体现崩盘风险。股价崩盘风险的研究领域主要分为两个方向：第一是股价崩盘风险的形成机理，这涉及对市场微观结构、投资者行为、信息传递效率等因素的深入探讨；第二是影响股价崩盘风险的一系列内外部因素，包括公司基本面、宏观经济状况、市场情绪、交易机制等。通过对股价崩盘风险的细致研究，可以为投资者、分析师和监管机构提供重要的风险管理工具，帮助他们更好地理解和预测市场动态，采取有效的预防和应对措施，以维护资本市场的稳定和健康发展。

（3）企业ESG

ESG（环境、社会和治理）代表了一种先进的商业理念，即企业和投资者将环境责任、社会福祉和良好治理融入其核心经营策略。这一概念通过一系列非财务性绩效指标来衡量企业的ESG表现，推动企业从单纯追求经济利益最大化转向寻求可持续价值的最大化。早在2006年4月，在联合国环境规划署金融倡议和联合国全球契约的支持下，时任联合国秘书长安南在纽约证交所提出"负责任投资原则"，主张将环境、社会与公司治理纳入投资决策过程，并列出6大类、35项可行性方案，提供给机构投资者作为投资参考，并成立了联合国负责任投资原则（Principles for Responsible Investment，UN PRI），由此ESG投资成为重要的投资策略。2015年，世界各国领导人出席联合国可持续发展峰会时制定了一系列可持续发展目标（SDGs）。峰会通过了《2030年可持续发展议程》，作为指导未来十五年全球发展的纲领性文件。该议程倡导通过高效的国际合作和协调行动，促进社会发展、经济发展和生态环境保护，解决全球发展持续性问题和新兴挑战，确保人类的未来生活。

在实际操作中，ESG 的内涵十分广泛。以华证机构的 ESG 评级为例，环境维度涵盖了空气质量、气候变化、生态与生物多样性影响、能源使用、资源管理和废物处理等方面。社会维度则关注社区参与、顾客关系、健康与安全、人力资本发展和供应链管理等关键领域。治理维度则侧重于董事会的构成、独立性、多样性、提名机制和监督职能等方面。ESG 理念的深度和广度表明，现代企业不仅要应对经济挑战，还要满足消费者、供应商、员工、投资者以及其他利益相关方对可持续发展的期望。因此，企业在追求经济效益的同时，也在努力提高环境质量，促进社会的全面繁荣与和谐发展。随着 ESG 评价体系在绩效评估方法、信息披露标准和投资策略引导方面的不断成熟和完善，全球范围内的公司越来越倾向于自愿性地披露其在治理、社会、道德和环境可持续性方面的绩效。这种透明度的提升不仅有助于构建企业的正面形象，还能够吸引那些重视可持续性的投资者，为企业带来长远的发展优势。

华证指数结合国际主流 ESG 评估框架，考虑中国特色及具体实践经验，充分吸收外部市场专家的意见，制定了华证 ESG 评级方法论（以下简称"本方法论"）。本方法论利用市场公开信息和发行人提供的正式文件等对上市公司主体进行评价，适用于除国债、央票、地方政府债、资产支持证券以外的中国上市证券，并将随市场发展情况与市场反馈意见不断更新迭代优化。表 5-2 详细展示了华证 ESG 评级体系指标框架。

表5-2　　　　　　　　　华证ESG 评级体系指标框架

支柱	主题	关键指标
环境（E）	气候变化	温室气体排放，碳减排路线，应对气候变化，海绵城市，绿色金融
	资源利用	土地利用及生物多样性，水资源消耗，材料消耗
	环境污染	工业排放，有害垃圾，电子垃圾
	环境友好	可再生能源，绿色建筑，绿色工厂
	环境管理	可持续认证，供应链管理-E，环保处罚
社会（S）	人力资本	员工健康与安全，员工激励和发展，员工关系
	产品责任	品质认证，召回，投诉
	供应链	供应商风险和管理，供应链关系

支柱	主题	关键指标
社会（S）	社会贡献	普惠，社区投资，就业，科技创新
	数据安全与隐私	数据安全与隐私
公司治理（G）	股东权益	股东权益保护
	治理结构	ESG 治理，风险控制，董事会结构，管理层稳定性
	信披质量	ESG 外部鉴证，信息披露可信度
	治理风险	大股东行为，偿债能力，法律诉讼，税收透明度
	外部处分	外部处分
	商业道德	商业道德，反贪污和贿赂

5.2.3　理论基础

（1）利益相关者理论

在研究企业环境、社会及治理（ESG）信息披露的影响时，许多学者积极运用了不同的理论框架，其中不乏利益相关者理论与代理理论的应用。利益相关者理论起源于20世纪60年代，最初由西方学者提出，旨在解决专用性资本供应者在公司中地位逐渐弱化等问题。这一理论强调，企业应该利用信息发布作为与不同利益相关者进行交流的工具，包括员工、投资者、债权人、社会公众及非政府组织等，以便向他们传递必要的关键信息。利益相关者理论强调，企业的基本任务在于实现各类不同利益相关者的期望，并通过有效的方式与他们进行互动，赢得他们的支持与信任。在此框架下，企业的ESG信息披露行为不仅是对利益相关者需求的响应，更是展示企业如何平衡和满足不同利益相关者期望的一种方式。特别是对于那些对企业运营至关重要或具有显著影响力的利益相关者，ESG信息披露尤为重要。

ESG实践的信息披露向利益相关者传递了企业在可持续发展战略方面的承诺和进展。利益相关者将企业积极参与ESG相关活动视为一种负责任的行为，这不仅有助于塑造企业的良好商业形象，同时也表明了企业对其员工、投资者、债权人、合作伙伴及社会公众的承诺。通过这些努力，企业能够在市场中建立起独特的竞争优势，从而可能增强其经济表现。

进一步地，企业逐渐认识到，债权人是其重要的利益相关者，为了保持良好的财务状态，满足其需求变得尤为关键。为了赢得和保持债权人对企业的支持，在信息的透明度方面，企业必须展现出良好的信用状况及财务的稳定性。因此，企业向债权人披露 ESG 相关信息，期望能够以更低的债务成本获得融资，这样的策略不仅能够提高企业的市场信誉，还能够在资本市场中为其带来长期的财务优势。该理论认为，企业应当为所有利益相关者创造价值，包括股东、员工、客户、供应商、社区以及环境等。良好的 ESG 表现能够满足这些利益相关者的期望，从而降低企业面临的风险并提升其长期价值。

（2）信号传递理论

信号传递理论在经济学中扮演着至关重要的角色，旨在缓解市场经济中的信息不对称问题。这一理论对于理解企业如何通过 ESG（环境、社会和治理）信息披露与利益相关者沟通具有特别的启示意义。在劳动力市场及其他交易场景中，信息的不对称可能导致交易效率低下。强势方（如企业）可能掌握更多信息，而弱势方（如潜在雇员或消费者）则拥有较少的信息。为了提高交易效率，弱势方有时需要强制或鼓励强势方提供更多信息。在 ESG 信息披露的背景下，企业作为信息的强势方，其披露决策往往基于成本与收益的权衡。结合经济人假说和信号传递理论，企业会在评估开展 ESG 信息披露的成本和收益后作出决策。当预期收益超过成本时，企业倾向于主动披露 ESG 信息；如果成本过高，则可能选择不披露。这种决策过程不仅涉及企业管理层，也涉及其与利益相关者之间的互动。供应商可以通过企业的 ESG 表现筛选合作伙伴，确保合作方在环保、社会责任和公司治理方面达到一定标准。政府能够利用 ESG 相关数据来审视各行业和企业的可持续发展情况，进而为政策和规章的改进提供依据。投资者及股东可以通过分析企业在环境、社会和治理方面的举措与风险，来调整他们的投资选择，从而降低潜在的财务损失。公众能够通过企业发布的 ESG 相关信息获悉其在环境及社会问题改善方面的努力与成果，进而对企业的未来发展产生信心。

企业主动分享 ESG 信息有助于缩小与利益相关者之间的认知差距。此外，积极的信号传递可以帮助企业吸引更多的资源和支持，这对其长期的良性发展是非常有利的。因此，众多公司借助年度报告、ESG 报告或社会责任报告等形式，向利益相关者展示其在环境、社会和治理方面的积极贡献和承诺。当公司展现出良好的透明性和积极参与ESG举措时，市场参与者能够更清晰地评估其价值，减少信息不对称，从而降低股价崩盘风险。

（3）风险管理理论

风险管理涉及在面临潜在风险的项目或企业环境中，采取措施以最小化这些风险带来的负面影响的管理过程。这包括风险测量、评估和应急战略。在最佳情况下，风险管理是一种侧重于优先处理那些潜在损害最大的风险，并考虑那些最有可能首先出现的情况的管理方式，而对于风险相对较小的事项则可以适当推迟。每一家企业在发展过程中都无法避免遭遇各种风险，这些风险不仅可能导致经济损失，还可能成为获得额外利润的契机。因此，企业的领导者应当对风险有更加深刻的理解，而不是简单地回避它。通过科学的数据分析和系统化的方法，应该能够有效地应对风险，甚至将其转化为创造额外价值的机会。因此，风险管理对业务非常重要。风险管控的核心在于事先进行判断，从而防止风险带来的不同类型的危害。该过程涵盖了一系列科学且系统的管理策略，比如对潜在风险的识别、评估与掌控等，旨在通过系统工程的视角探讨风险与环境之间的相互作用。通过安全系统工程的理论及分析手段，可以识别潜在的威胁，进行风险的评估，并依托成本效益分析为现有风险决策提供科学与客观的依据，从而寻找应对风险的最佳策略。因此，进行风险管理是一个系统化的流程，它通过识别和评估风险，来制定有效的管理策略，并在此基础上实施这些策略。

本书的研究背景下，风险管理不仅关注风险的最小化，还着眼于通过ESG（环境、社会和治理）的"保险功能"来增强企业的风险缓解能力。ESG框架提供了一种全面的风险管理工具，它不仅涵盖了企业内部的治理结构和流程，还包括了企业与外部环境和社会的关系，从而形成了一个综合的风险管理网络。ESG中的环境维度关注企业对自然资源的使用、生态系统的保护、气候变化的应对以及能源和材料的管理。通过积极的环境管理，企业能够减少因环境违规、资源枯竭或自然灾害等外部风险导致的潜在损失。社会维度则涉及企业对社会责任的承担，包括社区参与、顾客关系、员工健康与安全、人力资本发展和供应链管理等方面。企业通过负责任的社会实践，能够建立和维护良好的社会关系，提高品牌声誉，吸引和保留人才，并确保供应链的稳定性和可持续性。这有助于企业在面临社会危机或声誉风险时，能够获得利益相关者的支持和理解。治理维度是内部风险控制的核心，它包括董事会的组成、独立性、多样性、提名和监督等方面。良好的公司治理结构能够确保企业决策的透明度和公正性，提高企业运营效率和财务透明度，降低违规风险和潜在的法律诉讼。此外，良好的治理还能够帮助企业更好地应对监管变化，提高企业的适应能力和灵活性。

综合这三个维度，ESG 为企业提供了一种全面的风险管理框架，使企业能够从多个角度识别、评估和缓解风险。通过有效的 ESG 实践，企业不仅能够降低直接和间接的风险敞口，还能够提高其对市场变化的适应能力，增强其在投资者和利益相关者中的信誉，从长期来看，实现可持续发展和价值创造。因此，ESG 的"保险功能"在本书中被视为一种重要的风险缓解机制。它通过降低企业的总体风险敞口，增强企业的风险管理能力，从而在面对股价崩盘等风险时，能够提供一定程度的保护。

（4）委托代理理论

19 世纪末，随着"代理问题"与"经理革命"的出现，罗斯首次阐明了委托人与代理人之间的关系，这一创新标志着委托代理理论的诞生。詹森与麦克林对这一理论进行了更深入的探讨，形容其为一种特定的契约关系，在这种关系中，委托人将关键决策权委托给代理人。在当代企业环境中，资产的持有者充当委托方，而负责资产管理和运营的人员则视为代理方。随着 20 世纪 70 年代微观经济学的兴起，委托与代理的相关理论开始受到广泛关注，尤其是在信息不对称的交易场景中越发显得重要。在企业中，委托人与代理人各自获得的信息多少存在差异，代理人通常掌握更为详尽的信息，而委托人拥有的信息相对较少。在制造业的企业环境中，代理关系显得尤为复杂，这些关系不仅局限于传统的代理形式，还涵盖了新兴的代理体系。这类代理关系呈现出多样性，为企业更有效地满足客户的需求提供了可能。尽管如此，这些复杂的代理关系也可能引发道德风险、选择偏差以及内部控制等一系列挑战，从而形成信息不对称，进而对公司发展造成影响。

良好的 ESG 表现是企业对外部承诺的一种体现，它有助于减少委托人和代理人之间的信息不对称。通过加强环境保护、社会责任和公司治理，企业能够建立起利益相关者的信任感，提高透明度，从而降低道德风险。同时，ESG 实践还能够吸引长期投资者，这些投资者更关注企业的长期价值和可持续发展，而不是短期的市场波动，这有助于减少逆向选择问题。此外，ESG 的治理维度强调了内部控制和监管合规的重要性，这与内部控制措施的目标相一致。通过强化公司治理，企业能够更有效地监督代理人的行为，确保其符合委托人的最佳利益，从而缓解内部人控制的问题，有助于确保管理层行为与股东最佳利益一致，减少代理成本。

5.3　理论分析与假设提出

在探讨ESG的多维价值时，研究聚焦于其作为一种风险缓解机制的潜力，即ESG的"保险功能"。本书提出，ESG可以通过提高透明度、建立投资者信任、强化风险管理，体现保险功能。本书以问询函与股价崩盘风险为研究场景，检验ESG的保险功能是否存在。

首先，良好的ESG表现首先体现在企业对运营透明度的维护上。透明度是资本市场中降低信息不对称性的关键因素。良好的ESG表现通常与企业运营的透明度紧密相连，这不仅体现在企业对外部利益相关者披露的信息量上，更体现在信息的质量和时效性上。当企业收到年报问询函时，ESG表现和企业的相关业务信息很可能已经通过前期的公开报告向市场进行了透明化披露。这种披露有助于降低市场投资者对企业业务不确定性的感知，从而降低了市场投资者对公司业务的不确定性，更大程度上降低了因信息不透明而引发的股价崩盘风险。

其次，企业在环境保护和社会贡献方面的积极行动，能够显著增强与投资者之间的信任关系。企业在环境保护和社会贡献方面的积极行动，不仅能够提升其品牌形象，还能够在投资者中建立起深厚的信任感。因为企业可以通过ESG信息披露向市场传递其运营良好的信号，当企业在环境保护和社会贡献方面采取积极行动时，就传递了一个积极的信号，表明企业是负责任的，从而增强了投资者信心，建立起深厚的信任关系。特别是当企业吸引了重视环境保护与社会福利的投资者时，这种信任关系将更为牢固。当企业收到问询函时，这种信任关系能为企业提供缓冲区域：投资者盲从抛售股票的概率更小，更愿意给予企业解释和改正的机会。因此，ESG表现优秀的企业在面对问询函时，其股价崩盘风险的抑制作用将更为显著。

最后，公司治理的强化是企业风险管理能力提升的重要体现。良好的公司治理不仅包括强有力的内部控制制度，还包括对外部监管要求的积极响应。在公司ESG方面的投入意味着公司有更强的风险管理措施以及内部控制制度，其中，环境和社会维度涉及企业对外部风险的管理，而治理维度则关注内部风险控制。良好的公司治理结构和内部控制制度能够提升企业的风险管理能力，使企业能够更迅速、有效地应对问询函等事件。例如，在收到问询函时，ESG 表现良好的公司能够更迅速、有效地应对，如解释得更加到位，对事实描述更加清晰。在对内容进行更正时，也能出于更审慎的考虑，减少回复不当等行为。再者，良好的治理实践，意味着公司有更大概率从问询函中吸取教训，优化管理策略，避免未来类似问题的重复发生。因此，ESG 表现较好时，公司在面对问询函时能够处理得更加完善周全，并且这种良好的反馈循环能够通过改进公司治理实践而长期存在。

基于以上分析，我们提出如下假设：

假设 1：在其他条件不变的情况下，交易所年报问询函显著降低了公司股价崩盘风险；且事前 ESG 表现更好的公司，问询函对股价崩盘风险的抑制作用更强。

5.4　实证研究设计

5.4.1　样本选择

中国的问询函制度起源于 2014 年，当时深圳证券交易所在其"监管信息披露"专栏中首次针对上市公司上一年度年报进行监管问询，并要求相关公司及时发布回函公告。这一创新性监管措施的引入，标志着中国资本市场监管方式的重要转变，由传统的惩罚性监管向更为注重信息披露透明度和公平性的非惩罚性监管过渡。继深交所之后，上海证券交易所也于 2016 年底开始向上市公司发出问询函，进一步扩大了这一监管措施的覆盖范围。自 2017 年起，问询函监管成为 A 股上市公司的一项常态化监管机制。随着时间的推移，中国的问询函制度逐步发展完善，形成了一套独特的非惩罚性监管体系。

因此，本书以 2017—2022 年期间中国 A 股上市公司收到的上交所与深交所发出的年报问询函为研究样本，为了确保研究的准确性和有代表性，我们对样本进行了严格的筛选：①剔除了金融行业的公司；②剔除 ST、ST*与退市的公司；③剔除上市不满 1 年的公司；④排除控制变量存在缺失的样本。经过筛选，得到 21 575 个公司年度样本，其中，收到年报问询函的样本有 2 268 个，约占所有样本数量的 10.5%。

本书使用的所有数据（除了后续截面变量"是否属于高污染行业"为手工获取，ESG 评级数据来自于华证指数公司）均来自 CSMAR 数据库。为降低离群值对结果的影响，我们对所有连续变量做了 1% 和 99% 水平上的缩尾处理，这一处理方式能够有效地减少极端值对回归结果的干扰，从而使得研究结果更加真实地反映数据的基本情况。此外，为了控制样本自选择的影响，提高研究的内部有效性，我们采用了倾向得分匹配（PSM）。通过 PSM，我们可以匹配那些在关键特征上相似，但在处理状态（是否收到问询函）上不同的样本，从而更准确地估计处理效应。在 PSM 匹配之后，我们基于匹配样本进行了后续的实证测试。这一过程不仅提高了研究结果的可信度，也使得我们的研究能够更准确地回答研究问题，即 ESG 的保险功能是否能够在股价崩盘风险的背景下发挥关键作用。

5.4.2 主要变量定义

（1）股价崩盘风险

根据 Chen 等（2001），Kim 等（2011a，2011b），Lu 和 Qiu（2023）的研究，本书采用两种代理变量来衡量股票崩盘风险：负偏度系数（$NSCKEW_{i,t}$）和股价波动差异（$DUVOL_{i,t}$）。这两个指标的数值越高，代表股票崩盘风险越高。为了量化这种风险，我们首先构建以下模型，使用个股周收益率对市场周总市值加权平均收益率的回归。然后，使用以下模型定义股票 i 在第 t 周经过市场调整后的收益率。

$$r_{i,t} = \alpha + \beta_{1,i} r_{m,t-2} + \beta_{2,i} r_{m,t-1} + \beta_{3,i} r_{m,t} + \beta_{4,i} r_{m,t+1} + \beta_{5,i} r_{m,t+2} + \varepsilon_{i,t}$$

其中，$r_{i,t}$ 为每一个年度股票 i 在第 t 周的收益；$r_{m,t}$ 为 A 股所有股票在第 t 周经流通市值加权的平均收益率，其余为滞后项和超前项；$\varepsilon_{i,t}$ 为个股未被市场所解释的部分。然后，使用 $W_{i,t} = \ln(1 + \varepsilon_{i,t})$ 表示股票 i 在第 t 周经过市场调整后的收益率。

我们的第一个股票崩盘风险评估指标 $NSCKEW_{i,t}$ 是股票 i 经过市场调整后的周收益率的负偏度系数，其具体计算方法如下所示。该方法能够细致地反映股票崩盘风险，体现市场行为和个股表现的动态情况。n 表示股票 i 在 t 年内的交易周数。

$$NSCKEW_{i,t} = -\frac{n(n-1)^{3/2}\sum W_{i,t}^3}{(n-1)(n-2)(\sum W_{i,t}^2)^{3/2}}$$

第二个评估股价崩盘风险的指标 $DUVOL_{i,t}$ 是股价上升和下降阶段波动性的差异，其具体计算模型如下：

$$DUVOL_{i,t} = \ln\frac{(n_u-1)\sum_{down} W_{i,t}^2}{(n_d-1)\sum_{up} W_{i,t}^2}$$

其中，n_u（n_d）为股票 i 的周回报率高于（低于）当年回报率均值的周数。

（2）问询函

本书的研究精心构建了三个指标来全面捕捉问询函不同方面的情况，并评估其对上市公司股价崩盘风险的影响。这三个指标从不同的角度反映了问询函的特点，并为我们理解问询函如何影响股价崩盘风险提供了多维度的视角。第一个变量是问询函接收哑变量（$IsLetter_{i,t}$），用于直接识别公司是否收到了有关其年度报告的问询函。当公司 i 在 t 年收到问询函时，$IsLetter_{i,t}$ 等于1，否则等于0。第二个变量 $LnQuesNum_{i,t}$，量化了问询函中包含的问题数量。这个指标假设问询函中问题的数量可能与问询函的严重性或监管机构的关注程度成正比，该值越大，表明问询函包含的问题越多，可能意味着监管机构对公司的财务报告或运营状况更关注。如果没有收到问询函，该变量为0。第三个代理变量 $LnWordsNum_{i,t}$，通过计算问询函中汉字数量的自然对数来衡量问询函的详尽程度。这个指标进一步细化了问询函的度量，考虑到问询函中每个问题的文字表述长度，从而捕捉问询函的详尽性和复杂性。同样地，如果没有收到问询函，该变量默认为0。$LnQueNum_{i,t}$ 或 $LnWordsNum_{i,t}$ 的值越大表明问询函越详细，越能使投资者发现并获取更多信息。

在基础回归分析中，我们将 $IsLetter_{i,t}$ 作为自变量，以评估收到问询函这一事件本身对股价崩盘风险的影响，方便直接观察问询函事件对股价崩盘风险的初步影响。而在稳健性检验中，使用 $LnQueNum_{i,t}$ 和 $LnWordsNum_{i,t}$ 这两个指标以验证我们的研究结果在不同问询函度量标准下的一致性。

（3）ESG

为了量化并分析上市公司的ESG（环境、社会和治理），我们采用了华证指数公司提供的ESG评级数据。参考方先明（2023）的研究方法，我们将华证ESG评级进行了细致的赋值处理。华证 ESG 评级系统本身包含 C、CC、CCC、B、BB、BBB、A、AA、AAA，共 9 个等级，这些等级从低到高代表了企业在 ESG 方面的不同表现。在本书中，将这 9 个等级的 ESG 评级分别赋值为 1 至 9 的数值，其中，1 代表最低等级的 ESG 表现，而 9 代表最高等级的 ESG 表现。此外，由于华证指数公司是按照季度进行 ESG 评级的，本书选用 4 个季度 ESG 均值作为衡量企业该年度 ESG 水平的指标。

5.4.3　倾向得分匹配（PSM）

在匹配的第一阶段，本书采用 logit 模型来预测公司收到询问函的概率。借鉴 Cassell 等（2013），Heese 等（2017），Lu 和 Qiu（2023）的研究，我们精心选择了一系列可能影响公司是否收到询问函的变量作为匹配变量，为每一个收到问询函的样本在未收到问询函的样本中有放回地匹配 4 个样本作为对照组。这些变量涵盖了公司信息披露质量、治理特征、公司成长性等多个方面。为了确保匹配的精确性，本书根据倾向得分标准差的 0.1 倍设置门槛值为 0.01（caliper matching estimator of 0.01），计算方法是将倾向得分的标准差乘以 0.1，以增强匹配过程的精度，具体而言，这一门槛值限制了匹配样本之间的最大距离，确保了匹配样本在关键协变量上的相似性，提高了匹配质量。本书所使用的预测模型如下：

$$IsLetter_{i,t} = \lambda_0 + \lambda_1 \times BIG4_{i,t} + \lambda_2 \times MB_{i,t} + \lambda_3 \times IndepRate_{i,t} + \lambda_4 \times BoardSize_{i,t} + \lambda_5 \times LEV_{i,t}$$
$$+ \lambda_6 \times Growth_{i,t} + \lambda_7 \times SOE_{i,t} + \lambda_8 \times Top1_{i,t} + \lambda_9 \times Institution_{i,t} + \lambda_{10} \times SIZE_{i,t} +$$
$$\lambda_{11} \times LnMV_{i,t} + \lambda_{12} \times AGE_{i,t} + \lambda_{13} \times NCSKEW_{i,t-1} + Year\ FE + Industry\ FE + \eta_{i,t}$$

$IsLetter_{i,t}$ 是一个哑变量，用以直接标识公司是否收到了与该年度相关的年报问询函。当公司收到与该年相关的年报问询函时，取值为 1，否则为 0。此外，为了控制可能影响股价崩盘风险的其他因素，我们在模型中加入了年度固定效应、行业固定效应以及前一年的负向收益偏态系数（NCSKEW）作为控制变量。

所有协变量的定义详见附录 3。表 5-3 列示了倾向得分匹配方法的第一阶段结果。表 5-4 对比了匹配前后的处理组和对照组。可以看出，在匹配后处理组和对照组在所有协变量上均无显著差异，这验证了实验组与对照组之间的可比性，确保了后续分析的准确性。最终，我们获得了 5 504 个观测值组成的样本，其中，处理组（收到问询函的公司）有 1 699 个观测值，对照组（未收到问询函的公司）有 3 805 个观测值。这一最终样本的大小反映了我们采用有放回匹配的方法，即一个对照公司可以匹配多个处理公司，从而确保了处理效应的估计更为稳健。通过这一细致的匹配过程，我们建立了一个平衡的样本框架，为后续分析问询函对股价崩盘风险影响的实证研究打下了坚实的基础。

表5-3　　　　　　　　　　　倾向得分匹配（PSM）方法第一阶段结果

Variable	（1）
	$IsLetter_{i,t}$
$BIG4_{i,t}$	0.751***
	(4.52)
$MB_{i,t}$	0.433*
	(1.86)
$IndepRate_{i,t}$	0.007
	(1.27)
$BoardSize_{i,t}$	−0.883***
	(−4.76)
$LEV_{i,t}$	3.193***
	(24.99)
$Growth_{i,t}$	0.066***
	(4.04)
$SOE_{i,t}$	−0.941***
	(−13.09)
$Top1_{i,t}$	−0.024***
	(−10.91)
$Institution_{i,t}$	−0.003**
	(−1.97)
$SIZE_{i,t}$	−0.349***
	(−3.19)
$LnMV_{i,t}$	0.081
	(0.74)

续表

Variable	(1)
	$IsLetter_{i, t}$
$AGE_{i, t}$	0.046***
	(12.18)
$NCSKEW_{i, t-1}$	0.104***
	(3.16)
Constant	3.135***
	(3.38)
Industry FE	YES
Year FE	YES
N	21 575
Chi2 (p)	0.0000
Pseudo R^2	0.1522

注：***代表 $p<0.01$；**代表 $p<0.05$；*代表 $p<0.1$。括号内为 t 值。

表5-4 PSM后所有协变量的不同测试

Panel B：Difference test after PSM							
Variable	Unmatch（U）	Mean		Bias（%）	Reduct |bias|（%）	t-Test	
	Matched（M）	Treated	Control			t-value	p-value
$BIG4_{i, t}$	U	1.980	1.934	22.900	93.700	8.640	0.000
	M	1.979	1.976	1.400		0.670	0.504
$MB_{i, t}$	U	0.626	0.646	−7.800	88.700	−3.490	0.000
	M	0.631	0.629	0.900		0.300	0.766
$IndepRate_{i, t}$	U	0.386	0.378	14.600	93.900	6.750	0.000
	M	0.386	0.386	−0.900		−0.290	0.771
$BoardSize_{i, t}$	U	2.182	2.225	−24.700	96.400	−11.020	0.000
	M	2.183	2.181	0.900		0.290	0.772
$LEV_{i, t}$	U	0.531	0.408	49.500	91.400	25.900	0.000
	M	0.515	0.504	4.300		1.500	0.134

续表

Variable	Unmatch（U） Matched（M）	Mean Treated	Control	Bias（%）	Reduct |bias|（%）	t-Test t-value	p-value
$Growth_{i,t}$	U	0.537	0.357	9.800	66.200	6.930	0.000
	M	0.546	0.483	3.300		1.060	0.287
$SOE_{i,t}$	U	0.184	0.324	−32.500	97.000	−13.530	0.000
	M	0.187	0.183	1.000		0.360	0.717
$Top1_{i,t}$	U	27.590	34.240	−49.000	95.600	−20.760	0.000
	M	27.635	27.340	2.200		0.790	0.429
$Institution_{i,t}$	U	0.353	0.436	−35.500	94.600	−14.850	0.000
	M	0.354	0.349	1.900		0.690	0.490
$SIZE_{i,t}$	U	22.034	22.310	−21.900	88.600	−9.340	0.000
	M	22.057	22.026	2.500		0.880	0.376
$LnMV_{i,t}$	U	22.617	22.850	−21.700	92.700	−8.850	0.000
	M	22.628	22.611	1.600		0.590	0.558
$AGE_{i,t}$	U	15.139	13.351	23.100	78.800	9.590	0.000
	M	15.092	15.471	−4.900		−1.610	0.107
$NCSKEW_{i,t-1}$	U	−0.288	−0.325	4.900	64.600	2.280	0.023
	M	−0.292	−0.279	−1.700		−0.570	0.569

注：U 表示倾向得分匹配前的结果，M 表示倾向得分匹配后的结果；实验组是收到年报问询函样本，控制组是未收到年报问询函样本。

5.4.4　研究模型

为探究 ESG 保险功能，我们构建了如下模型。年度问询函发出的当年记为 t，前一年和后一年分别记为 $t-1$ 和 $t+1$。

$$NCSKEW_{i,t+1}(DUVOL_{i,t+1}) = \alpha_0 + \alpha_1 \times IsLetter_{i,t} + \alpha_2 \times ESG_{i,t-1} + \alpha_3 \times (IsLetter_{i,t} \times ESG_{i,t-1}) + \sum Controls + Year\ FE + Industry\ FE + \varepsilon_{i,t}$$

被解释变量 $IsLetter_{i,t}$ 是一个哑变量，如果公司在 t 年收到与年度报告相关的问询函，则取值为 1，否则为 0。$NCSKEW_{i,t+1}$ 或 $DUVOL_{i,t+1}$ 量化了下一年度（即 $t+1$ 年）的股票崩盘风险。$ESG_{i,t-1}$ 作为一个调节变量，为了检验其类似保险的效应，滞后至 $t-1$ 年。

参考前人的研究文献，我们的模型控制了前一年股票崩盘风险（$NCSKEW_{i,t-1}$和$DUVOL_{i,t-1}$）、当年的公司每周收益率的均值（$Ret_{i,t}$）和标准差（$Sigma_{i,t}$）。此外，我们还考虑了投资者意见异质性（$DTurn_{i,t}$）、财务报告不透明度（$Accrual_{i,t}$）、机构投资者持股比例（$Institution_{i,t}$），以及一系列公司特征，包括市场价值（$LnMV_{i,t}$）、市净率（$MB_{i,t}$）、资产收益率（$ROA_{i,t}$）、财务杠杆（$LEV_{i,t}$）、董事会规模（$BoardSize_{i,t}$）、独立董事比例（$IndepRate_{i,t}$）和是否两职兼任（$Dual_{i,t}$）。我们还控制了公司的年龄（$AGE_{i,t}$）、信息透明度（$OPAQUE_{i,t}$）和违规处罚（$Violation_{i,t}$）以考虑公司治理对股票价格表现的影响。所有回归模型纳入了年度固定效应和行业固定效应，以控制那些未观测到的年度特定和行业特定的因素，从而降低遗漏变量偏误。

5.5 实证结果与分析

5.5.1 PSM样本描述性统计

表5-5列出了主要变量的描述性统计数据。$NCSKEW_{i,t+1}$的均值和标准差分别为-0.301和0.718，$DUVOL_{i,t+1}$的均值和标准差分别为-0.201和0.470。由此可见，不同公司之间的股票崩盘风险存在差异。$IsLetter_{i,t}$的均值为0.309，这表明在匹配样本中，5 504个观察值中有30.9%的公司收到了问询函。同时，我们也报告了$LnQueNum_{i,t}$和$LnWordsNum_{i,t}$的均值和标准差。这些数值表明问询函中所包含的信息量存在较大差异。

表5-5　　　　　　　　　　PSM样本描述性统计

Variable	N	Mean	SD	p25	p50	p75	Max	Min
$NCSKEW_{i,t+1}$	5 504	-0.301	0.718	-0.657	-0.288	0.074	2.140	-2.488
$DUVOL_{i,t+1}$	5 504	-0.201	0.470	-0.488	-0.214	0.066	1.370	-1.433
$IsLetter_{i,t}$	5 504	0.309	0.462	0.000	0.000	1.000	1.000	0.000
$LnQueNum_{i,t}$	5 504	0.738	1.124	0.000	0.000	2.079	3.367	0.000
$LnWordsNum_{i,t}$	5 504	2.452	3.678	0.000	0.000	7.557	9.029	0.000
ESG_{t-1}	5 504	3.834	1.185	3.000	4.000	4.750	6.500	1.000

续表

Variable	N	Mean	SD	p25	p50	p75	Max	Min
$NCSKEW_{i-1}$	5 504	−0.311	0.760	−0.725	−0.295	0.122	2.087	−2.600
$DUVOL_{i-1}$	5 504	−0.202	0.481	−0.521	−0.206	0.104	1.239	−1.449
$Ret_{i,t}$	5 504	0.001	0.010	−0.005	0.000	0.006	0.041	−0.041
$Sigma_{i,t}$	5 504	0.065	0.026	0.047	0.060	0.075	0.184	0.024
$Dturn_{i,t}$	5 504	0.358	0.257	0.170	0.290	0.471	1.425	0.033
$Accrual_{i,t}$	5 504	−0.008	0.083	−0.041	−0.004	0.031	0.242	−0.293
$Institution_{i,t}$	5 504	0.370	0.230	0.174	0.364	0.544	0.922	0.002
$LnMV_{i,t}$	5 504	22.686	1.026	21.940	22.558	23.249	26.594	20.875
$MB_{i,t}$	5 504	0.645	0.246	0.468	0.645	0.822	1.220	0.092
$ROA_{i,t}$	5 504	0.011	0.116	0.006	0.028	0.058	0.213	−1.402
$LEV_{i,t}$	5 504	0.456	0.206	0.302	0.453	0.593	1.354	0.060
$BoardSize_{i,t}$	5 504	2.201	0.172	2.079	2.303	2.303	2.708	1.792
$IndepRate_{i,t}$	5 504	0.381	0.055	0.333	0.364	0.429	0.600	0.333
$Dual_{i,t}$	5 504	0.334	0.472	0.000	0.000	1.000	1.000	0.000
$AGE_{i,t}$	5 504	14.359	8.025	7.000	12.000	22.000	30.000	2.000
$OPAQUE_{i,t}$	5 504	0.929	0.381	1.000	1.000	1.000	2.000	0.000
$Violation_{i,t}$	5 504	0.099	0.298	0.000	0.000	0.000	1.000	0.000

5.5.2 基准回归结果

表5-6展示了倾向得分匹配样本的基准回归分析结果，为我们理解问询函与股价崩盘风险之间的关系提供了实证证据。在该表中，我们特别关注了问询函接收哑变量 $IsLetter_{i,t}$ 与股价崩盘风险指标 $NCSKEW_{i,t+1}$ 和 $DUVOL_{i,t+1}$ 的关系，以及 ESG 评级作为调节变量时的交互效应。第（1）列和第（3）列展示了基本回归结果。结果显示，在 5% 的显著性水平上，$IsLetter_{i,t}$ 与两个股价崩盘风险指标都呈现显著负相关。这一结果表明，

收到年报问询函的公司在未来期间的股价崩盘风险显著低于未收到问询函的公司。这可能说明问询函的接收与公司股价崩盘风险的降低有关，问询函可能促使公司采用更为审慎的财务报告和公司治理措施，从而减少未来的股价崩盘风险。当引入调节变量 $ESG_{i, t-1}$ 后，第（2）列和第（4）列的实证结果揭示了 ESG 评级的调节作用。交互项 $IsLetter_{i, t} \times ESG_{i, t-1}$ 与 $NCSKEW_{i, t+1}$ 或 $DUVOL_{i, t+1}$ 在 5% 的统计水平上显著负相关，表明 ESG 评级的提高能够增强年报问询函对股价崩盘风险的保护作用。也就是说，对于 ESG 评级较高的公司，收到问询函后其股价崩盘风险的降低更为显著。这些结果综合表明，问询函的接收本身可能对公司股价崩盘风险具有积极影响，而公司的 ESG 评级能够进一步放大这种保护作用。这可能与 ESG 评级较高的公司通常拥有更好的公司治理、更高的透明度和更强的风险管理能力有关。这些公司能够更有效地响应监管问询，提高信息披露质量，增强投资者信心，从而降低股价崩盘风险。

表5-6   基准回归结果

Variable	$NCSKEW_{i, t+1}$	$NCSKEW_{i, t+1}$	$DUVOL_{i, t+1}$	$DUVOL_{i, t+1}$
	（1）	（2）	（3）	（4）
$IsLetter_{i, t}$	−0.056**	−0.063**	−0.041**	−0.046***
	(−2.16)	(−2.41)	(−2.43)	(−2.73)
$ESG_{i, t-1}$	−0.049***	−0.036***	−0.039***	−0.029***
	(−4.80)	(−3.00)	(−5.92)	(−3.80)
$IsLetter_{i, t} \times ESG_{i, t-1}$		−0.037**		−0.029**
		(−1.98)		(−2.29)
$NCSKEW_{i, t-1}$	0.019	0.019		
	(1.45)	(1.48)		
$DUVOL_{i, t-1}$			0.018	0.018
			(1.35)	(1.37)
$Ret_{i, t}$	2.336**	2.324**	3.089***	3.080***
	(2.01)	(2.00)	(4.01)	(4.00)
$Sigma_{i, t}$	0.844*	0.803	0.069	0.037
	(1.68)	(1.60)	(0.22)	(0.12)

续表

Variable	$NCSKEW_{i,\,t+1}$	$NCSKEW_{i,\,t+1}$	$DUVOL_{i,\,t+1}$	$DUVOL_{i,\,t+1}$
	（1）	（2）	（3）	（4）
$Dturn_{i,\,t}$	−0.003***	−0.003***	−0.002***	−0.002***
	（−5.54）	（−5.48）	（−5.31）	（−5.25）
$Accrual_{i,\,t}$	−0.063	−0.065	0.000	−0.001
	（−0.47）	（−0.48）	（0.00）	（−0.01）
$Institution_{i,\,t}$	0.000	0.000	0.000	0.000
	（0.43）	（0.38）	（0.13）	（0.07）
$LnMV_{i,\,t}$	−0.026**	−0.027**	−0.035***	−0.035***
	（−2.13）	（−2.22）	（−4.48）	（−4.59）
$MB_{i,\,t}$	−0.084*	−0.087*	0.011	0.009
	（−1.78）	（−1.84）	（0.34）	（0.27）
$ROA_{i,\,t}$	−0.070	−0.060	−0.141*	−0.133
	（−0.56）	（−0.48）	（−1.71）	（−1.61）
$LEV_{i,\,t}$	−0.005	−0.003	0.005	0.007
	（−0.09）	（−0.05）	（0.13）	（0.18）
$BoardSize_{i,\,t}$	−0.032	−0.033	0.001	−0.000
	（−0.44）	（−0.46）	（0.01）	（−0.01）
$IndepRate_{i,\,t}$	−0.000	−0.000	0.000	0.000
	（−0.08）	（−0.09）	（0.31）	（0.31）
$Dual_{i,\,t}$	−0.019	−0.018	−0.007	−0.007
	（−0.87）	（−0.86）	（−0.53）	（−0.52）
$AGE_{i,\,t}$	−0.005***	−0.005***	−0.003***	−0.003***
	（−3.30）	（−3.19）	（−3.41）	（−3.28）
$OPAQUE_{i,\,t}$	0.047*	0.047*	0.014	0.014
	（1.68）	（1.67）	（0.77）	（0.76）
$Violation_{i,\,t}$	0.037	0.019	0.016	0.002
	（0.97）	（0.48）	（0.62）	（0.08）
$Constant$	0.509	0.532	0.662***	0.680***
	（1.49）	（1.56）	（3.04）	（3.12）

续表

Variable	$NCSKEW_{i,\ t+1}$	$NCSKEW_{i,\ t+1}$	$DUVOL_{i,\ t+1}$	$DUVOL_{i,\ t+1}$
	（1）	（2）	（3）	（4）
Ind FE	YES	YES	YES	YES
Year FE	YES	YES	YES	YES
N	5 504	5 504	5 504	5 504
R-squared	0.044	0.045	0.058	0.059
F-statistics	6.61	6.60	8.06	7.98

注：***代表 $p<0.01$；**代表 $p<0.05$；*代表 $p<0.1$。括号内为 t 值。

5.5.3　稳健性检验

表5-7报告了稳健性回归结果。本书的稳健性检验将被解释变量 $IsLetter_{i,\ t}$ 替换为年报问询函中的问题数量（$LnQueNum_{i,\ t}$）和字数（$LnWordsNum_{i,\ t}$）。具体而言，表5-7中第（2）列、第（4）列的实证结果表明，$LnQueNum_{i,\ t} \times ESG_{i,\ t-1}$ 与 $NCSKEW_{i,\ t+1}$（或 $DUVOL_{i,\ t+1}$）在10%和5%的统计水平上显著负相关。同样，第（6）列、第（8）列实证结果依旧表明 $LnQueNum_{i,\ t} \times ESG_{i,\ t-1}$ 与 $NCSKEW_{i,\ t+1}$（或 $DUVOL_{i,\ t+1}$）也在10%和5%的统计水平上显著负相关。这些结果进一步验证了在替换解释变量后结论仍然稳健。

表5-7　　　　　　　　　　　　　　　　　稳健性检验

Variable	$NCSKEW_{i,\ t+1}$	$NCSKEW_{i,\ t+1}$	$DUVOL_{i,\ t+1}$	$DUVOL_{i,\ t+1}$	$NCSKEW_{i,\ t+1}$	$NCSKEW_{i,\ t+1}$	$DUVOL_{i,\ t+1}$	$DUVOL_{i,\ t+1}$
	（1）	（2）	（3）	（4）	（5）	（6）	（7）	（8）
$LnQueNum_{i,\ t}$	-0.025**	-0.029***	-0.019***	-0.021***				
	（-2.28）	（-2.58）	（-2.61）	（-2.99）				
$ESG_{i,\ t-1}$	-0.049***	-0.048***	-0.040***	-0.039***				
	（-4.83）	（-4.74）	（-5.98）	（-5.89）				
$LnQueNum_{i,\ t} \times$ $ESG_{i,\ t-1}$		-0.015*		-0.012**				
		（-1.94）		（-2.26）				

续表

Variable	$NCSKEW_{i,\ t+1}$	$NCSKEW_{i,\ t+1}$	$DUVOL_{i,\ t+1}$	$DUVOL_{i,\ t+1}$	$NCSKEW_{i,\ t+1}$	$NCSKEW_{i,\ t+1}$	$DUVOL_{i,\ t+1}$	$DUVOL_{i,\ t+1}$
	(1)	(2)	(3)	(4)	(5)	(6)	(7)	(8)
$LnWordsNum_{i,\ t}$					-0.007^{**}	-0.008^{**}	-0.005^{**}	-0.006^{***}
					(-2.22)	(-2.48)	(-2.51)	(-2.83)
$ESG_{i,\ t-1}$					-0.049^{***}	-0.048^{***}	-0.039^{***}	-0.039^{***}
					(-4.82)	(-4.71)	(-5.94)	(-5.84)
$LnWordsNum_{i,\ t} \times ESG_{i,\ t-1}$						-0.005^{*}		-0.004^{**}
						(-1.92)		(-2.27)
Controls	YES	YES	YES	YES	YES	YES	YES	YES
Ind FE	YES	YES	YES	YES	YES	YES	YES	YES
Year FE	YES	YES	YES	YES	YES	YES	YES	YES
N	5 504	5 504	5 504	5 504	5 504	5 504	5 504	5 504
R-squared	0.044	0.045	0.058	0.059	0.044	0.045	0.058	0.059
F-statistics	6.63	6.57	8.09	7.97	6.64	6.60	8.08	7.99

注：***代表 $p<0.01$；**代表 $p<0.05$；*代表 $p<0.1$。括号内为 t 值。

5.6　进一步分析

我们的研究结果已经验证了 ESG 的保险作用。如前文所述，良好的 ESG 表现可以提高透明度、建立投资者信任并加强风险管理，从而展现其益处。在本节中，我们设计了若干场景以探寻其潜在机制。

5.6.1　延迟回复

在监管实践中，上交所和深交所发出问询函后，要求上市公司在规定的时间内对问询函中提出的问题进行回复。这一规定旨在确保信息披露的及时性和透明度，同时，也是监管机构履行监管职责的重要手段。然而，如果上市公司未能在规定时间内及时回复问询函，可能会引起市场的负面解读。投资者可能会怀疑公司存在故意延迟信息披露、掩盖不利信息的行为，这种不确定性可能会加剧投资者的恐慌情绪，导致股价下跌，增加股票崩盘风险。然而，在上市公司具有良好的 ESG 表现的情况下，投资者对公司的信任度更高，可能会更倾向于给予公司解释和改正的机会。特别是那些关注企业环境责任和社会责任的投资者，他们更倾向于认为公司会负责任地处理问询函所提出的问题。因此，良好的 ESG 表现可能有助于缓解因回复延迟而引发的股价崩盘风险。

为了验证这一假设，我们将样本分为两组。表5-8展示了将全样本划分为子样本后的进一步的分析结果。如果公司延迟回复问询函，则哑变量 $IsDelay_{i,t}$ 等于2；如果公司及时回应，则哑变量 $IsDelay_{i,t}$ 等于1；如果公司未收到问询函，则哑变量 $IsDelay_{i,t}$ 等于0。随后，我们对 $IsDelay_{i,t}$ 和 $ESG_{i,t-1}$ 进行了中心化处理。

分组回归结果显示，对于 $NCSKEW_{i,t+1}$ 与 $IsDelay_{i,t} \times ESG_{i,t-1}$ 的回归结果（系数 = -0.026，t 值 = -2.56）在5%的水平上显著为负，这表明，即使在回复延迟的情况下，良好的 ESG 表现也能显著降低股价崩盘风险；而对于 $DUVOL_{i,t+1}$，交互项系数（系数 = -0.021，t 值 = -3.06）在1%的水平上显著为负。这一结果进一步证明，良好的事前 ESG 表现可以起到保险功能，特别是在公司面临监管问询时，能够为公司提供一定程度的风险保护。

表5-8　　　　　　　　　　　　　　　　　**是否延迟回复**

Variable	$NCSKEW_{i,t+1}$	$DUVOL_{i,t+1}$
	（1）	（2）
$IsDelay_{i,t}$	-0.028*	-0.023**
	（-1.93）	（-2.44）
$ESG_{i,t-1}$	-0.046***	-0.037***
	（-4.51）	（-5.67）
$IsDelay_{i,t} \times ESG_{i,t-1}$	-0.026**	-0.021***
	（-2.56）	（-3.06）

续表

Variable	$NCSKEW_{i,\ t+1}$	$DUVOL_{i,\ t+1}$
	（1）	（2）
$NCSKEW_{i,\ t-1}$	0.019	
	（1.51）	
$DUVOL_{i,\ t-1}$		0.019
		（1.40）
$Ret_{i,\ t}$	2.363**	3.095***
	（2.03）	（4.01）
$Sigma_{i,\ t}$	0.786	0.025
	（1.56）	（0.08）
$Dturn_{i,\ t}$	−0.003***	−0.002***
	（−5.47）	（−5.23）
$Accrual_{i,\ t}$	−0.062	0.001
	（−0.46）	（0.01）
$Institution_{i,\ t}$	0.000	0.000
	（0.38）	（0.06）
$LnMV_{i,\ t}$	−0.028**	−0.036***
	（−2.33）	（−4.70）
$MB_{i,\ t}$	−0.088*	0.008
	（−1.87）	（0.24）
$ROA_{i,\ t}$	−0.047	−0.126
	（−0.38）	（−1.53）
$LEV_{i,\ t}$	0.003	0.010
	（0.05）	（0.28）
$BoardSize_{i,\ t}$	−0.033	0.000
	（−0.45）	（0.00）
$IndepRate_{i,\ t}$	−0.000	0.000
	（−0.12）	（0.29）

续表

Variable	$NCSKEW_{i,\ t+1}$	$DUVOL_{i,\ t+1}$
	（1）	（2）
$Dual_{i,\ t}$	−0.017	−0.006
	（−0.82）	（−0.48）
$AGE_{i,\ t}$	−0.005***	−0.003***
	（−3.13）	（−3.21）
$OPAQUE_{i,\ t}$	0.045	0.012
	（1.59）	（0.69）
$Violation_{i,\ t}$	0.005	−0.006
	（0.13）	（−0.22）
Constant	0.542	0.683***
	（1.58）	（3.12）
Ind FE	YES	YES
Year FE	YES	YES
N	5 504	5 504
R-squared	0.045	0.059
F-statistics	6.56	8.07

注：***代表 $p<0.01$；**代表 $p<0.05$；*代表 $p<0.1$。括号内为 t 值。

5.6.2　第三方机构

当上交所或深交所在审核上市公司年度报告时，如果发现涉及第三方机构保证的披露存在缺陷，会要求相关机构对这些问题进行回应和澄清。这种情况下，第三方机构的回应是监管程序的一部分，旨在提高信息披露的准确性和完整性。然而，当问询函特别指出需要第三方机构回应时，投资者可能会将此解读为公司与第三方机构之间可能存在共谋，传递了公司可能隐瞒重要信息的信号。这种感知可能会对公司的信誉造成损害，增加投资者的不确定性和恐慌情绪，从而削弱问询函对股票崩盘风险的抑制作用。然而，在公司具有良好的事前ESG表现的情况下，投资者对公司的日常运营和透明度有更深入的了解。这种了解可以帮助投资者更全面地评估问询函的性质，区分是公司与第三方机构的共谋还是常规的监管问询。因此，良好的ESG表现可能有助于增强投资者的信心，减少因误解问询函内容而引发的盲目抛售行为。

为了验证这一假设，我们将样本分为两组。表5-9展示了将全样本划分为子样本后的进一步分析结果。如果问询函要求第三方回应，则哑变量$IsReply_{i,t}$等于2；如果问询函不要求第三方回应，则哑变量$IsReply_{i,t}$等于1；如果公司未收到问询函，则哑变量$IsReply_{i,t}$等于0。分组回归结果显示，对于$NCSKEW_{i,t+1}$，$IsReply_{i,t} \times ESG_{i,t-1}$的系数（系数=−0.033，t值=−2.27）在5%的水平上显著为负；对于$DUVOL_{i,t+1}$，交互项系数（系数=−0.022，t值=−2.24）在5%的水平上显著为负。结果证明，良好的事前ESG表现可以起到保险功能，尤其是在问询函可能引起市场误解的情况下。

表5-9　　　　　　　　　　　　　　是否需第三方回应

Variable	$NCSKEW_{i,t+1}$	$DUVOL_{i,t+1}$
	（1）	（2）
$IsReply_{i,t}$	−0.050***	−0.036***
	（−2.61）	（−2.83）
$ESG_{i,t-1}$	−0.047***	−0.039***
	（−4.70）	（−5.84）
$IsReply_{i,t} \times ESG_{i,t-1}$	−0.033**	−0.022**
	（−2.27）	（−2.24）
$NCSKEW_{i,t-1}$	0.019	
	（1.50）	
$DUVOL_{i,t-1}$		0.018
		（1.38）
$Ret_{i,t}$	2.347**	3.098***
	（2.02）	（4.04）

续表

Variable	$NCSKEW_{i,\ t+1}$	$DUVOL_{i,\ t+1}$
	（1）	（2）
$Sigma_{i,\ t}$	0.792	0.033
	(1.57)	(0.10)
$Dturn_{i,\ t}$	−0.003***	−0.002***
	(−5.48)	(−5.26)
$Accrual_{i,\ t}$	−0.063	0.001
	(−0.47)	(0.01)
$Institution_{i,\ t}$	0.000	0.000
	(0.37)	(0.06)
$LnMV_{i,\ t}$	−0.027**	−0.036***
	(−2.25)	(−4.61)
$MB_{i,\ t}$	−0.087*	0.009
	(−1.85)	(0.28)
$ROA_{i,\ t}$	−0.055	−0.131
	(−0.44)	(−1.59)
$LEV_{i,\ t}$	−0.001	0.008
	(−0.01)	(0.22)
$BoardSize_{i,\ t}$	−0.035	−0.002
	(−0.48)	(−0.03)
$IndepRate_{i,\ t}$	−0.000	0.000
	(−0.11)	(0.28)
$Dual_{i,\ t}$	−0.018	−0.007
	(−0.86)	(−0.52)

续表

Variable	$NCSKEW_{i,\ t+1}$	$DUVOL_{i,\ t+1}$
	（1）	（2）
$AGE_{i,\ t}$	−0.005***	−0.003***
	（−3.19）	（−3.30）
$OPAQUE_{i,\ t}$	0.047*	0.014
	（1.68）	（0.78）
$Violation_{i,\ t}$	0.016	0.003
	（0.43）	（0.10）
Constant	0.527	0.674***
	（1.54）	（3.09）
Ind FE	YES	YES
Year FE	YES	YES
Observations	5 504	5 504
R−squared	0.045	0.059
F−statistics	6.60	7.91

注：***代表 $p<0.01$；**代表 $p<0.05$；*代表 $p<0.1$。括号内为t值。

5.6.3　股权性质

在中国，国有企业（SOE）的管理者晋升往往与公司绩效紧密相关，这种绩效评估体系可能会激励管理者在面对不利信息时采取隐瞒策略，以维护公司形象和个人职业发展。然而，这种隐瞒行为如果被揭露，可能会引发公众的强烈反应，对公司的信誉和股价造成严重损害。因此，我们探讨了ESG的保险功能在这种情况下的适用性和局限性。

为了验证这一假设，我们根据企业性质将样本分为两组。表5-10展示了将全样本划分为子样本后的进一步分析结果。如果公司是国有企业，则归属于SOE组；否则，归属于非SOE组。在第（1）列和第（2）列中，被解释变量是$NCSKEW_{i,\ t+1}$；在第

（3）列和第（4）列中，被解释变量是 $DUVOL_{i,\,t+1}$。

表5-10 是否为国有企业

Variable	Non-SOE	SOE	Non-SOE	SOE
	$NCSKEW_{i,\,t+1}$	$NCSKEW_{i,\,t+1}$	$DUVOL_{i,\,t+1}$	$DUVOL_{i,\,t+1}$
	（1）	（2）	（3）	（4）
$IsLetter_{i,\,t}$	−0.084***	−0.027	−0.048**	−0.051
	（−2.80）	（−0.50）	（−2.46）	（−1.45）
$ESG_{i,\,t-1}$	−0.029**	−0.036	−0.024***	−0.032*
	（−2.14）	（−1.28）	（−2.77）	（−1.85）
$IsLetter_{i,\,t} \times ESG_{i,\,t-1}$	−0.049**	−0.006	−0.039***	0.004
	（−2.37）	（−0.13）	（−2.77）	（0.14）
$NCSKEW_{i,\,t-1}$	0.018	0.018		
	（1.22）	（0.62）		
$DUVOL_{i,\,t-1}$			0.022	0.005
			（1.45）	（0.19）
$Ret_{i,\,t}$	1.715	8.326**	2.685***	6.973***
	（1.39）	（2.32）	（3.30）	（3.07）
$Sigma_{i,\,t}$	0.898*	0.615	0.078	−0.286
	（1.69）	（0.38）	（0.23）	（−0.29）
$Dturn_{i,\,t}$	−0.002***	−0.005***	−0.001***	−0.003***
	（−4.21）	（−4.01）	（−4.13）	（−3.34）
$Accrual_{i,\,t}$	−0.094	0.004	−0.046	0.135
	（−0.63）	（0.01）	（−0.47）	（0.68）
$Institution_{i,\,t}$	0.000	0.000	0.000	0.000
	（0.55）	（0.20）	（0.22）	（0.50）
$LnMV_{i,\,t}$	−0.027*	−0.053*	−0.036***	−0.048***
	（−1.93）	（−1.79）	（−4.05）	（−2.61）
$MB_{i,\,t}$	−0.076	−0.071	0.015	0.012
	（−1.39）	（−0.68）	（0.42）	（0.17）
$ROA_{i,\,t}$	−0.043	−0.065	−0.094	−0.314
	（−0.32）	（−0.21）	（−1.09）	（−1.34）

续表

Variable	Non-SOE	SOE	Non-SOE	SOE
	$NCSKEW_{i,\ t+1}$	$NCSKEW_{i,\ t+1}$	$DUVOL_{i,\ t+1}$	$DUVOL_{i,\ t+1}$
	（1）	（2）	（3）	（4）
$LEV_{i,\ t}$	0.001	0.065	0.009	0.076
	（0.02）	（0.53）	（0.21）	（0.99）
$BoardSize_{i,\ t}$	0.072	−0.301*	0.063	−0.161
	（0.86）	（−1.94）	（1.15）	（−1.58）
$IndepRate_{i,\ t}$	0.002	−0.004	0.002	−0.002
	（0.71）	（−0.97）	（0.88）	（−0.54）
$Dual_{i,\ t}$	−0.018	−0.077	−0.009	−0.034
	（−0.80）	（−1.09）	（−0.64）	（−0.80）
$AGE_{i,\ t}$	−0.003	−0.008**	−0.002*	−0.004*
	（−1.55）	（−2.35）	（−1.84）	（−1.88）
$OPAQUE_{i,\ t}$	0.072**	−0.065	0.024	−0.041
	（2.31）	（−1.04）	（1.21）	（−1.02）
$Violation_{i,\ t}$	0.000	0.102	−0.012	0.056
	（0.00）	（1.00）	（−0.40）	（0.81）
Constant	0.158	2.035***	0.486*	1.426***
	（0.39）	（2.88）	（1.89）	（3.17）
Ind FE	YES	YES	YES	YES
Year FE	YES	YES	YES	YES
N	4 256	1 248	4 256	1 248
R-squared	0.041	0.077	0.056	0.080
F-statistics	4.64	2.64	6.14	2.29

注：***代表 $p<0.01$；**代表 $p<0.05$；*代表 $p<0.1$。括号内为t值。

分组回归结果显示，第（1）列和第（3）列中的交互项分别在5%的水平上与 $NCSKEW_{i,\ t+1}$ 显著负相关，在1%的水平上与 $DUVOL_{t+1}$ 显著负相关。然而，第（2）列和第（4）列中的交互项不显著。这一结果表明，ESG的保险作用在非国有企业中更为显著，而在国有企业中，即使事前有良好的 ESG 表现，也可能无法完全缓解因隐瞒行为被揭露而引发的公众愤怒和市场负面反应。这可能是因为在国有企业中，隐瞒行为被视为更严重的治理问题，公众对此类行为的容忍度更低。

5.6.4　重污染企业

在探讨 ESG（环境、社会和治理）的保险功能时，企业所处的行业特性是一个不可忽视的因素。特别是，高污染行业由于其对环境的潜在负面影响，往往面临着更加严格的监管和公众监督。因此，本书根据企业是否属于高污染行业将样本分为两组以期更深入地理解 ESG 表现在不同行业背景下的作用。

表 5-11 展示了将全样本划分为子样本后的进一步分析结果。如果公司属于高污染行业，则归入 Hind 组；否则归入 Non-Hind 组。在第（1）列和第（2）列中，被解释变量是 $NCSKEW_{i,\ t+1}$；在第（3）列和第（4）列中，被解释变量是 $DUVOL_{i,\ t+1}$。

表5-11　　　　　　　　　　　　是否为高污染企业

Variable	Non-Hind $NCSKEW_{i,\ t+1}$ （1）	Hind $NCSKEW_{i,\ t+1}$ （2）	Non-Hind $DUVOL_{i,\ t+1}$ （3）	Hind $DUVOL_{i,\ t+1}$ （4）
$IsLetter_{i,\ t}$	-0.056* （-1.81）	-0.068 （-1.42）	-0.049** （-2.41）	-0.032 （-1.06）
$ESG_{i,\ t-1}$	-0.044*** （-2.95）	-0.011 （-0.58）	-0.034*** （-3.54）	-0.017 （-1.25）
$IsLetter_{i,\ t}{\times}ESG_{i,\ t-1}$	-0.039* （-1.73）	-0.028 （-0.84）	-0.033** （-2.18）	-0.016 （-0.69）
$NCSKEW_{i,\ t-1}$	0.030** （2.04）	-0.015 （-0.56）		
$DUVOL_{i,\ t-1}$			0.020 （1.29）	0.014 （0.52）

续表

Variable	Non-Hind	Hind	Non-Hind	Hind
	$NCSKEW_{i,\,t+1}$	$NCSKEW_{i,\,t+1}$	$DUVOL_{i,\,t+1}$	$DUVOL_{i,\,t+1}$
	（1）	（2）	（3）	（4）
$Ret_{i,\,t}$	1.931	3.876	2.662***	4.718***
	（1.45）	（1.62）	（2.98）	（3.11）
$Sigma_{i,\,t}$	0.760	0.921	0.098	−0.192
	（1.29）	（0.92）	（0.26）	（−0.32）
$Dturn_{i,\,t}$	−0.003***	−0.003***	−0.002***	−0.001**
	（−4.55）	（−3.25）	（−4.68）	（−2.33）
$Accrual_{i,\,t}$	−0.006	−0.303	0.009	−0.068
	（−0.04）	（−1.06）	（0.09）	（−0.36）
$Institution_{i,\,t}$	0.001	−0.001	−0.000	0.000
	（0.87）	（−0.88）	（−0.08）	（0.34）
$LnMV_{i,\,t}$	−0.043***	0.018	−0.043***	−0.017
	（−2.99）	（0.76）	（−4.63）	（−1.16）
$MB_{i,\,t}$	−0.077	−0.098	0.027	−0.015
	（−1.37）	（−1.09）	（0.72）	（−0.24）
$ROA_{i,\,t}$	0.009	−0.417*	−0.101	−0.332*
	（0.06）	（−1.67）	（−1.08）	（−1.89）
$LEV_{i,\,t}$	−0.004	−0.036	−0.011	0.021
	（−0.06）	（−0.33）	（−0.24）	（0.33）
$BoardSize_{i,\,t}$	−0.062	0.028	−0.012	0.021
	（−0.74）	（0.20）	（−0.22）	（0.23）
$IndepRate_{i,\,t}$	−0.000	−0.001	0.000	−0.000
	（−0.10）	（−0.28）	（0.25）	（−0.01）

续表

Variable	Non−Hind $NCSKEW_{i,\ t+1}$ (1)	Hind $NCSKEW_{i,\ t+1}$ (2)	Non−Hind $DUVOL_{i,\ t+1}$ (3)	Hind $DUVOL_{i,\ t+1}$ (4)
$Dual_{i,\ t}$	−0.031 (−1.25)	0.023 (0.59)	−0.020 (−1.24)	0.031 (1.22)
$AGE_{i,\ t}$	−0.006*** (−3.20)	−0.003 (−0.97)	−0.004*** (−3.17)	−0.002 (−1.25)
$OPAQUE_{i,\ t}$	0.041 (1.25)	0.058 (1.14)	0.003 (0.16)	0.033 (0.98)
$Violation_{i,\ t}$	−0.006 (−0.13)	0.090 (1.06)	−0.015 (−0.50)	0.056 (0.94)
Constant	0.973** (2.40)	−0.580 (−0.91)	0.894*** (3.45)	0.181 (0.45)
Ind FE	YES	YES	YES	YES
Year FE	YES	YES	YES	YES
N	4 014	1 490	4 014	1 490
R−squared	0.046	0.071	0.059	0.094
F−statistics	5.41	1.94	6.58	2.05

注：***代表 $p<0.01$，**代表 $p<0.05$，*代表 $p<0.1$，括号内为 t 值。

分组回归结果显示，第（1）列和第（3）列的交互项在10%的水平上与 $NCSKEW_{i,\ t+1}$ 显著负相关，在1%的水平上与 $DUVOL_{i,\ t+1}$ 显著负相关。然而，第（2）列和第（4）列的交互项不显著。结果表明，ESG的保险功能在非高污染行业中更为显著。可能的原因在于，在非高污染行业，公司可能更注重通过 ESG 实践来识别和缓解潜在的非环境风险（如市场风险、信用风险等），监管机构和投资者对该类企业的 ESG 更为关注，因而良好的 ESG 表现可以帮助非高污染企业满足社会责任的期望，进一步降低因问询函引起的股价崩盘风险。

通过异质性分析，本书研究揭示了 ESG 保险功能在不同情境下的适用性和效果。首先，我们的研究考虑了问询函回复延迟的情况。我们发现，如果公司延迟回复问询函，投资者可能会认为公司在试图掩盖坏消息，这可能会削弱问询函的积极作用。然而，良好的 ESG 表现能够降低投资者盲目抛售股票的可能性，从而降低股价崩盘风险。其次，当问询函涉及第三方机构时，投资者可能将其解读为公司与第三方机构共谋传递隐瞒行为的信息，这可能会削弱问询函对股价崩盘风险的抑制作用。但是，良好的 ESG 表现能够提供一定程度的保护，因为投资者可能会给予企业更多的机会来解释和纠正问题。最后，在国有企业中，由于管理者晋升与公司绩效紧密相关，ESG 的保险功能可能受到限制，因为隐瞒行为一旦被揭露，可能引发更强烈的公众愤怒。然而，在非国有企业中，ESG 的保险功能更为显著，表明良好的 ESG 实践能够为这些企业提供更强的风险保护。最后，我们发现在高污染行业中，ESG 的保险功能可能不如非高污染行业显著。这可能是因为高污染行业的企业面临的环境监管压力更大，ESG 表现的重要性可能不如其他行业突出。在非高污染行业中，良好的 ESG 表现能够为企业提供更强的风险保护，这可能是因为投资者更加重视企业的社会责任和治理结构。

综上所述，本节的进一步分析凸显了 ESG 在增强企业风险抵御能力和提升市场信任度方面的重要性，指出了 ESG 在不同问询函响应情景、行业和企业类型中的差异化效应。

5.7 结论与展望

5.7.1 研究结论

在企业社会责任（CSR）和环境、社会及治理（ESG）的广泛研究领域中，学者们致力于揭示这些概念背后的动因及其对企业绩效的深远影响。特别地，部分研究集中探讨了 ESG/CSR 的所谓事前"保险功能"，即企业通过优秀的 ESG 实践能够在一定程度上预防或减轻潜在的负面影响。然而，现有文献的一个突出的问题是无法证明 ESG 绩效与企业结果之间的内生性关联，此外，研究结果的分歧表明仍有必要寻找更清晰的研究设定以深化我们对 ESG 保险功能的理解。本书研究利用上海证券交易所（SSE）和深圳证券交易所（SZSE）的问询函制度及其对股价崩盘风险的影响，探究了ESG的类似保险功能。上交所和深交所两家交易所的监管机构会针对年度报告中的异常内容发出问询函，而ESG报告通常不是其主要关注点。因此，年度报告问询函可视为对公司而言不可控制的外生事件。现有研究已经证实，问询函能有效抑制公司的股价崩盘风险，这一点在学术界得到了广泛认可。

通过采用倾向得分匹配（PSM）方法得到的样本，本书研究得出以下结论：①问询函显著降低了未来股价崩盘风险，其中，股价崩盘风险通过负偏度系数（$NCSKEW_{i,t}$）和股价上升和下降阶段波动率（$DUVOL_{i,t}$）来综合衡量；②若公司在收到问询函前一年的ESG表现较优，则问询函对股价崩盘风险的抑制作用更为显著。这一结论在控制了其他股价崩盘风险的决定因素和问询函的替代度量后依然有效。③通过进一步异质性分析，我们发现，正如保险在公司面临事件时才真正展示其价值一样，尽管公司延迟回应问询函或问询函需要第三方回应时ESG的类保险功能会减弱，但对于事前具有良好ESG表现的公司，该功能仍然存在。此外，我们还发现，对于非国有企业或不属于高污染行业的公司，这种保险功能更为显著，但这也表明ESG的保险功能具有一定的局限性。

本书研究在理论层面对现有文献做出了以下几方面的贡献。第一，提供了一个解决内生性问题的新视角。现有文献实证检验了CSR/ESG与股价崩盘风险之间的负相关关系，但面临内生性问题的考验。虽然已有研究利用外生冲击来缓解内生性问题，但这些冲击通常会改变整个资本市场环境，如金融危机、新冠疫情后的各类政策出台、投资者情绪的变化等，导致研究中噪声过多。本书研究通过选取一个独特的研究场景——年报问询函，有效地解决了现有文献中关于ESG经济后果研究的内生性问题。这种方法避免了金融危机、新冠疫情等宏观事件带来的外部噪声，提供了一个更为纯净的分析环境，从而使得因果关系的识别更为清晰和准确。因此，本书研究中的场景更适合探索ESG的保险功能。第二，本书研究证实了ESG战略定位与企业长期价值的关系。从ESG的战略定位来看，ESG通常被公司视为一种长期投资，是可持续发展的体现。与此同时，股票价格崩盘风险更多地关注长期的信息不对称和潜在的大规模负面调整。两者之间"长期导向"的一致性使得股票价格崩盘风险成为探索ESG类保险效应的更合适研究焦点，本书研究揭示了这种一致性，为理解ESG绩效如何作为长期价值的保护机制提供了新的理论支持。第三，本书研究强调了ESG类保险效应的长期持续性。现有文献表明，年度报告问询函对股价崩盘风险的缓解效应是短期的。本书研究进一步探讨了ESG绩效如何与年报问询函相互作用，提出当公司ESG绩效优异时，可以放大问询函的缓解效应，并确保这种效应的长期持续性。这一点拓展了对ESG类保险功能的理解，强调了ESG绩效在长期风险管理中的作用。总之，本书研究在理论上提供了对ESG绩效与股价崩盘风险关系的深入分析，解决了现有研究的内生性问题，强调了ESG绩效在长期风险管理和价值创造中的作用，并对现有理论进行了补充和扩展。这些贡献不仅丰富了学术界对ESG绩效影响的认识，也为实践界提供了宝贵的意见。

5.7.2　政策建议

本书研究不仅在学术上提供了新方法和见解，而且在现实层面为企业管理层、投资者和监管机构等主体提供了有价值的建议，为提升企业ESG实践和推动资本市场的ESG投资提供了有益参考。

对企业管理层而言。首先，通过对年报问询函的分析，管理层了解到提高信息披露的透明度和质量是降低股价崩盘风险的有效途径，这促使管理层改进企业披露实践。其次，研究强调了ESG绩效在降低股价崩盘风险中的类保险功能，为管理层提供了关于如何通过提高ESG表现来优化风险管理的见解。这使得管理层在制定战略决策时，更加重视ESG因素的整合。最后，研究结果表明，优秀的ESG绩效与公司的长期价值创造紧密相关，管理层可以将ESG视为推动可持续发展和增强企业竞争力的工具，注重自身ESG表现和披露实践。

对投资者而言。研究结果证实了企业ESG的类保险效应，支持了ESG投资的长期价值，投资者可以利用本书研究的发现，将ESG绩效作为评估企业长期潜力和风险的关键指标之一，鼓励投资者关注并投资于那些具有良好ESG实践的公司，帮助投资者做出更明智的投资决策。同时，投资者可以利用研究成果来行使积极所有权，通过参与公司治理推动企业改善ESG绩效，促进企业长期价值的稳定增长。

对监管机构而言。首先，研究结果为监管机构提供了制定相关政策的理论依据，有助于监管机构理解ESG在维护市场稳定性和促进资本市场健康发展中的作用。其次，通过推广ESG绩效的重要性，监管机构可以更好地保护投资者利益，尤其是在防止股价崩盘风险方面，从而采取相应措施。最后，监管机构可以根据本书研究的发现，制定或调整相关政策和监管框架，鼓励和监督企业的ESG实践，帮助维护资本市场的稳定性和健康发展，同时加强对企业信息披露的要求，特别是与ESG相关的披露，以减少信息不对称。

5.7.3   研究展望

尽管本书研究为探讨ESG的类保险功能提供了新的视角和实证证据，但仍存在一些局限性，这些局限性为未来的研究提供了进一步探索的机会。

第一，研究仅仅使用了是否收到问询函、问询函数量及详细程度作为研究维度，可能未充分探讨交易所问询函的语气、文本内容以及问题类型等其他特征的影响。但问询函中的文本内容及其传递的信号可能对投资者的感知和公司股价有重要影响，并与企业自身的ESG产生不同程度的交互作用，从而影响企业股价崩盘风险。因此，未来的研究可以通过文本分析等方法，深入探讨问询函的语气、内容和问题类型等特征，以及这些特征如何直接或间接影响公司治理和市场反应。

第二，尽管我们探讨了ESG的整体表现在特定情境下对股价崩盘风险的影响，但可能未能深入分析ESG各个维度（环境、社会、治理）及其相互作用对股价崩盘风险的具体影响。环境维度可能通过影响公司的长期可持续性来调节问询函对股价崩盘风险的作用。社会维度涉及公司与内外部利益相关者的关系，包括员工、消费者、供应商和社区等。公司在社会责任方面的表现可能影响其声誉和品牌价值，进而在问询函发布时起到减小股价波动的作用。治理维度关注公司的内部决策过程、监督结构和透明度，良好的治理结构可能与公司对问询函的响应速度和质量直接挂钩，从而显著降低股价崩盘风险。未来可尝试利用回归模型分析ESG每个维度对股价崩盘风险的独立影响，分析三个维度影响的异质性，并探索它们之间的相互作用，以识别哪些具体因素对股价崩盘风险的影响更为显著。

第三，关于企业ESG类似保险功能的发挥，研究仅仅聚焦于股价崩盘风险，但ESG的这一功能在企业的整体风险管理中具有更广泛的应用，在包括企业风险管理、品牌价值和声誉、资本成本、企业竞争力以及长期价值创造等多个层面发挥作用。未来研究可以进一步结合企业外部市场环境，如宏观经济条件、行业特性、政策变化等因素，来探索企业ESG的类保险功能。通过深入分析这些外部因素如何与企业的ESG实践相互作用，更全面地挖掘企业 ESG 的潜在长期价值，为企业提供更深入的策略指导和决策支持。

第四，研究聚焦于中国 A 股市场的上市公司以及特定的问询函制度，这可能限制了研究结果的普遍适用性。研究结果可能受到中国特有的市场环境、监管政策、文化和法律框架的影响，并且中国的问询函制度具有特殊性，与其他国家的监管措施可能有所不同。未来的研究可以考虑包括发达市场和发展中市场在内的多个国家和地区的研究样本，基于不同市场环境、制度和不同的研究情景，研究企业 ESG 的类保险功能，比较不同市场环境下的差异，更全面地理解 ESG 实践在全球不同市场环境下的作用和效果。

第4篇
中国上市公司社会责任信息
披露标准构建

第6章　中国上市公司社会责任信息披露基础问题

6.1　推动中国上市公司履行信息披露社会责任的重要意义

6.1.1　为什么要推动上市公司履行社会责任

（1）顺应全球经济下企业社会责任的发展趋势

随着企业社会责任（CSR）理念被社会公众、企业组织、非政府组织（NGO）和政府机构广泛认可，这一概念已经成为当前全球理论和实务领域的热门词汇。这种普及表明，企业社会责任已经成为社会各界极为关注的焦点话题。据相关报道，全球范围内，超过一半的世界500强企业都定期发布了社会责任报告或可持续发展报告。在中国，发布此类报告的企业数量也呈现出明显的逐年增长趋势。截至2023年6月底，全部A股上市公司中有1 738家独立披露了ESG/社会责任报告[①]。其中，上交所上市公司971家，同比增长14.78%；深交所的上市公司764家，同比增长32.41%；北交所上市公司仅有3家，企业社会责任的信息披露仍处于初级阶段。

从企业分类来看，国有企业在ESG及社会责任信息披露方面处于领先地位，相较之下，民营及其他类别的企业有必要进一步加强相关工作。以2023年为基准，中央国有企业ESG信息披露比率为73.5%，明显高于其他企业类型。地方国有企业的信披率为

---

①　中央财经大学绿色金融国际研究院，每日经济新闻. 中国上市公司ESG行动报告（2022—2023）［R/OL］.［2023-08-16］. https://iigf.cufe.cn/info/1014/7437.htm.

50.32%，而公众企业则为41.95%。外资、其他类型企业与民营企业的披露情况相对较少。

截至2023年6月底，从行业的整体情况来看，已经有7个行业的上市公司在ESG/社会责任报告的披露比率方面超过了50%，其中金融行业的上市公司更是达到了90%以上的披露率。此外，与去年同一时期的数据相比，各个行业披露企业的数量均有所增多。

这些趋势表明，尽管企业社会责任理念在中国的引入相对较晚，但其发展速度很快。企业社会责任理念在中国的快速传播，很大程度上得益于中国在全球经济一体化进程中的积极参与。在当前全球化的背景下，无论在国内还是国外，公众对食品安全、环境污染、员工权利、企业诚信、商业贿赂和公司治理等议题的关注程度都很高。因此，在这样的环境下，上市公司的社会责任成为一个不可回避的关键议题。

（2）促进社会公正与包容

在中国，上市公司通过投资于社区基础设施和服务，比如教育、医疗和公共设施等，可以显著推动地区发展。这种投资不仅直接改善了社区居民的生活条件，提升了他们的生活质量，还有助于边缘群体更好地融入社会，从而促进社会的公正与包容。

教育投资，尤其是在偏远或经济不发达地区的教育设施和资源的改善，可以为当地居民提供更好的学习机会，打破因教育资源不平等造成的社会壁垒。此外，医疗设施的改善不仅可以提升居民的健康水平，还能增强他们的就业能力和提高他们的生活质量，进一步提高社会的整体福祉。

对于就业机会的提供和工作条件的改善，上市公司通过创造一个无歧视的工作环境，确保职场平等，无论性别、种族、年龄或背景，每个人都享有平等的工作和晋升机会，这对于增强社会公正与包容至关重要。例如，公正的薪酬制度和合理的工作时间不仅能提高员工的满意度和忠诚度，还能激励员工的创新和工作效率，从而提升企业的整体竞争力。

此外，改善工作条件还包括提供持续的职业培训和发展机会，这不仅能帮助员工提升个人能力，也能为企业培养一支更加专业和多元化的人才队伍。通过这些措施，上市公司不仅能够促进内部的多样性和包容性，还能在更广泛的社会层面推广这些价值观，进一步促进社会的公正和包容。

综上所述，上市公司在履行社会责任方面所采取的措施，不仅对企业自身的发展产生积极影响，更在推动中国社会整体的公正与包容方面发挥了重要作用。这种综合的社会贡献，在当今全球化和国际化的背景下尤为重要，是构建和谐社会的关键一环。

（3）增强国际竞争力

在全球市场上，企业的社会责任表现越来越成为其品牌形象和声誉的一部分。消费者、投资者和合作伙伴都愈发重视企业在环境保护、社会公正和公司治理等方面的表现。中国上市公司通过积极履行社会责任，比如实施可持续发展策略、提供公平就业机会、保护环境等，可以构建起积极的公众形象，提高其产品和服务的吸引力。

越来越多的资本逐渐倾向于选择那些积极展现社会责任的上市企业进行投资。众多投资者和资产管理公司已将企业在社会责任方面的表现视为其投资选择的重要影响因素。这不仅涵盖环境保护，还包括对劳工权益的维护、对社会的贡献等多个方面。因此，中国上市公司在这些领域的良好表现，可以吸引更多的国际资本，增加资金实力和发展潜力。

随着国际法规和市场要求的不断严格，社会责任的履行也成为企业进入某些国际市场的关键。例如，欧盟和美国等地区对进口商品的环保和社会责任有严格要求。中国企业若能展示出优秀的社会责任记录，更易于满足这些市场的合规要求，从而保持在全球市场的竞争力。

研究显示，消费者愿意为那些他们认为社会责任表现良好的品牌支付更高的价格。这种趋势在年轻消费者中尤为明显，他们对企业的社会和环境影响表现出更大的关注。因此，中国上市公司的社会责任行为不仅有助于吸引消费者，也有助于构建长期的客户忠诚度和品牌价值。

6.1.2 上市公司社会责任会给公司带来什么

（1）上市公司履行社会责任有哪些好处

研究与实践案例显示，持续关注及积极履行社会责任能够为企业带来多种益处，例如：提升产品在社会公众中的认知度，从而有助于增加企业的市场占有率；公司的品牌形象将获得提升，从而增强其商业信誉，间接增加无形资产的价值；员工的权益得到了有效维护，整体素质有所提升，员工对企业文化的认同感增强，从而增强了团队的凝聚力和归属感；在企业与供应链合作伙伴之间建立了更深层次的信任，确保了合作关系的稳定性，从而增强了企业在未来不确定的商业环境中的生存能力；企业还能够预防或妥善处理潜在的法律争端及突发事件，这有助于降低和防范重大经营风险，这些对于投资者来说是有利的。以下为国内外企业履行社会责任的成功案例：

①微软公司

微软公司的在线儿童安全技术展示了上市公司积极履行社会责任可能带来的好处。微软推出的儿童安全网络技术，例如在其浏览器中引入的儿童模式（Kids Mode），为儿童提供了一个安全的网上浏览环境。这个模式通过设置严格的追踪防护、安全搜索和限制访问的网站列表，保护儿童免受不良内容的影响。这不仅直接提升了微软在家庭用户市场的竞争力，也提升了其品牌形象，因为公司显示出了其对年轻用户网络安全的重视。

此外，微软还开发了 PhotoDNA 技术，这是一种帮助检测和阻止儿童性剥削内容传播的工具。该技术通过对图片创建唯一的数字签名，并与已知的非法图片数据库进行比对，从而有效地识别和删除这些内容。这一措施不仅保护了儿童用户，还减少了公司面临的法律和道德风险。

通过这些技术和策略的实施，微软不仅提高了其产品的市场吸引力，还通过积极履行企业社会责任增强了其在全球市场的竞争力和声誉。这些举措展示了一个公司如何通过具体行动在保护用户的同时促进其商业目标的实现。

② 欧莱雅

欧莱雅自 2007 年以来一直致力于包装的环保设计，采取了多种措施来减少包装材料的使用，提高包装的可回收性和可重复使用性。例如，公司推广使用可再充填的包装和生物基材料，并努力到 2030 年实现所有塑料包装使用可回收或生物基材料（Bio-based Materials）。欧莱雅还推出了一系列具有环保特性的产品包装创新，如使用纸板代替部分塑料的管状包装，这些管状包装主要用于其旗下的拉罗什波塞（La Roche-Posay）和加尼尔（Garnier）品牌，以减少塑料的使用，并采用来自可持续管理森林的认证纸板。

这些实践不仅减少了对环境的影响，还增强了消费者对品牌的信任和忠诚度，进而提高了其在全球化市场中的竞争力。欧莱雅公司致力于通过创新和可持续发展策略来改善其全球供应链和产品生命周期，这不仅符合全球可持续发展的要求，也为公司赢得了公众的广泛认可和支持。

③英国电信

英国电信（BT）在其供应链管理中采取了绿色能源策略，特别是在电力采购方面体现了其对环境保护的承诺。英国电信的举措有为其全国近万个站点的供电采用绿色能源招标项目。这种做法不仅是出于环保考虑，也是为了经济效益。英国的法律规定，污染环境的发电厂会被处以高额罚款，导致每度电成本显著增加。通过采用绿色能源，英国电信能够降低这部分成本。

此外，绿色能源的使用还带来了税收优惠。生产的每一度绿色电力都可以获得免税证明。这些免税证明可用于与第三方交换，以抵消其他发电活动可能产生的环境污染税。这种策略不仅降低了英国电信的运营成本，还通过减少碳足迹提高了其在公众和市场中的品牌形象。

英国电信的这一策略反映了其在实现商业利益的同时，也重视社会责任和环境保护的企业理念。这种做法不仅有助于提升公司的环境可持续性，还能增强公司面对未来不确定性经营环境时的生存能力，显示了一个企业如何通过积极的环保措施，加强供应链管理，同时实现经济和环境双赢的局面。

④宁波银行

宁波银行在履行社会责任和可持续发展方面展示了其作为一家现代金融机构的积极姿态。通过一系列具体举措，宁波银行不仅提升了自身的市场竞争力，还为社会和环境保护做出了贡献。

首先，宁波银行积极响应国家关于绿色金融的政策，推动了多项绿色信贷和投资项目。这些项目旨在支持环保企业和项目，推广清洁能源使用，以及鼓励可持续的商业实践。通过这种方式，宁波银行不仅助力了环境保护，也实现了经济与社会效益的双赢。

其次，宁波银行在社区服务和公益活动方面也表现突出。银行定期组织员工参与各类公益活动，如扶贫、教育支持和灾难救援等。这些活动有助于提升银行的社会形象，并增强员工的团队凝聚力和社会责任感。

宁波银行还特别注重金融知识的普及教育，定期在社区举办金融知识讲座和咨询服务，帮助公众提高金融素养，有效防范金融风险。这一措施不仅增强了公众的金融安全意识，也为银行赢得了广泛的社会信任和客户忠诚度。

宁波银行的这些社会责任和可持续发展举措展示了其作为金融机构在促进社会和谐与环境保护方面的积极作用。这不仅符合现代企业的发展趋势，也是企业长期发展的重要保障。

⑤华仁药业

华仁药业在产品开发和生产上，特别注重环保和安全性，如推出的腹膜透析液和非PVC软包装输液产品，都是为了减少对环境的负担并提高医疗安全性。此外，华仁药业在新冠疫情期间迅速调整生产线，开始生产医用口罩和防护服，以支持疫情防控，显示了公司在紧急公共卫生事件中的社会责任感。公司还通过参与社区服务和健康教育活动，提高公众对健康问题的认识，这不仅增强了华仁药业的品牌形象，也促进了公司与社区的良好关系。这些活动表明，华仁药业在追求经济效益的同时，不忘回馈社会，致力于推动社会和环境的可持续发展。

⑥ 华孚色纺

华孚色纺作为一家在纺织行业内颇具规模的上市公司，通过采用环保技术和创新的生产流程，减少了对环境的影响，同时也提高了企业的市场竞争力。其采用的"先染色、后纺纱"技术是一个突出的例子，显示了公司在生产过程中如何有效地减少污水排放和能源消耗。这种技术的实施不仅有助于减少因传统生产过程中大量用水和化学染料而造成的环境污染，还能通过节能减排提升企业的整体能效和成本效益。此外，这种生产方式还能提高染色质量和纱线的均匀性，从而提升最终产品的市场竞争力。

华孚色纺通过这种创新实践不仅证明了其在行业内的技术领先地位，还体现了公司对环境保护的承诺和对可持续发展的重视。这种积极的环保措施也有助于提升公司品牌形象，吸引更多关注企业社会责任的消费者和投资者，从而在激烈的市场竞争中占据有利地位。通过这些措施，华孚色纺不仅在环保方面取得了显著成效，也为公司的长期发展奠定了坚实的基础。

（2）上市公司不履行社会责任会有哪些坏处

理论研究以及市场实例揭示了企业忽视社会责任可能招致的后果：企业的产品可能缺乏市场的认可，进而影响企业培养稳定忠实顾客的能力；企业的形象如果受到损害，会对其在市场上的扩展、融资能力以及人才的吸引等多个方面产生不利的影响，进而导致这类企业的无形资产价值降低；员工的权益若得不到有效保障，将导致员工工作效率下降，并可能增加员工的流失率；企业可能会遭遇突发的环境污染、产品安全或员工权益保护事件，这将导致企业面临法律诉讼、监管制裁以及市场估值的下降等风险，严重时可能影响到公司的生存，这些都是对投资者有害的。以下为国内外企业未履行社会责任的案例：

①英国石油公司（BP）

2010年4月20日，BP旗下的深水地平线钻井平台发生爆炸，导致了美国历史上最严重的海洋石油泄漏。这起事件不仅导致了11名工人的死亡，还对海洋生态系统造成了巨大破坏，泄漏的石油覆盖了数千平方公里的海域。

这一事件对BP的财务和市场表现产生了深远的影响。根据报道，事故后BP的市值在短短几个月内缩水了约1 050亿美元，股价也从59.48美元跌至27美元，跌幅达到了55%。此外，BP还面临约650亿美元的罚款和赔偿费用。

除了直接的财务损失，BP的品牌声誉也受到了严重影响。消费者和投资者对公司的信任度大幅下降，这对公司的长期市场表现和投资吸引力造成了影响。尽管BP后来采取了一系列补救措施，包括清理溢油、赔偿受影响的当事人、投资环境保护项目，以修复其声誉，但公司的形象仍长期受到这一事件的影响。

② 三鹿集团

三鹿集团的毒奶粉事件是2008年中国食品安全领域的一次重大丑闻，对企业和整个行业产生了深远的影响。三鹿集团在其婴儿配方奶粉中非法添加了化学物质三聚氰胺，以提高产品的蛋白质测试结果。这导致数十万婴儿患上肾结石和出现其他肾脏损伤，严重的甚至导致婴儿死亡。

这一事件不仅对三鹿集团造成了灾难性的打击，导致其最终破产，同时也严重损害了中国乳制品行业的声誉。事发后，中国政府加强了对食品安全的监管，颁布了新的食品安全法律，提高了食品安全的法律要求，并设立了更加严格的监管机构。

三鹿奶粉事件是一个典型的例子，说明当企业忽视社会责任、牺牲产品质量与安全以追求利润最大化时，可能带来的灾难性后果。这不仅对企业自身造成重大损失，也对整个行业甚至国家的形象和经济带来长期影响。

③双汇集团

双汇集团的克伦特罗（Clenbuterol）丑闻是中国食品安全领域的一起重大事件。

2011年，中国中央电视台报道了双汇旗下的部分猪肉产品中检出了禁用的添加剂克伦特罗，这种化学物质可以使猪肉更瘦，但对人体是有毒的。这一事件严重打击了双汇的市场信誉和销量，导致其股价大跌，并引发了广泛的公众关注和政府介入。

事件发生后，双汇采取了一系列措施来恢复消费者信心，包括停产整顿、清理市场上的肉品、公开道歉等。

此外，中国法院对涉及克伦特罗非法添加的个人进行了严厉的处罚，包括长期监禁甚至死刑缓刑，强调了食品安全违规行为的法律后果。

④ 紫金矿业

2010年9月，广东信宜市的银岩锡矿，由于强降雨导致尾矿库水位急剧上升，紫金矿业所属的高旗岭尾矿库坝体右侧决口，引发了灾难性的溃坝事件。这次事件导致28人死亡或失踪，对当地社区造成了巨大的影响，造成直接的人员伤亡和经济损失约1 900万元人民币。此外，这一事件也严重损害了紫金矿业的企业声誉，引发了广泛的公众关注和批评。

这个案例强调了企业在环境管理和风险控制方面的重要性，也提醒了所有企业必须认真对待其在环保和社会责任方面的义务，以避免此类灾难性事件的发生。

⑤苹果公司-富士康

苹果公司和其制造合作伙伴富士康在管理中国工厂的劳工权益方面存在严重问题，这些问题涉及过度使用临时工和违反中国的劳动法规定。

例如，在郑州的富士康工厂，调查显示员工被要求长时间工作，并且工作环境压力巨大。报告指出工厂经常违反关于临时工和实习生的法律规定，如强迫实习生和临时工加班，以及未能为这些工人提供必要的社会保险和住房公积金。此外，工厂内部的管理手段包括言语虐待和性骚扰，这些行为严重影响了工人的心理健康和工作积极性。这些问题不仅损害了工人的基本权益，也对苹果的品牌形象和消费者信任造成了负面影响。

⑥蒙牛乳业

2011年的蒙牛乳业黄曲霉毒素事件是中国乳制品行业的一起重大食品安全事件。黄曲霉毒素是一种由霉菌产生的致癌物质，2011年蒙牛集团部分产品中检出超标的黄曲霉毒素。这起事件不仅损害了企业的品牌形象，还引起了消费者的广泛不信任。事件发生后，相关产品被迅速从市场上撤回，蒙牛也面临严厉的公众和媒体批评。蒙牛集团为此发布了道歉声明，并承诺加强质量控制，确保产品安全。

⑦达芬奇家居

达芬奇家居的产品原产地事件发生在2011年，公司声称其高端家具产品为意大利进口，但实际上这些产品在中国制造。这一事件被中国中央电视台的一次调查报道揭露，引发了广泛的公众关注和媒体报道。报道指出，达芬奇家居销售的部分产品虽然标有"意大利制造"的标签，但实际上是在中国生产的，然后被送往海外仓库，再重新进口到中国市场。

这一事件对达芬奇家居的品牌信誉造成了重大打击，引起了消费者的强烈不满和信任危机。公司最初的否认未能平息争议，随后不得不公开道歉，并承诺改进其标签和营销策略。

⑧万科

万科的毒地板事件是万科在其部分住宅项目中使用的地板释放的甲醛含量超过国家标准，这引发了广泛关注和消费者的不满。根据报道，2012年，一些消费者投诉称，他们购买的万科住宅内的地板散发出刺鼻的气味，经检测，地板的甲醛释放量超过了国家规定的安全标准。甲醛是已知的致癌物质，长期暴露于高浓度的甲醛环境中可能对人体健康造成严重危害。

事件发生后，万科迅速响应，启动了紧急检查和整改措施，对涉事楼盘所有地板重新检测，并承诺对超标部分进行更换。此外，万科还公开向消费者道歉，并强化了其供应链的质量控制，确保所有使用材料符合国家标准。

6.2　中国上市公司社会责任信息披露的现状、问题及成因

6.2.1　中国上市公司社会责任信息披露的现状

中国上市公司引入社会责任信息披露机制是在2006年9月，在2006年年度报告信息披露中正式开始部分强制推行。至2023年为止，中国上市公司社会责任信息披露已有17年历史。

沪深两大交易市场在提高社会责任相关信息透明度方面已取得明显成效，并正向更为全面且强制性的可持续性报告规范发展。2024年，上海证券交易所（SSE）、深圳证券交易所（SZSE）和北京证券交易所（BSE）推出了首个企业可持续发展披露指引《上市公司可持续发展报告指引》，这标志着中国资本市场在环境、社会和治理（ESG）方面取得了重要进展。该指引要求被列入SSE 180、STAR 50、SZSE 100及创业板指数的公司，以及中外同时上市的公司，从2025年起按年度披露可持续性报告，并在2026年之前完成首次披露。该指引涵盖了治理、战略、影响、风险与机会管理以及指标和目标等核心内容，反映了交易所采用的"双重物质性"报告方法，即同时报告可持续性问题对企业的影响以及企业活动对环境和社会的影响。此外，该指引还涵盖了气候变化、生态系统与生物多样性保护、循环经济、能源使用、供应链安全及反腐败等多个方面。

为深入了解我国上市公司ESG信息披露的情况，本书对我国上市公司2022年度ESG报告发布情况进行统计分析，并重点聚焦于沪深300成分股上市公司（以下简称"沪深300"）ESG报告内容，总结出2022年度上市公司ESG信息披露的主要特征。

截至2023年6月25日，中国沪、深、北三市的A股上市公司总数为5 212家。具体来看，上海证券交易所有2 221家上市公司，深圳证券交易所有2 791家，而北京证券交易所则有200家。至2023年6月，有1 714家A股上市公司公布了2022年度的ESG报告，比前一年度增加了285家，这些发布ESG报告的公司占到了总数的32.9%，比前一年度增长了3.3个百分点。

在这三个主要的交易市场当中，上海证券交易所在发布ESG报告方面以43.2%的比例领先，深交所的发布率为26.9%。而在2021年新设立的北京证券交易所，发布ESG报告的企业比例仅为1.5%（见表6-1）。

表6-1　　　　　　　中国上市公司2022年度ESG报告发布情况

上市公司所属板块	总上市公司数量	发布ESG报告公司数量	发布率
上海证券交易所	2 221	959	43.18%
深圳证券交易所	2 791	752	26.94%
北京证券交易所	200	3	1.50%

2011—2022年中国A股上市公司发布ESG报告情况如图6-1所示。根据行业报告的发布情况来看，2022年A股上市公司中，ESG报告发布率前三的行业分别为金融行业、公共事业行业及能源行业，其发布比例分别为89.8%、56.7%和47.2%。金融行业的发布率依旧保持领先。

A股公司发布ESG报告的数量

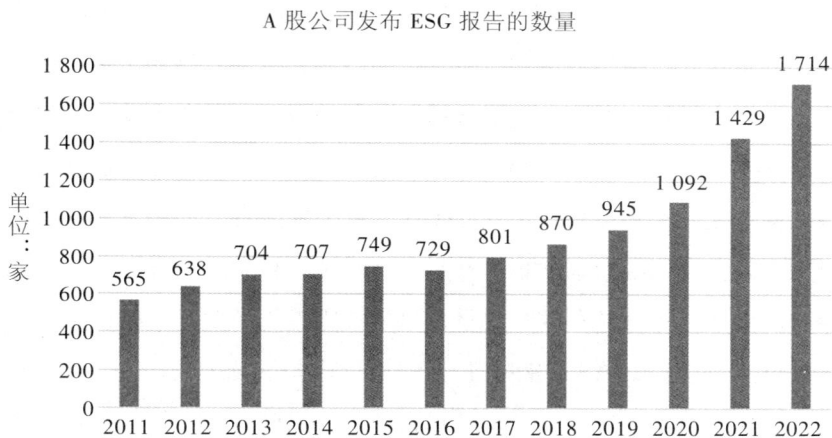

图6-1　2011—2022年中国A股上市公司发布ESG报告情况

就行业内的报告数目而言，发布量最高的三个行业分别为工业、信息与通信技术以及消费品行业，发布ESG报告的公司数量分别为370家、322家和294家。根据分析，在所有A股上市企业中，各行业的ESG报告发布率普遍不高，大多数行业的发布率维持在30%附近。整体来看，A股市场上的公司在披露ESG相关信息方面，仍然有较大的提升空间。

（1）国内不同行业企业的披露特点

国内不同行业的企业在社会责任信息披露上呈现出显著的差异，这主要受行业特性、监管要求、企业规模以及公众期望的影响。每个行业的企业在披露环境、社会和治理（ESG）相关信息时，侧重的内容各不相同，反映出各行业在履行社会责任时的不同侧重点和挑战。总的来说，中国不同行业的企业在社会责任信息披露上各有侧重，这些披露不仅反映了行业特点和社会期望，也体现了企业在推动可持续发展和履行社会责任方面的积极努力。

①金融行业

中国金融行业的企业社会责任（CSR）信息披露具有一些特点，这些特点不仅反映了金融行业的复杂性和高透明度要求，还体现了企业对社会责任的深刻理解和实践。这些披露涵盖了透明度与合规性、风险管理、社会影响、技术应用、可持续金融以及社会责任战略等多个方面，形成了一个全面、多维度的信息披露体系。

金融企业在信息披露上追求高度透明性和合规性。这些企业不仅按要求披露财务报表，还重点展示了关键的风险指标，如资本充足率、流动性覆盖率和杠杆比率等。这些信息对评估金融企业的财务稳健性和风险管理能力至关重要。例如，银行在年报中会详细说明其资本充足率的计算方法，包括普通股、一级资本、总资本及风险加权资产的相关数据，以证明其能够有效抵御金融风险冲击。此外，金融企业还需要披露其合规措施，特别是在反洗钱、客户身份认证（KYC）和反恐怖融资方面的工作。这些披露不仅帮助监管机构有效监控金融市场，也提升了公众对金融机构的信任。

在风险管理方面，金融企业的社会责任信息披露尤为重要。金融机构必须详细说明其在管理各种风险方面的策略和实践，包括信用风险、市场风险、流动性风险和操作风险。商业银行会披露其不良贷款率、风险加权资产、风险管理政策和内控体系等，证券公司则可能会详细描述其市场风险对冲策略和衍生品风险管理措施。这些信息的披露有助于投资者和监管机构理解企业如何应对金融市场的波动和潜在风险，同时也展示了企业在风险控制方面的成熟度和可靠性。

金融企业在社会影响方面的披露也同样重要。这些企业通常会展示其在公益事业和社区建设方面的贡献，包括资助教育、支持医疗、参与环保项目等。金融机构会披露其社会责任投资（SRI）的成果，例如通过设立专项基金支持贫困地区的金融服务，或通过资助社区项目改善居民生活条件。此外，金融企业还会关注其社会影响力的评估，如通过社会影响评估报告（SIA）量化其公益活动的实际效果。这些信息不仅展示了企业的社会贡献，也增强了企业的社会责任感，提高了企业公众形象。

在技术应用方面，金融企业越来越重视技术创新对社会责任的影响。金融科技（FinTech）的迅猛发展使得金融企业在信息披露中必须涉及技术创新带来的社会效益。例如，企业会披露其在区块链技术、人工智能（AI）、大数据分析等方面的应用情况，并展示这些技术如何提升金融服务的效率、降低成本、改善客户体验。网络安全和数据保护是金融企业另一个重要的披露领域，这些企业需要详细介绍其防范网络攻击、数据泄露和信息安全的措施，以及对用户数据隐私的保护策略。这些技术应用和信息安全措施的披露不仅反映了企业的技术实力，也展示了企业对客户隐私和数据安全的重视。

此外，金融企业在可持续金融方面的披露也逐渐成为重点。随着可持续发展理念的推广，金融机构越来越多地披露其在绿色金融和社会责任投资方面的成就。企业会展示其发行绿色债券、绿色贷款的情况，以及对可持续项目的资助情况。金融企业还会披露其在应对气候变化和环境风险方面的措施，如如何管理气候变化带来的金融风险，如何支持低碳经济转型等。这些披露不仅体现了企业对环境保护的承诺，还反映了其在推动可持续发展方面的努力和成果。

在社会责任战略方面，金融企业通常会制定全面的社会责任战略，并在信息披露中详细说明这些战略的实施情况和成效。这些企业会展示其社会责任目标、行动计划和战略成果，并提供量化的指标来评估社会责任活动的效果。例如，一些商业银行可能会披露其在推动金融包容性方面的成果，包括为低收入群体提供金融服务的覆盖率，或者在支持绿色经济方面的具体行动。通过这些披露，金融企业不仅展示了其社会责任战略的执行情况，还提升了对公众和投资者的透明度和信任度。

总体而言，中国金融行业的企业社会责任信息披露具有高度的透明性和全面性，涵盖了财务数据、风险管理、社会影响、技术应用、可持续金融和社会责任战略等多个方面。这些披露不仅反映了金融企业在履行社会责任方面的实际行动和成效，也体现了企业对社会、环境和治理的深刻理解和积极贡献。

②制造业

中国制造业企业在社会责任（CSR）信息披露方面具有一些特点，这些特点反映了制造业特有的环境、社会和治理（ESG）挑战，以及社会对制造业企业的期望。制造业企业的社会责任信息披露主要集中在环境保护、生产安全、供应链管理、员工福利和社会影响等方面。

制造业企业在环境保护方面的社会责任信息披露尤为重要。由于制造业活动通常对环境有显著影响，如资源消耗、废物排放和污染物排放，这些企业需要详细报告其在环境管理方面的措施。企业会披露其环境管理体系的建立情况，包括环境政策、环境风险评估、资源使用效率和废物处理等。比如，企业会公布其在节能减排方面的具体措施，如采用清洁生产技术、优化生产工艺以降低能源消耗和排放，以及实施废物回收和再利用项目。此外，制造业企业还会报告其符合国家及地方环保法规的情况，展示其在环境保护方面的合规性和改进成果。

生产安全是制造业企业社会责任信息披露的另一个重点。由于制造业工人的工作环境复杂且具有一定的危险性,企业需要详细说明其在保障员工健康和安全方面的措施。制造业企业通常会披露其职业健康安全管理体系,包括安全培训、事故记录、健康检查和安全设备的配备情况。企业还会报告其在改善工人工作条件、减少职业病发生率和提高安全生产标准方面的努力。这些信息不仅反映了企业对员工安全的重视,也有助于提升企业的社会形象和员工满意度。

供应链管理在制造业企业的社会责任信息披露中也占有重要地位。制造业企业通常需要披露其供应链中的社会责任管理措施,包括对供应商的环境和劳动标准要求。企业会报告其在选择和评估供应商时的社会责任标准,例如是否要求供应商遵守环境保护、劳动权益和反腐败的规定。许多制造业企业还会披露其对供应链透明度的提升措施,包括供应链追溯系统的建立情况,以确保供应链各环节的可持续性和道德性。通过这些披露,制造业企业能够向公众和投资者展示其在管理供应链方面履行社会责任的实际行动和成效。

在员工福利方面,制造业企业通常会详细说明其在提升员工生活质量和职业发展方面的措施。企业会披露其员工薪酬福利、培训与发展计划、职业晋升机会和员工关怀项目。制造业企业还会报告其在提供公平就业机会、实施多元化和包容性政策方面的努力。例如,一些企业可能会披露其在员工培训和技能提升方面的投入,包括职业技能培训、领导力发展计划和员工健康管理项目。此外,企业还会展示其在改善工作环境、提升员工满意度和减少员工流失率方面的措施和成果。

社会影响也是制造业企业社会责任信息披露的重要方面。制造业企业通常会报告其在支持社区发展和参与公益活动方面的贡献,包括对地方经济发展的支持、社区基础设施建设、教育资助和公共健康项目的参与。企业会披露其社会责任项目的实施情况和效果评估,展示其对社会的积极影响。许多制造业企业还会公布其在应对自然灾害、突发事件和社会问题方面的行动计划,例如向灾区捐款或提供物资援助。这些信息不仅体现了企业的社会责任感,也增强了企业的社会认可度,提升了品牌形象。

总体而言,中国制造业企业的社会责任信息披露具有高度的实用性和针对性,主要集中在环境保护、生产安全、供应链管理、员工福利和社会影响等方面。这些披露不仅反映了制造业企业在履行社会责任方面的具体措施和成果，也体现了企业对社会、环境和治理的全面关注。通过这些信息披露，制造业企业能够展示其在实现可持续发展和提升社会价值方面的积极贡献，增强公众和投资者对企业的信任和支持。

③科技行业

中国科技行业的企业社会责任（CSR）信息披露具有鲜明的特点，反映了该行业在技术创新、信息安全以及社会影响等方面的特殊需求和挑战。科技企业的社会责任信息披露主要集中在技术创新与应用、数据保护与信息安全、社会影响、环保责任及社会伦理等方面，这些披露不仅体现了企业的技术实力，还展示了企业对社会责任的承诺。

科技企业在技术创新与应用方面的社会责任信息披露尤为重要。随着科技的飞速发展，企业会详细报告其在研发投入、技术创新及应用方面的情况。企业通常会披露其研发投入的资金规模、研发项目的进展以及新技术的应用情况。例如，企业可能会展示其在人工智能、区块链、云计算和大数据分析等领域的创新成果，并说明这些技术如何解决社会问题或提升生活质量。这种披露不仅展示了企业在技术前沿的实力，也体现了其通过技术创新推动社会进步的承诺。

数据保护与信息安全是科技企业社会责任信息披露的核心内容。科技企业处理大量的用户数据，因此，数据保护和信息安全成为公众和监管机构高度关注的领域。企业通常会详细介绍其在数据保护方面的措施，包括数据加密、访问控制、隐私保护政策以及数据泄露应急响应计划。科技企业还会披露其在网络安全方面的努力，例如防范网络攻击、维护系统稳定性和保障用户信息安全的措施。这些披露有助于增强用户对企业数据保护能力的信任，同时满足合规要求和提升企业的品牌形象。

社会影响方面的披露是科技企业履行社会责任的另一个重要方面。科技企业往往会展示其在提升社会福祉、推动科技普及和缩小数字鸿沟方面的贡献。企业可能会披露其在教育领域的投入，包括支持科技教育、提供奖学金或捐赠教学设备等。此外，企业还可能报告其在促进数字包容性方面的努力，例如通过提供低成本的技术产品或服务来支持贫困地区和弱势群体。这些信息不仅反映了企业在社会责任方面的积极行动，也展示了其对社会公平和可持续发展的贡献。

环保责任也是科技企业社会责任信息披露的重要组成部分。虽然科技行业对环境的直接影响相对较小，但企业仍会在环保方面做出努力并进行披露。例如，企业可能会报告其在减少电子废物、提升产品能效和采用环保材料方面的措施。一些科技企业还会披露其在减少碳足迹和推动可持续发展方面的具体行动，如实施节能减排项目和参与碳中和计划。通过这些披露，科技企业展示了其对环保的重视，并推动行业的可持续发展。

社会伦理方面的披露涉及科技企业在技术应用和商业实践中的伦理问题。科技企业通常会说明其在技术开发和应用过程中如何遵循伦理规范，例如在人工智能领域，企业需要考虑算法公平性、数据偏见和隐私保护等问题。企业可能会披露其在制定技术伦理准则、进行伦理审查和处理伦理争议方面的措施。此外，科技企业还需要关注商业行为的伦理，例如反腐败政策、企业治理和透明度等，以确保其在全球市场中的合法合规运营。

总体而言，中国科技行业的企业社会责任信息披露涉及技术驱动、数据保护、社会影响、环保责任和社会伦理等多个方面。科技企业通过这些披露，不仅展示了其在技术创新和应用方面的优势，还体现了其对社会、环境和治理的全面关注。这种全面的信息披露有助于提升公众和投资者对企业的信任，同时推动科技企业在实现可持续发展和社会进步方面的积极作用。

④能源行业

中国能源行业的企业社会责任（CSR）信息披露具有一系列的特点，这些特点反映了能源行业的复杂性、环境影响以及社会期望。能源企业的社会责任信息披露主要集中在环境保护、资源管理、社会影响、员工福利、治理结构和透明度，以及可持续发展等方面。

环境保护是能源行业企业社会责任信息披露的核心内容。能源企业，特别是传统化石能源企业，如煤炭、石油和天然气公司，对环境的影响显著，因此，企业需要详细报告其在环境管理方面的措施。企业通常会披露其在减少碳排放、控制空气和水污染、管理固体废物等方面的工作。例如，能源企业可能会展示其实施的清洁生产技术、改进的污染控制设施和节能减排项目。这些披露有助于评估企业在应对全球气候变化和环境保护方面的努力。同时，企业还需要提供其环境影响评估（EIA）报告，以展示其对环境风险的管理和减缓措施。

资源管理也是能源行业社会责任信息披露的重要方面。能源企业需要详细介绍其在资源开发和利用中的可持续性实践，包括资源勘探、开采和使用的管理措施。例如，企业可能会报告其在推动资源高效利用、降低资源消耗和延长资源寿命方面的成果。此外，企业还需要披露其在水资源管理中的措施，特别是对于水源地的保护和水资源的节约利用。这些信息展示了企业在资源管理中的透明度和责任感，有助于增强公众和投资者对企业可持续发展的信任。

社会影响方面的披露是能源企业履行社会责任的重要组成部分。能源企业通常会展示其在支持社区发展、改善民生和参与社会公益活动方面的贡献。例如，企业可能会披露其在地方经济发展中的投入，如建设基础设施、提供就业机会或支持地方企业发展。此外，企业还可能报告其在公益事业中的参与情况，如捐赠、援助项目或支持教育和健康服务。这些披露不仅展示了企业对社区的支持，也提升了企业的社会认可度和品牌形象。

员工福利是能源企业社会责任信息披露的另一个重点。由于能源行业工作环境相对特殊，企业需要详细报告其在保障员工健康和安全方面的措施。企业通常会披露其职业健康安全管理体系，包括安全培训、事故预防措施、健康检查和安全设备的配备情况。例如，企业可能会展示其在改善工作环境、减少工伤事故和提升员工生活质量方面的具体措施。此外，企业还会报告其在提供公平薪酬、职业发展机会和员工福利方面的努力。这些信息体现了企业对员工的关怀和承诺，有助于提升员工的满意度和忠诚度。

治理结构和透明度也是能源企业社会责任信息披露的重要方面。能源企业通常需要披露其公司治理结构，包括董事会的组成、治理机制和管理层的职责。此外，企业还需要说明其在反腐败、反洗钱和合规管理方面的措施。例如，企业可能会披露其反腐败政策、内部审计程序和合规监控机制。这些信息有助于增强企业的透明度，提升公众和投资者对企业治理的信任。

可持续发展是能源企业社会责任信息披露的整体目标。随着全球对可持续发展的关注增加，能源企业越来越多地披露其在推动可持续能源转型方面的行动。例如，企业可能会报告其在可再生能源（如太阳能、风能）的投资情况，或在提高能源效率方面的成果。此外，企业还会展示其在应对气候变化、减缓环境影响和推动低碳经济转型方面的战略和成果。这些披露不仅体现了企业在实现可持续发展目标方面的努力，也展示了其在应对全球环保挑战方面的责任和承诺。

总体而言，中国能源行业的企业社会责任信息披露涉及环境保护、资源管理、社会影响、员工福利、治理结构和可持续发展等多个方面。这些披露不仅反映了能源企业在履行社会责任方面的实际行动和成效，也体现了企业对社会、环境和治理的全面关注。通过这些信息披露，能源企业能够展示其在实现可持续发展和提升社会价值方面的积极贡献，同时增强公众和投资者对企业的信任和支持。

⑤消费品行业

中国消费品行业的企业社会责任（CSR）信息披露具有一些特点，这些特点反映了消费品企业在产品质量与安全、供应链管理、社会影响、环保责任以及消费者权益保护等方面的特殊要求和挑战。

消费品企业在产品质量与安全方面的社会责任信息披露至关重要。消费品企业通常会详细报告其在确保产品质量和安全方面的措施。这些企业需要披露其产品测试和质量控制的过程，包括原材料的来源、生产工艺的标准、产品的检验与认证等。例如，企业可能会展示其通过国家或国际质量认证体系（如ISO9001）的情况，并说明其在产品设计、生产和检测阶段的质量管理措施。企业还可能会报告在产品召回、质量投诉处理及客户反馈方面的具体行动。这些信息有助于增强消费者对产品安全的信任，同时满足监管机构的要求。

供应链管理在消费品企业的社会责任信息披露中占有重要地位。由于消费品的生产和销售涉及复杂的供应链，企业需要详细说明其在供应链管理中的社会责任措施。这包括对供应商的社会和环境标准要求，例如劳动条件、环境保护和反腐败措施。企业通常会披露其供应链审计和评估程序，以确保供应商符合企业的社会责任标准。此外，企业还可能报告其在推动供应链透明度方面的努力，如建立供应链追溯系统和推动供应商合规。通过这些披露，企业展示了其在供应链管理方面的透明度和责任感。

在社会影响方面，消费品企业的社会责任信息披露也非常重要。这些企业通常会展示其在社区发展、公益事业和社会福利方面的贡献。例如，企业可能会披露其参与的社区支持项目，如教育资助、卫生健康项目和地方经济发展支持。此外，企业还可能报告其在公益活动中的投入，包括捐赠、志愿服务和灾害救援等。这些信息不仅反映了企业对社会的积极贡献，还展示了企业在提升社会福祉和解决社会问题方面的努力。

环保责任是消费品企业社会责任信息披露的另一个关键领域。由于消费品生产和消费对环境的影响，企业需要详细报告其在环境保护方面的措施。企业通常会披露其在减少资源消耗、降低废物产生和减少排放方面的行动。例如，企业可能会展示其在产品设计中采用环保材料、实施节能生产工艺、优化包装减少塑料使用等方面的努力。此外，企业还可能报告其在废物回收和循环利用方面的措施，以展示其对可持续发展的承诺。通过这些披露，企业能够展示其在环境保护方面的实际行动和成果。

消费者权益保护是消费品企业社会责任信息披露的另一个重要方面。企业需要详细说明其在保护消费者权益方面的措施，包括消费者权益保护政策、投诉处理程序和产品质量保证。例如，企业可能披露其在消费者信息保护、广告宣传的真实性和售后服务方面的承诺。企业还可能报告其在消费者教育和沟通方面的工作，如提供产品使用说明、透明的价格信息和及时的客户服务。这些信息有助于增强消费者对企业的信任，并提高消费者满意度和忠诚度。

此外，社会责任战略也是消费品企业社会责任信息披露的重要内容。企业通常会制定全面的社会责任战略，并在信息披露中详细说明这些战略的实施情况和成效。例如，企业可能会披露其社会责任目标、行动计划和战略成果，并提供相关的绩效指标来评估社会责任活动的效果。这些披露不仅展示了企业在社会责任方面的规划和执行情况，还体现了企业对可持续发展和社会进步的长期承诺。

总体而言，中国消费品企业社会责任信息披露涉及产品质量与安全、供应链管理、社会影响、环保责任、消费者权益保护以及社会责任战略等多个方面。这些披露不仅反映了消费品企业在履行社会责任方面的具体措施和成果，也体现了企业对社会、环境和治理的全面关注。通过这些信息披露，消费品企业能够展示其在提升社会价值和实现可持续发展方面的积极贡献，同时增强公众和消费者对企业的信任和支持。

⑥房地产行业

房地产企业的社会责任信息披露主要集中于社区影响和环境保护。房地产企业通常会报告其在项目开发中的环境影响评估结果，包括对土地使用、建筑材料和能源消耗的管理措施。此外，这些企业也关注对社区的社会影响，如改善居民生活质量和参与社区发展项目。房地产企业还会披露其在保障房建设、城市更新和社会责任项目方面的成果，以体现其对社会责任的承诺。

项目开发和环境保护是房地产企业社会责任信息披露的核心内容。房地产开发涉及大量的土地使用和资源消耗，因此，企业需要详细报告其在环境管理和可持续发展方面的措施。例如，企业通常会披露其在建筑设计和施工过程中如何减少环境影响，包括使用节能环保材料、采用绿色建筑标准（如 LEED 或中国绿色建筑评价标准）、进行环境影响评估（EIA）以及实施节能减排技术。企业还可能报告其在土地开发中的环保措施，如保护生态环境、减少土壤侵蚀和水源保护。这些披露有助于展示企业在推进可持续建筑和生态环境保护方面的实际行动和成效。

在社区建设方面，房地产企业的社会责任信息披露同样重要。房地产企业不仅负责开发和建设，还对所开发社区的社会发展和居民生活质量负有一定责任。企业通常会披露其在社区建设中的贡献，包括提供公共设施、改善基础设施、推动社区服务等。例如，企业可能会报告其在开发项目中设立的教育、医疗、休闲和交通设施，并展示这些设施对提升社区居民生活质量的作用。此外，企业还可能披露其在社区参与和居民互动方面的举措，如举办社区活动、组织公益服务等。这些信息体现了企业对社区发展的关注和对居民福祉的承诺。

房地产企业在员工福利方面的社会责任信息披露也非常重要。由于房地产开发过程复杂且涉及多方面的工作，企业需要详细说明其在保障员工健康和福利方面的措施。企业通常会披露其员工薪酬福利、职业安全、培训发展和员工关怀项目。例如，企业可能展示其在提供公平薪酬、职业发展机会、健康保险和安全培训方面的措施。此外，企业还会报告其在提升员工工作环境、减轻职业压力和促进员工平衡生活方面的努力。这些信息有助于提升员工的满意度和忠诚度，同时展示企业对员工福祉的重视。

在企业治理和透明度方面，房地产企业的社会责任信息披露同样重要。房地产企业通常需要披露其公司治理结构，包括董事会组成、治理机制和管理层职责等。此外，企业还需要报告其在合规管理、反腐败和提升透明度方面的措施。例如，企业可能会披露其反腐败政策、内部审计程序和合规监控机制。这些披露有助于增强企业的治理透明度，提升公众和投资者对企业的信任，同时满足监管机构的要求。

社会影响是房地产企业社会责任信息披露的另一个重要领域。房地产开发不仅对经济发展有影响，也会对社会结构和居民生活产生深远的影响。企业通常会报告其在推动地方经济发展、创造就业机会和提升社区经济活力方面的贡献。此外，企业还可能披露其在应对社会问题和促进社会和谐方面的措施，如支持公益事业、参与社会救助和灾害援助等。这些信息展示了企业在社会责任方面的积极行动和对社会进步的贡献。

总体而言，中国房地产企业社会责任信息披露涉及项目开发与环境保护、社区建设、员工福利、企业治理和社会影响等多个方面。这些披露不仅反映了房地产企业在履行社会责任方面的具体措施和成果，也体现了企业对社会、环境和治理的全面关注。通过这些信息披露，房地产企业能够展示其在提升社会价值和实现可持续发展方面的积极贡献，同时增强公众和投资者对企业的信任和支持。

⑦医疗行业

医疗企业的社会责任信息披露主要关注公共健康和伦理标准。医疗企业会详细介绍其在研发新药和医疗器械方面的投入，特别是如何在保证药品安全性和有效性的同时，降低药品价格，以提高公众的医疗可及性。此外，医疗企业还会披露其在伦理实践方面的措施，如临床试验的透明性和对患者隐私的保护。社会公益和医疗援助项目也是医疗企业社会责任披露的重要内容，企业通常会报告其在支持贫困地区医疗服务和参与公共健康倡导活动方面的努力。

服务质量与安全是医疗企业社会责任信息披露的核心内容。医疗企业需要详细报告其在提升医疗服务质量和保障患者安全方面的措施。这包括对医疗服务标准的遵循、质量控制体系的建设以及患者安全管理措施的实施。企业通常会披露医疗设备的管理、医疗过程的监控、患者反馈的处理以及医疗事故的应对措施。例如，企业可能会展示其获得的医疗质量认证、实施的临床路径和质量改进项目。此外，企业还可能报告其在制定和执行医疗服务标准方面的具体行动，以确保提供高质量、安全的医疗服务。这些信息不仅展示了企业在提升医疗服务水平方面的努力，也增强了患者和公众对医疗企业的信任。

公共健康是医疗企业社会责任信息披露的重要方面。医疗企业通常会披露其在促进公共健康方面的贡献，包括疾病预防、健康教育和社区健康服务。例如，企业可能会报告其参与的公共卫生项目，如疫苗接种推广、健康检查活动和健康教育宣传。此外，企业还可能展示其在应对突发公共卫生事件（如疫情暴发）中的行动和贡献，包括提供医疗援助、支持科研和参与防控措施。通过这些披露，医疗企业展示了其在提升社会健康水平和应对公共健康挑战方面的积极作用。

伦理道德是医疗企业社会责任信息披露的另一个关键领域。医疗企业需要在信息披露中说明其在医疗实践中如何遵循伦理原则，确保患者权益得到尊重和保护。这包括透明的医疗收费、患者知情同意、保护患者隐私和处理医疗纠纷的措施。例如，企业可能会报告其在建立和实施伦理审查委员会、处理患者投诉和纠纷的机制，以及遵循医学伦理规范的情况。此外，企业还需要披露其在促进公平医疗、避免医疗偏见和提升服务公平性方面的努力。通过这些信息，企业能够展示其在医疗实践中的伦理标准和社会责任感。

环保责任在医疗企业社会责任信息披露中也具有重要地位。医疗企业需要详细报告其在环境保护方面的措施，包括减少医疗废物、优化资源使用和控制污染排放。例如，企业可能会披露其在医疗废物处理中的环保措施，如废物分类、回收和安全处理；在节能减排方面的努力，如使用节能设备和优化能源管理。此外，企业还可能报告其在绿色建筑设计和环境友好型采购方面的实践，以展示其对可持续发展的承诺。通过这些披露，企业展示了其在降低环境影响和推动绿色医疗实践方面的实际行动。

员工福利是医疗企业社会责任信息披露的另一个重要方面。由于医疗行业工作压力大、工作环境特殊，企业需要详细说明其在保障员工权益、提供职业发展机会和改善工作环境方面的措施。企业通常会报告员工薪酬福利、培训与职业发展计划、职业健康安全保障等。例如，企业可能会展示其在员工职业技能培训、心理健康支持、工作与生活平衡方面的投入。此外，企业还可能报告其在提升员工满意度、提供公平就业机会和维护劳动权益方面的具体措施。这些信息有助于体现企业对员工的关怀，并提升员工的工作满意度和忠诚度。

合规管理和社会伦理也是医疗企业社会责任信息披露的重要内容。医疗企业需要确保其在业务运营中遵守相关法律法规，并采取必要的合规管理措施。企业通常会披露其公司治理结构、内部控制体系、合规政策和法律合规措施。例如，企业可能会报告其在反腐败、反贿赂、合规审计和风险管理方面的政策和实施情况。此外，企业还需要说明其在遵守医疗法规、保护患者权益和维护医德方面的情况。通过这些披露，企业能够展示其在合法合规运营中的透明度和责任感。

总体而言，中国医疗行业的企业社会责任信息披露涉及服务质量与安全、公共健康、伦理道德、环保责任、员工福利以及合规管理等多个方面。这些披露不仅反映了医疗企业在履行社会责任方面的具体措施和成果，也体现了企业对社会、环境和治理的全面关注。通过这些信息披露，医疗企业能够展示其在提升医疗服务质量、促进公共健康、遵循伦理道德、保护环境和关怀员工方面的积极贡献，同时增强公众和投资者对企业的信任和支持。

（2）国内监管部门重点关注的披露内容

中国监管部门对企业社会责任信息披露的重点关注内容不仅反映了监管部门对企业履行社会责任的关注，也体现了对企业透明度、合规性和社会影响的要求。总体而言，中国监管部门在企业社会责任信息披露方面的重点关注内容涵盖了环境保护和治理、社会影响和社区责任、公司治理和合规管理、数据保护和稳私、员工权益和劳动条件、消费者权益保护、反腐败和反贿赂及可持续发展和目标等多个领域。这些内容不仅反映了监管部门对企业履行社会责任的要求，也有助于推动企业提高透明度、加强合规管理和履行社会责任。

①环境保护和治理

中国环境保护和治理是企业社会责任信息披露的核心内容，监管部门对此领域的关注日益加强。企业需要全面展示其在环境保护方面的各项措施和成果，以体现其对可持续发展的承诺。企业必须详细说明其环境管理体系的建设和实施情况。这包括建立系统化的环境管理框架、制定环境政策和目标，并将这些措施整合进日常运营中。企业通常会报告其环境管理体系的认证情况，如 ISO 14001 认证，说明其如何设定环境目标、实施环境监测与评估、进行环境审计，并处理相关的环境问题和风险。

此外，污染排放和废物管理是环境保护披露的重要方面。企业需要披露其污染物排放的数据，包括空气污染物、废水和固体废物的排放情况。企业应详细描述其控制污染的措施和技术，如废气处理设施、废水处理系统以及固体废物的管理办法。对于危险废物的处理和回收，企业也须提供具体的信息。这些披露有助于评估企业在减少环境污染和实现环保目标方面的实际成效。

资源消耗和节约是另一个关键领域。企业需要报告其在水、能源和原材料等资源使用方面的管理措施，包括采取的节能和减排措施。企业通常会披露其资源消耗的量、节约资源的实践以及节能技术的应用情况。例如，企业可能会展示其在建筑节能设计、生产过程中的能效提升，以及水资源管理和节约方面的具体措施。这些信息不仅反映了企业在推动资源高效利用方面的努力，也展示了其对可持续发展的支持。

综上所述，环境保护和治理在企业社会责任信息披露中占据着核心地位。企业通过详细披露其环境管理体系、污染控制、废物管理以及资源节约措施，能够展现其在履行环境责任方面的实际行动和成果。这不仅符合监管部门对环境保护的要求，也提升了公众和投资者对企业环保承诺的信任。

②社会影响和社区责任

企业在社会影响和社区责任方面的社会责任信息披露是国内监管部门重点关注的领域之一。这些披露展示了企业如何通过各种措施和活动来支持社区发展、提升社会福祉以及促进社会和谐。企业需要全面地展示其在这些方面的具体行动和成效。

企业在社会影响和社区责任方面的披露通常包括其参与的社会公益活动和社区支持项目。这些活动可能涉及教育资助、健康服务、扶贫助困、灾后救援等多个领域。企业需要详细报告其在这些公益项目中的投入和成果。例如,企业可能会披露其为贫困地区提供的教育支持,包括捐资助学、修建学校和提供教学设备等;或者其参与的健康服务项目,如免费体检、医疗援助和健康教育等。这些信息能够展示企业在改善社区生活质量和促进社会发展方面的积极作用。

社区发展也是社会责任信息披露的重要内容。企业应说明其在推动社区发展方面的具体举措,包括在项目规划和实施过程中如何考虑和满足社区需求。企业通常会报告其在社区基础设施建设中的贡献,如修建公共绿地、改善交通设施、提供社区服务等。此外,企业还可能披露其在社区参与和合作中的经验,如与地方政府和社区居民的沟通协作,以及如何通过这些合作提升社区的整体生活水平。企业通过这些措施不仅可以推动社区的物质和文化建设,还能增强社区的凝聚力和居民的归属感。

企业在社会影响和社区责任方面的披露还可能涉及如何处理社会问题和应对社会挑战。例如,企业可能会说明其在应对社会不平等、促进社会包容和保护弱势群体方面的措施。企业通过参与相关的社会项目和政策倡导,能够展示其在推动社会公平和和谐方面的努力。这些披露不仅反映了企业对社会问题的关注,也体现了企业在促进社会进步方面的社会责任感。

此外,企业在社会影响和社区责任方面的披露还可能包括其在提升企业社会形象和品牌价值方面的策略。企业通常会说明其如何通过公益活动和社区支持增强品牌的社会认可度,提升企业的公众形象和声誉。企业通过透明地披露这些活动和效果,可以增强公众和投资者对企业的信任和支持,同时展示其在履行社会责任方面的积极行动。

总体而言,社会影响和社区责任是企业社会责任信息披露的重要组成部分。企业通过详细报告其在社会公益活动、社区发展、社会问题应对和品牌建设等方面的具体措施和成果，能够展示其在推动社会进步和提升社区福祉方面的实际贡献。这不仅符合监管部门对社会责任的要求，也有助于企业树立良好的社会形象和增强公众对企业的信任。

③公司治理和合规管理

在中国，公司治理和合规管理也是企业社会责任信息披露的重要组成部分。监管部门对这些方面的关注反映了对企业透明度、管理规范性和法律合规性的高度重视。企业在这一领域的披露不仅有助于增强公众和投资者的信任，也体现了企业在维护公司治理结构和遵循法规方面的承诺。

首先，企业需要详细展示其公司治理结构。这包括公司治理的组织框架、董事会的组成及其职能、审计委员会的设置以及内部控制系统的运作情况。企业应说明其董事会和管理层的人员构成，包括独立董事的比例、董事会各委员会的职能以及这些委员会在公司治理中的作用。其次，企业还需披露公司治理的决策流程和管理层的权责分配，以确保治理结构的透明度和有效性。这些信息有助于投资者和公众了解企业的决策机制和治理水平，增强对企业的信任。

在合规管理方面，企业需详细报告其如何遵循相关法律法规和行业标准。企业应披露其合规管理体系的建立和运行情况，包括反腐败、反贿赂、反洗钱等政策的实施情况。企业需要说明其在合规管理中的具体措施，如内部审计、风险控制、合规培训和举报机制等。这些措施的透明披露能够展示企业在预防和应对法律风险方面的努力，提升其合规运营的可信度。

企业还需报告其在处理合规问题和违规行为方面的措施及结果。这包括如何发现和纠正合规问题、如何应对违规行为以及采取的整改措施。企业通常会披露有关合规调查的结果、违规行为的处理情况以及改善措施的实施效果。通过这些信息，企业能够展示其在维护法律合规和处理合规风险方面的主动性和透明度。

此外，公司治理和合规管理的披露还包括企业在道德和社会责任方面的实践。企业需要展示其如何在商业活动中遵循伦理道德，包括公正交易、透明定价和消费者权益保护等方面。企业应说明其在商业行为中的道德规范、与供应商和合作伙伴的公平交易原则以及如何处理商业伦理问题。通过这些披露，企业能够体现其在商业实践中的诚信和社会责任感。

总体而言，公司治理和合规管理是企业社会责任信息披露的关键领域。企业通过详细展示其公司治理结构、合规管理措施、违规处理和伦理实践，能够体现其在维护治理透明度、法律合规性和商业道德方面的积极努力。这不仅符合监管部门对企业治理和合规的要求，也有助于提升公众和投资者对企业的信任和支持。

④数据保护和隐私

数据保护和隐私是中国企业社会责任信息披露的重要方面，尤其在数字化时代和个人信息保护法（如《中华人民共和国个人信息保护法》）的推动下，企业在这一领域的透明度和合规性变得尤为关键。监管部门对数据保护和隐私的关注，旨在确保企业在处理个人数据时遵循法律法规，维护用户的权益和隐私安全。

企业在数据保护和隐私方面的披露通常包括其数据保护政策和措施。这些政策和措施应明确企业如何收集、存储、使用和分享个人信息。企业需详细说明其数据保护的战略框架，包括数据处理的合法性、数据保护的原则（如数据最小化、目的限制、透明度等），以及如何保证数据的安全性。企业应披露其采取的技术和管理措施，如数据加密、访问控制、数据备份和灾难恢复等，以保护个人信息免受未经授权的访问和泄露。

此外，企业需报告其在用户隐私保护方面的具体措施。这包括企业如何获得用户的同意、如何处理用户的隐私权请求，以及如何管理和处理用户的个人数据。企业应说明其在隐私政策中的条款，包括数据收集的范围、用途、保留期限和用户的权利（如访问、更正和删除数据的权利）。企业还需披露其在用户数据处理中的透明度措施，如隐私通知的发布、隐私权利的行使方式和数据处理的目的。

在应对数据泄露和隐私事件方面，企业需要展示其应急响应机制和处理程序。这包括企业在发现数据泄露或隐私事件后如何及时采取行动、通知受影响的用户以及向监管部门报告。企业应详细说明其在数据泄露事件中的处理步骤，如事件调查、风险评估、补救措施以及对事件的总结和改进。通过这些信息披露，企业能够展示其在数据保护方面的应对能力和改进意愿，以减少未来类似事件的发生。

企业还应关注数据保护的合规性，确保其在数据处理过程中遵循国家和地区的数据保护法律法规。企业需报告其合规管理体系，包括数据保护的合规审计、内部控制、员工培训和法律合规检查等。企业应说明如何监控和评估数据保护措施的有效性，以及如何应对合规审计和监管检查中的问题。

最后，企业在数据保护和隐私方面的披露还可能涉及与第三方的合作。企业需要说明其如何与第三方服务提供商合作，确保这些合作方也能遵守数据保护的要求。企业应披露与第三方的合同条款、数据处理协议和第三方数据保护措施，以确保数据在整个供应链中的安全。

总体而言，数据保护和隐私在企业社会责任信息披露中占据着重要地位。企业通过详细报告其数据保护政策、隐私措施、应对数据泄露的能力、合规管理和第三方合作情况，能够体现其对用户隐私和数据安全的重视和承诺。这不仅符合监管部门的要求，也有助于提升公众和用户对企业在数据保护方面的信任。

⑤员工权益和劳动条件

在中国，员工权益和劳动条件的社会责任信息披露是企业管理中的关键部分，特别是在劳动法和相关法规日益严格的背景下。监管部门对这些内容的关注反映了对员工待遇、工作环境和福利保障的高度重视，旨在确保企业在劳动管理和员工福利方面的透明度和公平性。

企业在员工权益和劳动条件方面的披露通常涵盖多个维度。首先，企业需要详细报告其薪酬和福利体系。企业应明确其薪酬结构，包括基本工资、绩效奖金、股权激励和其他福利项目，如保险、退休金、带薪休假等。企业需要披露薪酬水平的公平性和透明度，确保薪酬体系符合国家最低工资标准和行业规范。此外，企业应说明其在薪酬调整和福利改善方面的政策，以及如何根据员工的表现和市场变化进行薪酬和福利的调整。

其次，企业必须展示其在工作环境和职业健康安全方面的措施。企业应详细说明其提供的工作环境，包括办公条件、生产设施的安全性、卫生状况以及工作场所的舒适性。对于生产型企业，还需要披露其在职业健康安全方面的措施，如安全培训、职业病防护、事故应急处理和安全设备的配备。企业应报告其在确保员工工作环境安全、健康和舒适方面所采取的具体行动，并展示其为预防工伤和疾病所作的努力。

此外，企业在员工培训和职业发展方面的披露也是关键内容。企业需要展示其为员工提供的培训和职业发展机会，包括职业技能培训、领导力发展、学历教育支持等。企业应报告其培训计划的内容、实施方式、培训频次以及培训效果评估。这些信息有助于展示企业在员工职业成长和能力提升方面的投入，体现企业对员工发展的重视。

企业还需说明其在维护劳动权益方面的措施。这包括如何保障员工的合法权益，如工作时间、休息休假、产假和病假等。企业应披露其在员工合同管理中的透明度，包括合同签署、条款内容和履行情况。此外，企业应报告其处理员工投诉和纠纷的机制，包括设立的申诉渠道、处理程序和解决结果。通过这些措施，企业能够体现其对员工权益的尊重和保护。

最后，企业在推动公平就业和多样性方面的努力也是员工权益和劳动条件披露的重要内容。企业需要说明其在招聘、晋升和薪酬方面如何确保公平性，避免任何形式的歧视。企业应报告其在促进性别平等、年龄多样性和文化包容方面的政策和实践。这些信息反映了企业在构建公平和包容的工作环境方面的实际行动和成果。

总之，员工权益和劳动条件的社会责任信息披露涉及薪酬福利、工作环境、职业发展、劳动权益保障和就业公平等多个方面。企业通过详细披露这些内容，不仅符合监管部门对劳动管理和员工福利的要求，也有助于提升员工的满意度和忠诚度，同时增强公众和投资者对企业在员工管理方面的信任。

⑥消费者权益保护

消费者权益保护也是国内企业社会责任信息披露中的一个重要领域。随着消费者权益保护法律法规的完善和消费者意识的增强，企业在这一方面的透明度和责任感显得尤为关键。监管部门对消费者权益保护的关注，旨在确保企业在业务活动中公平对待消费者，维护其合法权益。

企业在消费者权益保护方面的披露通常涉及几个关键方面。首先，企业需要清晰地展示其产品和服务的质量管理措施。企业应报告其在产品研发、生产、质量控制和服务提供过程中的质量管理体系。具体而言，企业需要披露其如何确保产品和服务的质量符合国家标准和行业规范，包括质量检测和认证、质量监控措施以及不合格产品的处理方法。这些信息有助于展示企业在提供安全和高质量产品及服务方面的承诺。

其次，企业应详细说明其在处理消费者投诉和纠纷方面的机制。企业需要报告其建立的投诉处理渠道，包括热线电话、在线反馈平台和面对面沟通的方式。企业还需展示其投诉处理的流程，包括投诉受理、调查、处理和反馈的步骤。有效的投诉处理机制能够快速回应消费者的问题，妥善解决纠纷，提升消费者的满意度。企业应披露处理投诉的效率和解决结果，以反映其在维护消费者权益方面的实际行动。

此外，企业在保护消费者隐私方面的措施也是消费者权益保护的关键内容。企业需要展示其在收集、存储和使用消费者个人信息方面的政策和实践。企业应说明其数据保护措施，包括数据加密、访问控制、隐私政策的内容以及数据处理的合法性和透明度。企业应披露如何获得消费者的同意，如何处理消费者的信息请求以及如何应对数据泄露事件。这些措施有助于确保消费者的个人信息安全，维护其隐私权利。

企业还需报告其在公平交易和透明定价方面的实践。企业应披露其在产品定价、促销活动和广告宣传中的透明度和公平性。企业需要说明其如何确保价格公正、避免虚假宣传、确保广告内容真实准确。通过这些措施，企业能够提升消费者对产品和服务的信任，维护公平竞争的市场环境。

最后，企业在履行社会责任方面的举措，如参与公益活动和社会倡导，也是消费者权益保护的重要方面。企业可以展示其在支持消费者权益保护相关的社会项目和倡导活动中的参与情况，如反欺诈宣传、消费者教育和权益保障项目。通过这些活动，企业能够积极参与社会问题的解决，提升公众对企业社会责任的认可。

总体而言，消费者权益保护的社会责任信息披露涵盖产品和服务质量、投诉处理、隐私保护、公平交易和社会责任等多个方面。企业通过详细报告这些内容，能够展示其在保护消费者权益方面的实际措施和成效。这不仅符合监管部门对消费者保护的要求，也有助于提升消费者的信任和满意度，同时增强企业的市场竞争力和品牌声誉。

⑦反腐败和反贿赂

反腐败和反贿赂方面的企业社会责任信息披露是国内监管部门关注的关键领域之一。随着国家对反腐败和反贿赂的法律法规的不断完善，企业在这方面的透明度和合规性变得尤为重要。监管部门对这些内容的关注不仅是为了打击腐败行为，也是为了维护市场秩序和公平竞争。

首先，企业在反腐败和反贿赂方面的披露需要展示其反腐败和反贿赂的政策和制度。企业应详细说明其制定的反腐败和反贿赂政策，包括对腐败行为的定义、禁止行为的范围、相关法律法规的遵循情况以及内部控制和合规措施。企业应披露其反腐败政策的具体内容，如反贿赂的禁令、礼品和招待的管理规定，以及如何在日常运营中落实这些政策。这些政策和制度的透明披露能够体现企业在防范腐败和贿赂方面的认真态度和实际行动。

其次，企业需要报告其在反腐败和反贿赂方面的实施措施和程序。这包括企业如何建立和维护有效的内部控制和合规管理体系，以防止腐败和贿赂行为的发生。企业应说明其在风险评估、内部审计、合规检查和监控方面的具体措施。例如，企业可以披露其定期进行的反腐败培训和教育、设立的举报机制，以及对潜在腐败风险的评估和应对措施。这些实施措施能够展示企业在实际操作中对反腐败和反贿赂的重视程度。

企业在处理腐败和贿赂案件方面的行动也是重要的披露内容。企业需要报告其在发现腐败或贿赂行为后的处理程序，包括案件调查、违规行为的处理、纠正措施的实施以及对责任人的处分。企业应详细说明其如何对待和解决腐败案件，如进行的内部调查、合作与执法部门、采取的纠正措施以及案件处理的结果。这些信息有助于展示企业在应对腐败问题时的透明度和公正性。

此外，企业还需披露其在反腐败和反贿赂方面的合规监控和审计情况。企业应说明其合规审计的频率、审计范围和审计结果。企业需要展示其如何通过审计和监控机制评估和改善反腐败和反贿赂措施的有效性。例如，企业可以披露其外部审计报告、内部审计发现和改进建议。这些披露有助于增强对企业在反腐败和反贿赂方面合规性的信任。

最后，企业在反腐败和反贿赂方面的社会责任和倡导活动也是重要的披露内容。企业可以展示其参与的反腐败倡导和社会责任项目，如支持反腐败教育、参与行业反腐败合作、推动政策倡议等。这些活动能够体现企业在推动行业和社会整体反腐败工作的积极作用。

总而言之，反腐败和反贿赂的社会责任信息披露涉及政策制度、实施措施、案件处理、合规监控和社会倡导等多个方面。企业通过详细报告这些内容，不仅符合监管部门对反腐败和反贿赂的要求，也有助于提升公众和投资者对企业的信任，维护市场的公平竞争环境和良好的商业道德。

⑧可持续发展战略和目标

企业在可持续发展战略和目标方面的社会责任信息披露日益受到国内监管部门的重视。随着全球对可持续发展的关注不断增加，企业不仅要关注经济效益，还要积极考虑环境保护和社会责任。透明地披露其可持续发展战略和目标，能够展示企业在实现长远发展方面的承诺和实际行动。

企业在可持续发展战略和目标方面的披露通常涉及其战略框架、具体目标和实施措施。首先，企业需要展示其可持续发展战略的整体框架和方向。这包括企业对可持续发展的定义、战略目标以及如何将这些目标融入企业的长期发展规划中。企业应详细说明其可持续发展战略的核心领域，如环境保护、社会责任和经济效益的平衡，如何通过创新、技术和管理措施推动这些战略目标的实现。例如，企业可以披露其在减少碳排放、节约资源、提升社会福利和推动经济增长等方面的战略目标和实施计划。

其次，企业需要报告其设定的具体可持续发展目标及其进展情况。这些目标通常包括短期和长期的环境、社会和经济目标。企业应详细列出其在能源使用、废物管理、水资源节约、员工福利、社区发展等方面的具体目标，并说明这些目标的量化指标和达成时间。例如，企业可能会设定减少碳排放的百分比、提高能源效率的具体数值，或者是改善员工培训和福利的具体计划。企业需要披露其在实现这些目标方面的进展，包括已取得的成果和面临的挑战。

在实施措施方面，企业应展示其在推动可持续发展目标方面的具体行动和措施。这包括企业如何在日常运营中贯彻可持续发展原则，如采用环保技术、实施节能项目、推进社会责任活动等。企业应说明其在实施这些措施中的关键步骤和实践，包括项目的启动、进展、监控和评估。例如，企业可以披露其采用的绿色技术、节能减排的具体措施、社区公益项目的实施情况以及对社会问题的解决方案。

企业还需报告其在可持续发展方面的绩效评估和监测机制。企业应展示其如何通过绩效指标和评估工具来监控可持续发展目标的实现情况。企业可以披露其使用的监测指标、评估方法以及数据报告的频率。这些信息有助于展示企业在持续改进和调整可持续发展战略方面的透明度和承诺。例如，企业可能会定期发布可持续发展报告，介绍其在各个领域的绩效和未来计划。

最后，企业在推动可持续发展方面的合作和倡导活动也是重要的披露内容。企业可以展示其如何与政府、非政府组织、行业协会等合作，共同推动可持续发展目标的实现。企业还可以报告其在倡导可持续发展政策和标准方面的参与情况，包括推动行业规范、参与政策讨论和倡导社会责任等活动。这些合作和倡导活动体现了企业在推动广泛社会进步和行业改进方面的积极作用。

总体而言，可持续发展战略和目标的社会责任信息披露涉及战略框架、具体目标、实施措施、绩效评估和合作倡导等多个方面。企业通过详细报告这些内容，能够体现其在实现可持续发展方面的实际行动和成效。这不仅符合监管部门对可持续发展的要求，也有助于提升公众和投资者对企业在可持续发展方面的信任和支持，促进企业在长期发展中兼顾经济效益、环境保护和社会责任。

2022年A股上市公司各行业ESG报告发布率如图6-2所示。

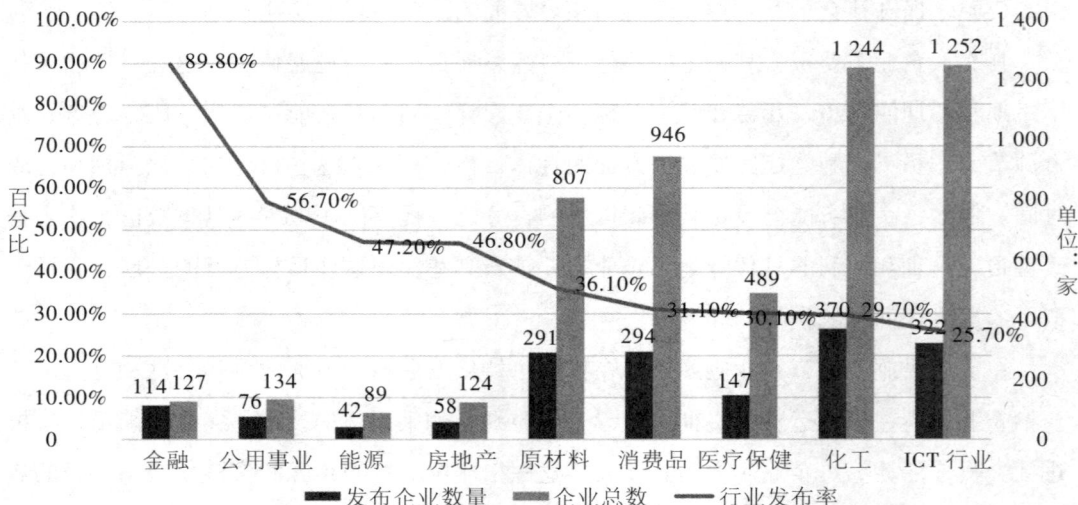

图6-2 2022年A股上市公司各行业ESG报告发布率

6.2.2 企业社会责任在中国的发展历程

企业社会责任（CSR）在全球范围内已经成为衡量企业可持续发展和道德标准的重要指标。在中国，随着改革开放和经济快速发展，CSR不仅反映了企业的社会形象和市场责任，更成为了推动社会进步和环境保护的关键力量。中国的CSR发展历程与其独特的经济和政治背景密切相关，其演变过程揭示了中国从计划经济到市场经济转型中企业角色的根本变化。

（1）缺位错位期（1978—1993年）

1978年中国实施改革开放政策，标志着国家经济体制由计划经济向市场经济的转型。这一转变极大地影响了企业的经营理念和职能，对国有企业的影响尤为深刻。

①企业社会责任意识的觉醒

在计划经济体制下，国有企业不仅是经济生产的基本单位，也是员工生活福利的主要提供者。在这一体系中，企业的角色远远超出其经济职能范畴，涉及从"摇篮到坟墓"的全面社会保障。企业为员工提供住房、医疗、教育等基本生活条件，甚至承担着社区治理和文化活动等职责。员工在企业中的角色不仅是工人或技术人员，还包含了"社会成员"的身份，企业在某种程度上充当了政府的社会福利代理人。国有企业不仅是生产单位，也是社会单位，具有独特的"单位制"特征，企业与员工之间的关系不仅仅是劳资关系，更是一种全面的社会契约关系。这种模式尽管在一定时期内有效地保障了社会的稳定，但也在经济效率、创新活力等方面表现出明显的局限性。

改革开放后的市场化改革给企业带来了更多的自主权。企业获得了独立的决策权和利润分配权。这一变化意味着企业不再仅仅是一个生产工具，而是需要在市场中进行竞争、追求利润，并且承担相应的社会责任。随着这一变化，企业不再被视为政府的附属机构，企业社会责任的范围也从单纯的员工福利扩展到环境保护、社会公益、消费者权益保护等多方面。

在改革开放的初期，中国政府更多关注的是经济增长和市场活力的提升，社会责任的概念相对较为弱化。然而，随着经济的发展和市场化改革的深入，企业在社会中的角色逐渐发生转变，特别是环境污染、劳动争议等社会问题的出现，使得企业的社会责任开始受到更多关注。政府开始出台一系列政策和法规，推动企业更加关注社会责任问题。例如，《中华人民共和国环境保护法》（以下简称《环境保护法》）、《中华人民共和国劳动法》（以下简称《劳动法》）等法律法规的出台，不仅强化了企业在环境保护、劳动保障方面的义务，也促使企业逐步将社会责任纳入其经营管理体系。

国有企业在这一过程中逐渐发挥了表率作用。作为国家经济的中流砥柱，国有企业在市场化改革的过程中，不仅要保持经济上的竞争力，还要在履行社会责任方面树立榜样，尤其是在环境保护、社会公益和企业治理方面，国有企业逐渐成为推动社会责任实践的先锋力量。许多大型国有企业在改革开放后的经营过程中，逐步加强了对环境污染的治理，改善了劳动条件，并积极参与社会公益事业。这一方面是为了适应政府对国有企业的高标准要求，另一方面也是为了增强企业的竞争力并提升企业社会形象。

与国有企业不同，私营企业和外资企业的社会责任实践在改革开放初期相对滞后。私营企业在追求利润的过程中，往往忽视了社会责任问题，尤其是在环境保护和劳动保障方面的表现较差。然而，随着市场竞争的加剧和政府监管的加强，私营企业也逐渐认识到社会责任的重要性，开始尝试在自身经营中融入更多的社会责任元素。外资企业则由于受到母国的 CSR 要求和全球市场的压力，往往较早地在中国实行严格的社会责任标准，推动了中国企业对国际 CSR 标准的接纳和实践。

②企业社会责任观念的转变

改革开放的政策实施为中国企业带来了全新的市场竞争环境。随着市场经济的引入，企业不仅要提高生产效率、提升竞争力，还必须重新定义其在社会中的角色。原本侧重于员工福利的社会责任逐渐扩展，涵盖了环境保护、社区服务、消费者权益等更广泛的社会责任内容。企业社会责任的概念从单一的内部员工关怀，转变为面向更广泛的社会利益相关者，包括环境、社区、消费者等多个层面。

随着改革的推进和全球化进程的加快，企业逐渐意识到，履行社会责任不仅是为了满足法律和政策的要求，也是企业提升市场竞争力的重要手段。从 20 世纪 70 年代末至 20 世纪 80 年代，一些前瞻性企业开始主动在其经营过程中融入环境保护和社区服务的元素。这些企业认识到，良好的社会形象不仅能够带来社会认同，还能够在竞争日益激烈的市场中赢得更多的商机和客户信任。例如，在当时一些污染较重的行业，如化工、冶炼和制造业，部分企业开始实施减排措施。这些企业不仅遵守政府的环保法规，更主动投入资金用于技术改造，减少废气、废水和固体废物的排放。在某些行业，企业还自愿设立了污染控制指标并超过了法律要求的最低标准。这一现象表明，企业开始意识到其在环境保护中的角色，逐渐从被动响应政府监管转向主动承担环境责任。

除了环境保护外，企业的社会责任还体现在社区服务上。在许多企业所在的地区，企业通过捐资兴建公共设施，如学校、医院、道路等，直接为当地社区的基础设施建设做出贡献。这些行为不仅改善了企业周边社区的生活质量，也提升了企业与社区之间的关系。这种社区服务活动，不仅提升了企业的公共形象，还为其带来了潜在的商业利益。企业通过这种方式赢得了社区的支持，使其在未来的经营中能够更顺利地获得土地、资源和其他商业机会。

20 世纪 80 年代，企业履行社会责任逐渐从成本负担转变为一种投资。这种观念的转变不仅体现在企业内部管理者的思维中，也体现在市场竞争中。在一些行业，企业通过参与环境保护和社区服务活动，提升了其品牌价值和声誉。在国际市场上，这种社会责任的表现为企业赢得了更多的合作伙伴和订单。许多跨国公司在选择供应商时，除了考量价格和质量外，还更加关注企业是否在履行社会责任，特别是环境保护方面的表现。在国内市场，消费者也开始关注企业的社会责任表现。一些注重环保和社会公益的企业，逐渐赢得了更多消费者的青睐。这种市场驱动下的社会责任实践，使得企业在履行社会责任的过程中，不仅是在回应外部压力，更是在打造其市场竞争力。

随着企业社会责任的观念转变，企业内部的管理模式也发生了变化。许多企业开始设立专门的社会责任部门，负责规划和执行企业的 CSR 战略。这些部门的职责包括监督企业的环保措施、规划社区服务项目、维护与地方政府和非政府组织的关系等。此外，一些企业还通过定期发布社会责任报告，向社会公开其在环境、社会和经济领域的表现。这些报告不仅为企业提供了透明的社会责任记录，也成为投资者、消费者和合作伙伴评估企业社会责任表现的重要依据。

企业的社会责任管理不仅限于合规层面，还涉及如何将社会责任融入企业的核心业务战略中。例如，一些制造业企业开始通过优化供应链管理，减少资源浪费和污染排放。其他行业的企业则通过员工培训和技能提升项目，增强员工的社会责任意识，使其在日常工作中自觉履行社会责任。通过这种方式，企业不仅能够降低运营成本，还能增强其在市场中的可持续竞争力。

中国企业社会责任观念的转变，既是国内市场环境和政策变化的结果，也受到国际化进程的推动。随着中国加入世界贸易组织（WTO）以及跨国公司和国际标准的引入，使得中国企业逐渐意识到，CSR 不仅是应对市场竞争的手段，也是进入国际市场的必要条件。

此外，政府在推动企业社会责任方面也发挥了重要作用。中国政府通过制定和实施一系列法律法规，推动企业在环境保护、劳动权益和社区服务等方面承担更多责任。例如，《环境保护法》的修订以及《劳动法》出台，为企业社会责任的履行提供了法律保障和政策支持。同时，政府还通过奖惩机制，鼓励企业在社会责任领域的创新实践。一些地方政府通过为表现良好的企业提供税收优惠、贷款支持等政策激励，进一步推动了企业社会责任的落实。

（2）分化探索期（1994—2006年）

1994—2006年是中国 CSR 从萌芽走向初步实践的重要阶段。这个时期可以称为

"分化探索期"，因为中国企业的社会责任观念从单一的经济责任逐渐扩展，涉及环境保护、员工权益和社会福利等方面。这一阶段，不仅反映了全球化背景下国际CSR理念对中国企业的深刻影响，也体现了中国企业在市场化改革中自发调整经营理念、承担社会责任的过程。

企业开始意识到，除了实现经济目标，还需要关注环境保护、社会公益和员工权益等多元化责任。这一时期的CSR发展具有以下几个显著特点：

① 企业社会责任意识的深入

20世纪90年代早期，中国进入了市场化改革的深水区，面临着激烈的市场竞争。在这种背景下，如何在竞争中生存并持续发展成为企业面临的核心问题。企业开始从传统的、被动的CSR理念向更加积极、战略性的社会责任观念转变。过去，企业往往将CSR视为附加的义务，更多是为了满足政府的监管要求或社会的道德压力。随着市场环境的变化，企业逐渐发现CSR不仅仅是履行社会责任的被动举措，而是可以为企业带来实实在在的经济效益和长远发展机会。因此，企业开始将CSR与其核心业务发展结合，主动将其纳入战略规划中。

与此同时，环境保护作为企业社会责任的重要组成部分，逐渐进入企业管理层的视野。20世纪90年代，环境问题开始成为全球关注的热点话题，尤其是随着全球化进程的加速，中国企业也不得不面对国际市场对环保标准的要求。企业认识到，减少环境污染不仅仅是响应国家政策，更是赢得消费者信任、提升企业形象的有效途径。那些能够有效减少污染、节约资源的企业，不仅在国内市场中获得了优势，也在国际市场中树立了正面的品牌形象。

许多高污染行业的企业主动投入资源进行技术改造，减少废气、废水和固体废弃物的排放。一些企业甚至超越了政府的环保要求，设定了更加严格的内部标准。这些举措不仅减少了企业对环境的负面影响，还通过环保表现赢得了社会的认同。例如，某些制造业企业通过引入清洁生产技术，显著减少了污染物的排放，不仅降低了生产成本，还获得了政府和社会的认可，从而在市场竞争中赢得了更多的机会。

除了改善内部管理和减少环境影响外，企业还开始更加积极地参与社会公益事业，进一步拓展了其社会责任的内涵。企业通过捐款、资助教育、支持贫困地区的发展等方式，积极参与社会公益项目。例如，一些企业为当地社区建设学校、修建医院和改善基础设施等，直接提高了社区居民的生活质量。这不仅让企业在当地赢得了良好的声誉，也为企业与社区建立了更加紧密的合作关系。在这种合作关系的基础上，企业能够更容易获取当地的资源和政策支持，进而在未来的市场竞争中获得优势。

②社会福利和员工权益的提升

在分化探索期，社会福利和员工权益的保障逐渐成为企业社会责任的重要组成部分。随着中国劳动力市场的逐渐开放，企业的用工方式发生了根本性变化，员工的权利保护问题也愈发重要。

1994年出台的《中华人民共和国劳动法》为保障员工权益提供了法律框架，明确规定了企业在用工方面的责任。这一法律不仅提高了企业的用工规范性，也促使企业重新审视其与员工之间的关系，尤其是如何在劳动条件、工资福利、工作安全等方面履行责任。

特别是在国有企业改革的过程中，企业开始逐步完善员工福利保障制度。企业不仅提高了工资待遇，还为员工提供了更多的社会保障，如医疗保险、工伤保险、失业保险等。这些措施极大地增强了员工的安全感和归属感，有助于企业在市场化竞争中保持稳定的劳动力队伍。

在私营企业中，企业主逐渐认识到，良好的员工福利和劳动条件不仅能够提高生产效率，还能够增强企业的长期发展潜力。越来越多的企业通过改善工作环境、提供职业培训、提高薪酬待遇等方式，提升了员工满意度。这些实践不仅有助于企业内部管理的优化，也使得企业在社会上赢得了更多的认同和支持。

③CSR与国际接轨的尝试

随着中国逐渐融入全球市场，CSR与国际标准接轨的需求日益迫切。特别是那些以出口为导向的企业，面对全球供应链的竞争压力，必须应对来自国际市场的高要求。这些要求不仅涉及产品的质量和价格，还涵盖了企业在环境保护、劳工条件、供应链管理等方面的表现。因此，中国企业在参与全球竞争时，必须加快与国际CSR标准的接轨，以确保在国际市场中立于不败之地。

在欧美发达国家，消费者和监管机构越来越关注企业在生产和供应链中的社会责任表现。跨国企业在与供应商合作时，往往要求后者遵守严格的社会责任标准，以确保其供应链的可持续性。这些标准不仅包括环境保护，如减少碳排放、节约能源和控制污染等，还涉及劳动条件，如反对童工、保障工人安全、提供公平的工资待遇等。为了符合这些要求，中国的出口企业，尤其是那些参与全球供应链的企业，不得不主动提升自身的 CSR 水平。通过遵守国际劳工组织（ILO）的劳动标准，遵循国际环保规范，企业能够确保其产品符合进口国的法律和道德要求，从而维持与国际客户的长期合作关系。

这种双向作用不仅提高了中国企业的整体 CSR 水平，还促使它们在环境保护和劳动权益保障方面采取更为严谨和自觉的措施。例如，某些纺织行业的企业在跨国公司审核的压力下，实施了更高标准的污水处理系统，减少了对环境的污染，同时改善了员工的工作环境，提供更安全的生产设施。这种由外而内的推动力，帮助中国企业在国际舞台上树立了负责任的企业形象。

此外，这些国际化 CSR 战略的实施不仅限于自身的经营活动，还影响到企业的整个供应链管理。许多中国企业在引入国际标准后，开始对其供应商进行更加严格的审核和管理，确保供应链的各个环节都符合国际 CSR 标准。这种由核心企业向供应链延伸的 CSR 管理模式，不仅帮助中国企业在全球市场中树立了可持续发展的标杆形象，也推动了中国企业在 CSR 领域的整体进步。

随着中国企业不断提升 CSR 水平，它们在国际市场中的竞争力和声誉也得到了显著提高。许多跨国公司选择与具备良好社会责任记录的企业合作，以确保其供应链的道德性和可持续性。在这一过程中，中国企业不仅需要持续优化内部管理，还需要加强与外部利益相关者的合作，确保企业的 CSR 战略能够随着市场需求和国际规范的变化而不断调整。通过不断学习和借鉴国际先进的 CSR 理念，中国企业有望在全球市场中进一步提升竞争力，树立良好的社会责任形象。同时，企业将进一步推动绿色经济、可持续发展和社会公益的结合，实现经济效益与社会效益的双赢。

④企业社会责任的制度化初显

随着社会责任意识的觉醒以及政府政策的引导，CSR 的制度化逐渐成为中国企业社会责任发展的重要趋势。政府通过不断完善法律法规体系，推动企业在社会责任领域的创新与实践，确保企业在追求经济效益的同时，也承担起对社会和环境的责任。这一制度化的趋势不仅加强了企业履行社会责任的规范性，也为企业的可持续发展提供了坚实的保障。

《环境保护法》《劳动法》《中华人民共和国安全生产法》等法律法规，不仅对企业在环境治理、工作条件、劳动权益等方面提出了明确要求，还设定了违规行为的法律责任。这些法律为企业社会责任的履行提供了底线标准，迫使企业将社会责任纳入其日常管理和运营中。通过这些法规的逐步完善，企业的责任不再仅仅是对经济效益的追求，还必须兼顾对环境、社会的影响。特别是在环保领域，政府加大了对企业环境责任的监管力度。企业不仅需要符合排放标准、减少污染，还要积极实施环保技术升级与改造。这种法律制度的约束，使企业社会责任从一种可选择的行为逐渐变为企业不可忽视的义务。

为了激励企业更加积极地履行社会责任，政府还出台了一系列支持性政策，鼓励企业在CSR方面积极表现。例如，一些地方政府通过税收优惠、贷款支持等政策，对那些积极参与环保、劳动保护和社会公益的企业给予奖励。企业在这些激励机制的推动下，逐渐将CSR纳入到企业的长期发展战略中，不再是应对法律的被动行为，而是成为企业发展的主动选择。这些政策激励不仅帮助企业降低了运营成本，还为其履行社会责任提供了更强的经济动力。同时，这些激励政策也帮助企业树立了良好的社会形象，吸引了更多的消费者和投资者。

在政策的引导下，越来越多的企业在CSR领域进行了创新实践。企业不再局限于传统的社会责任范畴，而是将目光投向更多元化的领域。同时，在劳动保护方面，企业也在政府的引导下，通过引入先进的安全管理体系和员工福利计划，提升员工的工作环境和待遇。这些创新实践不仅提升了企业的生产效率，还帮助企业吸引和留住了更多的优秀人才，为企业的长期发展奠定了基础。随着CSR逐渐制度化，企业的社会责任实践不再是短期的任务，而成为了长期可持续发展的重要战略。通过政府的政策引导和法律法规的约束，企业在追求经济利益的同时，能够更好地履行对社会和环境的责任。在经济全球化和市场竞争日益激烈的背景下，具有良好社会责任表现的企业，更容易赢得消费者的信任和投资者的青睐。特别是在环保和可持续发展的领域，企业通过履行社会责任，推动技术创新，实现绿色经济转型，为自身发展创造了更多的机会。

（3）快速成长期（2007—2012年）

2007—2012年，中国的CSR发展进入了一个快速成长期。这一时期，国家对企业社会责任的重视程度不断提升，尤其是国有企业的社会责任逐渐得到制度化和明确化。

与此同时，民营企业在促进社会就业和慈善事业方面的表现也日益突出，整个社会对企业承担社会责任的期望逐渐增强，CSR 的意识在全社会范围内得到进一步推广和普及。

① 国有企业社会责任的明确与强化

在这一时期，国有企业与社会的关系开始明晰，国务院国有资产监督管理委员会（国资委）对中央企业的社会责任提出了更加明确的要求，并将社会责任纳入了国有企业的核心管理制度。国资委通过发布一系列文件和政策，明确了国有企业履行社会责任的具体内容和标准，进一步推动了国有企业社会责任的制度化和规范化。这些社会责任要求不仅涵盖了企业的经济责任，还包括了企业在环境保护、员工权益保障、消费者权益维护、公益慈善等方面的责任。例如，国有企业被要求在推动可持续发展方面发挥表率作用，尤其是在能源、资源等领域的大型国企，必须承担起节能减排、环保技术研发的任务。同时，国资委鼓励国有企业积极参与公益事业，推动社会福利的改善，这不仅提升了国有企业的社会形象，也增强了国有企业的竞争力和国际声誉。

国有企业从传统的经济贡献延展到更广泛的社会领域。例如，许多大型国有企业在全国各地开展了多种形式的扶贫、助学、医疗援助等公益活动，进一步增强了国有企业与社会各界的互动和合作。这种明确的社会责任要求，不仅强化了国有企业的社会角色，也为其他企业树立了良好的社会责任标杆。

② 民营企业的社会责任表现增强

与国有企业社会责任的制度化发展相伴随的，是民营企业在社会责任领域的迅速崛起。随着社会主义市场经济体制的深入推进，民营企业在推动社会就业、促进经济发展和参与慈善事业等方面的作用日益显著。许多民营企业逐渐意识到，履行社会责任不仅是获得社会认可的途径，也是增强企业品牌价值和市场竞争力的重要手段。

首先，在社会就业方面，民营企业成为吸纳劳动力的重要力量。随着市场经济的深化，民营企业迅速发展并提供了大量的就业机会，尤其是在中小企业和创新型企业中，这些企业不仅为社会提供了广泛的工作岗位，还推动了社会经济的多元化发展。例如，互联网科技、服务业和制造业的民营企业，积极响应国家政策，创造了大量的就业机会，缓解了社会就业压力。

其次，在慈善和公益事业方面，民营企业表现得越来越活跃。许多成功的民营企业家开始参与慈善活动，设立基金会或通过捐赠支持教育、医疗、扶贫等社会公益事业。这一现象尤其体现在中国的互联网和高科技领域，阿里巴巴、腾讯等企业先后设立了大规模的公益基金，支持社会创新和公益事业的发展。例如，阿里巴巴设立了阿里巴巴公益基金会，积极参与抗击自然灾害、教育扶贫等社会项目，树立了良好的企业形象。

民营企业在慈善事业中的积极表现，不仅为社会做出了贡献，也为企业本身带来了积极的市场效应。越来越多的消费者和投资者开始将企业的社会责任表现作为衡量企业价值的重要标准，民营企业通过履行社会责任，赢得了更多的社会信任和支持。

③ 社会责任制度的逐步完善

2007—2012 年，随着国有企业和民营企业对社会责任的日益重视，整个社会对 CSR 的认知和要求也逐步提高。这一时期，政府和证券交易所在企业社会责任领域的政策引导作用更加明显，CSR 逐渐从企业的自愿行为向制度化方向迈进，政府和证券交易所出台的相关政策法规为 CSR 的发展提供了法律框架和政策支持。

首先，环境保护方面的法律法规不断完善，对企业的环保要求逐步提高。企业需要承担更多的环保责任，不仅要减少污染排放，还要在生产过程中积极采用绿色技术，推动可持续发展。许多企业通过创新研发，逐渐形成了绿色供应链管理体系，在降低资源消耗的同时，提升了生产效率。

其次，劳工权益保护方面，加强了对企业劳动条件的监管，确保企业为员工提供安全、健康的工作环境，并按时发放工资，保障员工的基本权益。同时，鼓励企业在员工培训和职业发展方面加大投入，提升员工的技能水平，帮助他们更好地适应市场的需求。这些举措推动了企业内部管理模式的现代化，使得企业不仅在经济层面上获得成功，也在社会责任履行方面走在了前列。

④ CSR 成为企业发展战略的重要组成部分

在这一时期，CSR 在中国经历了从附属责任向核心战略的重大转变。在竞争日益激烈的市场中，消费者越来越关注企业的社会责任表现，尤其在环保、劳工权益和社会公益等方面的举措。因此，具备良好 CSR 表现的企业更容易获得消费者的青睐，企业品牌价值也因此得到了极大的提升。品牌价值不仅仅体现在企业的知名度上，还与消费者的忠诚度紧密相联。具备良好社会责任感的企业往往会更容易赢得消费者的长期信任，进而在市场中占据更大的份额。例如，许多消费者在选择产品时，除了考虑价格和质量外，也会关注企业是否使用环保材料、是否在生产过程中减少污染排放，以及企业是否积极参与社会公益活动。这种消费者意识的转变，使得企业不得不在履行社会责任上投入更多的精力和资源，从而提升品牌形象和市场竞争力。

与此同时，CSR 的战略化管理也吸引了更多投资者的关注。在全球资本市场中，越来越多的投资者将 CSR 作为评估企业价值的重要指标之一。尤其是在社会责任投资（SRI）和环境、社会、治理（ESG）理念逐渐兴起的背景下，具备出色 CSR 表现的企业能够赢得更广泛的资本支持。投资者不仅关注企业的财务业绩，还关注其是否通过环境保护、员工福利和社会贡献等方面实现可持续发展。那些能够在 CSR 领域表现突出的企业，往往能够吸引到更加稳定的资金流入。

随着企业逐渐将 CSR 纳入战略规划，企业社会责任表现成为吸引和留住优秀人才的重要手段。对于许多年轻的求职者而言，他们不仅仅关注薪资待遇，还更加看重企业的社会责任表现和企业文化。一个注重员工福利、环保和社会公益的企业，往往更容易吸引那些有责任感、有理想的员工。与此同时，企业良好的社会责任形象也有助于提升员工的归属感和工作满意度。许多大型企业通过制定明确的 CSR 战略，不仅加强了内部管理，还增加了员工福利、培训和职业发展机会。这些举措增强了员工的认同感和忠诚度，降低了员工流失率。同时，CSR 也成为员工凝聚力的来源，员工通过参与企业的公益活动和环保项目，获得了成就感和满足感，从而进一步提高了企业内部的合作与创新能力。

为顺应 CSR 的战略化转型，越来越多的大型企业开始发布年度 CSR 报告，详细介绍其在 ESG 领域的表现。CSR 报告的发布不仅是企业履行社会责任的证明，也是一种向社会和公众展示其透明度和诚信的方式。通过透明化的信息披露，企业可以向公众展示其如何履行社会责任，从而赢得社会的信任。这些报告通常涵盖企业在环保节能、员工福利、社区发展和消费者权益等方面的具体措施和成果。定期发布 CSR 报告，也使得企业能够更加系统地审视自身的社会责任表现，并在未来制定更加完善的 CSR 战略。CSR 报告的发布和透明化管理，使企业能够向投资者、消费者、合作伙伴和监管机构展示其在社会责任方面的努力和成就。这种信息披露不仅增强了企业的社会责任感，也为企业赢得了更多的市场认可和资本支持。

（4）创新规范期（2013年至今）

2013年之后，中国的CSR进入"创新规范期"。这一时期，企业社会责任在中国社会经济结构中的重要性进一步凸显，CSR的内容和实践方式都发生了深刻变化。

① 国有企业：利益相关方共生系统的形成

在这一时期，国有企业与利益相关方及其他社会主体之间形成了更为紧密的共生系统。国有企业作为国家经济的支柱，其社会责任不再仅仅局限于传统的经济和社会目标，而是逐渐扩展到更广泛的领域，包括环境保护、科技创新、产业升级等方面。随着经济全球化的深入，国有企业意识到，要在激烈的国际竞争中保持优势，必须建立起与利益相关方的深层次合作关系，从而形成一种共生系统。这一共生系统的核心在于，国有企业不仅是经济发展的引擎，也是推动社会进步的重要力量。它们通过与政府、社区、消费者、供应商等多方合作，打造了一个共享利益、共同发展的社会责任生态圈。例如，国有企业在参与大型基础设施建设项目时，不仅考虑到经济效益，还特别关注项目对当地社区和环境的影响。这种协同效应使得国有企业能够在履行经济责任的同时，推动社会进步，提升企业的社会影响力和声誉。

国有企业的社会责任边界在这一时期也变得更加清晰和明确。随着政策法规的完善，国有企业逐渐确立了社会责任的系统化管理机制，明确了其在社会责任中的角色与义务。这些企业被要求在生态环境保护、能源资源节约、安全生产、科技创新等多个方面承担起更大的责任。许多国有企业还通过发布企业社会责任报告，向社会各界展示其在各个领域的成就和努力，提升了公众对国有企业的信任感和认同感。

② 民营企业：在平台经济下的社会责任提升

与国有企业的结构性变革相比，民营企业在这一时期的社会责任实践同样取得了显著进展，尤其是在平台经济下，民营企业的社会责任意识和实践能力得到了全面提升。平台经济的迅速崛起使得互联网企业、共享经济企业和电子商务平台成为中国经济的重要组成部分，这些企业在经营过程中必须面对大量的利益相关方，包括用户、供应商、合作伙伴和政府部门。

在平台经济的推动下，民营企业的社会责任实践逐渐从传统的"单一责任"模式转向多维度、综合性的发展。例如，电子商务平台在提供便利交易的同时，也通过引入绿色物流、智能化供应链管理等方式减少环境污染。此外，许多平台经济企业开始注重为劳动者提供更好的工作环境和福利，尤其是对快递员、外卖骑手等新兴职业群体，企业通过提高其收入和改善工作条件来履行社会责任。在这一时期，平台经济企业逐渐将社会责任融入商业模式中，不仅为自身带来了长期的竞争优势，还促进了社会的可持续发展。许多民营企业在实现经济效益的同时，也逐渐意识到，履行社会责任不仅能够提升企业的社会形象，还能增强消费者的忠诚度和信任感。这使得民营企业在 CSR 实践方面逐渐向国有企业看齐，并形成了具有中国特色的 CSR 发展模式。

③ CSR 管理创新：从合规到主动创新

自 2013 年以来，CSR 在中国的发展经历了一次重要转型。从最初的合规要求到如今的主动创新，CSR 逐渐从企业经营中的附属职责演变为核心战略资源。这一变革不仅推动了企业内部管理的变革，也成为企业提升竞争力和塑造品牌形象的关键要素。企业从被动遵守国家和地方的法规，逐渐转向自主制定社会责任战略，通过科技创新、环保实践和社会公益等方式，将 CSR 融入日常运营中。在这一过程中，CSR 管理创新成为推动企业可持续发展的重要引擎。

这种变化促使企业开始将 CSR 管理纳入到战略决策的核心层面。企业不再将 CSR 视为一种成本负担，而是将其作为提升企业核心竞争力的战略工具。通过将环保创新、社会公益和员工福利等 CSR 议题与企业发展战略相结合，企业不仅能够提升品牌价值，还能够吸引更多的客户和合作伙伴。这一转变标志着企业在 CSR 管理方面的创新意识不断增强，并开始通过主动创新赢得市场和社会的双重认可。

随着技术的不断进步和社会责任意识的进一步提升，未来的 CSR 管理创新将更加注重企业的长期可持续发展。企业将通过进一步提升技术创新能力，推动环保、社会公益、劳动者权益等领域的创新实践，确保企业在实现商业成功的同时，也为社会的可持续发展做出更大的贡献。随着政策的不断完善和经济全球化的进一步深化，中国企业将在全球 CSR 舞台上发挥更重要的作用。企业社会责任的创新实践将持续推动企业管理模式的变革，使其在竞争激烈的市场中保持领先地位，并为全球可持续发展贡献中国力量。通过技术创新、标准化管理和社会责任战略的深度融合，不断推动 CSR 在中国的发展与进步。CSR 不再只是企业合规的必需品，而是推动企业未来可持续发展的核心动力。

④ 社会责任制度化与标准化

随着经济全球化的深入和CSR在全球范围内的推广，标准化的CSR管理逐渐成为企业管理创新的一个重要组成部分。在企业社会责任发展的过程中，越来越多的中国企业开始引入和采用国际通行的CSR标准，如ISO 26000社会责任指南。不仅为企业如何履行社会责任提供了指导框架，还帮助企业建立了更加系统化、透明化的社会责任管理体系。

通过引入国际标准，企业能够在社会责任领域的实践中找到具体的操作指引，从而提升自身的管理能力。对于企业而言，采用国际标准意味着可以在全球范围内遵循统一的CSR规则，使其社会责任实践具有一致性和可比性。这种标准化的管理模式不仅帮助企业更好地履行社会责任，还能通过透明化和系统化的管理方式，提升企业内部的效率和外部的信誉。为企业提供清晰的目标和实践路径。ISO 26000等国际标准为企业设定了明确的责任框架，并通过细化每一个环节的执行要求，帮助企业从战略层面将社会责任纳入到日常经营管理中。通过标准化管理，企业可以明确自身在环境保护、劳工权益、消费者权益等方面的义务和职责，确保每个部门和员工都能明确了解和参与到CSR的具体行动中。

标准化管理可以提升企业的透明度和社会责任报告的公信力。采用国际CSR标准的企业通常会发布定期的社会责任报告，披露其在环境、社会和治理（ESG）等领域的表现。这种透明化的披露不仅增加了企业对外的公信力，还使企业能够赢得更多的利益相关方支持，包括消费者、投资者、供应商等。通过定期发布符合国际标准的CSR报告，企业能够向社会展示其在履行社会责任方面的实际行动和成效，从而进一步增强公众对企业的信任度和认同感。

对于那些已经积极走向国际化的企业而言，采用国际标准的CSR管理模式无疑是进入国际市场的必要条件。这些企业通过与国际标准接轨，在国际市场中树立了良好的企业形象，并得以与国际领先企业竞争。尤其是在环保、劳工权益保护等领域，国际标准为企业提供了操作性强的参考依据，使得企业在全球范围内的业务中都能保持较高的合规性和可持续性。

标准化管理有助于提升企业的创新能力和长期可持续发展能力。在CSR管理过程中，企业在满足国际标准的同时，往往需要进行大量的创新实践。例如，在环境保护方面，企业通过采用更高效的生产技术和清洁能源，减少污染排放和资源消耗，不仅提升了企业的环保绩效，还推动了企业内部的技术创新。随着企业在社会责任领域的不断深耕，创新将逐渐成为其核心竞争力之一，这种创新不仅体现在技术层面，也体现在管理模式和业务战略的转型上。

⑤ 社会责任的未来展望

随着全球经济和社会环境的不断变化，CSR 将在未来继续发挥越来越重要的作用，成为企业可持续发展战略中的核心部分。未来的社会责任将不再局限于合规要求或是简单的慈善行为，而是更加注重长期价值创造、创新能力提升以及与利益相关方的深度合作。

技术创新将进一步推动社会责任的履行。随着大数据、人工智能、区块链等技术的广泛应用，企业在履行 CSR 时将能够实现更加精准、高效的资源配置。人工智能可以帮助企业更好地追踪和管理供应链中的环境和社会风险，大数据可以为企业评估 CSR 项目的社会影响提供更加详尽的分析，区块链则可以确保 CSR 信息的透明和公开，提升公众的信任度。通过科技赋能，未来的企业将在社会责任领域展现出更大的创新能力和影响力。通过将 ESG 标准纳入企业决策和运营中，企业不仅能够更好地应对外部环境和社会的变化，还能够增强内部管理的效率和透明度。这种战略性融合不仅有助于提升企业的可持续竞争力，还能够帮助企业在全球市场中赢得更多的信任和投资者的支持。

随着经济全球化的进一步发展，企业社会责任的国际化将成为未来的重要趋势。越来越多的中国企业进入全球市场，这使得它们必须遵循全球范围内的 CSR 标准和规范，特别是在环境保护、劳工权益、治理结构等方面。跨国企业在全球不同地区的 CSR 实践需要考虑当地的文化、法律和经济环境，这将促使企业在全球范围内构建更为灵活和本地化的社会责任策略。同时，全球性的 CSR 标准，如 ISO 26000、联合国全球契约等，也将为企业提供更加明确的操作框架，帮助它们在全球市场中合规运营，并提高国际竞争力。

企业与利益相关方的合作将变得更加紧密。企业需要通过更深入的对话和合作，了解客户、供应商、员工、政府以及社区的需求，并据此制定更加全面的社会责任战略。利益相关方的深度参与不仅有助于企业更好地履行社会责任，还能够增强企业的透明度和社会信任感，避免潜在的冲突和危机。通过与各方的密切合作，企业可以实现双赢局面，提升社会价值与经济价值的协调发展。

6.2.3　中国上市公司社会责任信息披露存在的问题

在中国上市公司的社会责任信息披露方面存在一些显著问题。首先，中国目前还没有形成系统化的 CSR 披露体系。现行的监管框架主要由多个立法和政策文件构成，这些文件主要针对某些特定类型的企业，如上市公司、国有企业及环境污染较严重的企业。财政部于 2024 年 5 月 27 日发布了《企业可持续披露准则——基本准则（征求意见稿）》，该文件现正接受公众反馈，计划于 2027 年推出我国企业可持续披露的基本准则和气候相关披露标准，预计到 2030 年，国家将基本形成统一的可持续披露标准体系。

中国的 ESG 披露和评分普遍偏低，ESG 市场规模相对较小。虽然中国已有一定数量的上市公司开始自愿披露与 ESG 相关的信息，但 ESG 数据的可用性和质量仍是国际投资者面临的主要挑战之一。数据的不充分和缺乏可信度使得 ESG 评价系统难以准确反映企业的真实 ESG 表现。

中国证券监督管理委员会（CSRC）已要求上市公司披露与社会责任相关的信息，但由于缺乏统一的 ESG 信息披露标准，披露的信息往往不完整或不可靠。此外，一些地方政府（如上海和深圳）也出台了关于企业可持续发展和社会责任的指导意见。

通过观察和调研上市公司社会责任信息披露的开展情况，笔者发现，当前中国上市公司社会责任信息披露质量不高，还存在以下问题：

第一，无话可说。

在编制社会责任报告的过程中，上市公司面临的一个突出问题是报告内容的贫乏。通常情况下，一个完整的社会责任报告应包含至少 60 页的内容，涵盖企业的环境、社会和治理（ESG）表现，以及具体的责任实践案例。然而，许多中小上市公司的社会责任报告往往不足 30 页，这表明这些公司在实际履行社会责任方面可能经验不足或缺乏深度。

这种"无话可讲"的现象可能源于几个方面的问题。首先，一些企业可能没有将社会责任纳入其核心业务战略，因此，在日常运营中缺乏系统的责任管理和规划。其次，企业可能不清楚如何有效地识别和沟通其在社会责任方面的具体行动和成效，这不仅影响了报告的质量，也可能影响外部利益相关者对企业责任表现的评价。社会责任报告的篇幅和内容深度也反映了公司对社会责任的真实投入和重视程度。报告内容的缺乏很可能是企业在环保、社会贡献和治理结构上投入不足的表现。这种现象在中小上市公司中尤为常见，因为这些企业可能缺乏足够的资源和专业知识来开展广泛的社会责任活动。

第二，面子工程和随大流。

在实践中，不少上市公司对企业社会责任（CSR）的认识仍停留在表面，将其视作一项非核心的附加负担而非内在的企业价值。这种观念导致了企业社会责任报告的编制和发布往往成为一种形式主义的活动。对于这些企业而言，社会责任报告更多地被视为一种对外的形象包装，即所谓的"面子工程"，而非真正的责任实践。

很多公司并未真正理解到社会责任对于企业长远发展的重要性。它们可能将企业社会责任看作是额外的成本负担，认为这些努力与公司的主营业务无关，不会直接影响到财务绩效或市场竞争力的提升。因此，当行业内其他企业开始披露社会责任报告时，出于行业趋势或竞争对手的考虑，这些公司也会跟风进行披露，以避免在公众形象上处于不利地位。

这样的态度和行为导致了社会责任报告的质量参差不齐，内容往往缺乏深度和实质性的分析，无法真正反映公司在社会责任方面的努力和成就。这种只为了应对外部压力而进行的责任披露，不仅不能真正帮助企业建立起社会责任的良好形象，反而可能因为报告的虚假和表面化而损害到公司的长期声誉。

第三，报喜不报忧。

在很多上市公司的社会责任报告中，我们常见到一种现象：报告更像是一本精美的宣传册，充满了对企业成就的赞美，而很少涉及企业在社会责任实践中遇到的挑战或失败。这种做法导致了报告在内容上的不平衡，即倾向于"报喜不报忧"。

企业往往希望通过社会责任报告来塑造和维护其正面的公共形象。在竞争激烈的商业环境中，上市公司尤其关注其品牌和声誉的管理。因此，社会责任报告被视为一种工具，用以强调企业的社会贡献和环保行动，而对于那些可能引起利益相关者关注或批评的问题，则常常选择不公开。

这种选择性信息披露的做法，虽然可能在短期内为企业带来形象上的好处，但从长远来看，它却可能对企业的信誉造成损害。当公众或投资者发现企业报告中的信息与实际情况有所出入时，可能会质疑企业的透明度和诚信度。这种"报喜不报忧"的行为，让社会责任报告失去了应有的功能，即不能全面反映企业的社会责任实践和挑战，以及企业在可持续发展道路上的真实表现。

第四，缺少责任管理。

在许多上市公司的社会责任报告中，可以观察到这些公司在责任管理方面存在明显的缺陷。首先，一些公司并未建立专门的企业社会责任管理机构，也没有设置企业首席责任官（CRO）这一关键职位。这表明企业社会责任并没有被纳入到企业的核心管理和战略规划中，也没有成为日常经营管理的一部分。

这些公司往往没有将社会责任理念与企业的行业特性、经营状况和未来战略发展紧密结合。这导致企业开展的社会责任活动往往缺乏战略性和持续性，难以真正实现促进企业可持续发展的目标。缺乏战略性和持续性的社会责任活动，不仅未能有效提升企业的核心竞争力，也难以为企业带来长期的利益。

在沟通与反馈机制方面，这些报告同样显示出不足。缺少有效的沟通反馈机制意味着企业与利益相关者之间的交流存在障碍，难以获得外部对企业社会责任活动的意见和建议，这在一定程度上限制了企业改进和调整社会责任策略的能力。同时，这些公司往往不对过去的社会责任计划执行情况进行系统的总结，也缺乏对未来社会责任计划的明确规划和改进措施的描述。

第五，缺少行业特有绩效指标的充分披露。

在社会责任报告的编制和披露中，很多上市公司面临行业特有绩效指标披露的挑战。这些公司虽然认识到需要履行社会责任，却往往不清楚应该如何具体实施和披露相关的社会责任信息。由于缺乏统一和公认的社会责任信息披露标准，不同的上市公司可能遵循不同的披露标准，甚至同一家公司在不同情况下也可能采用多种标准，这种标准的多样性和不统一导致了社会责任报告的内容和质量参差不齐。

特别是在行业特有的绩效指标披露方面，许多公司往往选择避重就轻，只披露那些对自身较为有利或不太敏感的信息。例如，在化工、食品饮料、生物医药、矿山开采、房产开发、油气开采、金融服务、造纸印刷、纺织印染、网络传媒、IT制造和传统制造等行业中，涉及环境保护、社会影响和治理结构的关键绩效指标是评估公司社会责任表现的重要内容。然而，缺乏行业特定绩效指标的充分披露可能导致投资者和其他利益相关者无法全面评估公司在其核心业务领域内的社会责任实践和成效。

6.2.4　中国上市公司社会责任信息披露问题的成因

（1）宏观层次原因

第一，发展初期缺少国家意志支持。

在全球多个发达市场中，上市公司的社会责任信息披露得到了国家层面的重视和支持，这一现象在英国、法国、澳大利亚、南非、马来西亚、巴西和日本等国家尤为显著。这些国家认识到，通过国家意志层面的推动，可以有效促进上市公司在社会责任方面的行动和透明度。这些国家通过立法方式正式要求上市公司披露其社会责任活动。这种立法行为不仅规定了披露的基本要求，还明确了企业在环保、社会及公司治理（ESG）方面应承担的具体责任。例如，欧盟的非财务信息披露指令要求大型企业披露其对社会和环境影响的信息，从而确保投资者和公众能够获取到企业在社会责任方面的详尽信息。将上市公司社会责任信息披露提升到国家战略层次，反映了各国政府对此类信息透明度的高度重视。这种战略层面的支持表明，政府认为企业的社会责任行为不仅能够提升企业自身的透明度，减少管理层与投资者之间的信息不对称，还能够为投资者提供重要的决策信息，从而增强企业的市场信誉，吸引更多的国内外资本。例如，日本的企业治理改革中就包括了加强ESG披露的要求，鼓励企业在年报中包含企业社会责任的相关信息。而在巴西，相应的监管机构则设立了特定的披露标准，要求上市公司按照这些标准公布其社会和环境影响信息。

第二，遭遇全球经济一体化下的中国经济转型困境。

发达国家已经经历了从劳动密集型、高能耗的工业化阶段到资本密集型、低能耗的高端服务业时代的成功转型，但中国的情况则有所不同。改革开放四十余年来，中国经济实现了快速增长，但转型过程仍处于初级阶段，并面临多重挑战。首先，由于国际分工的需求和国内发展阶段的特定条件，中国曾经利用其廉价劳动力优势，成为"世界工厂"。这一地位虽然带来了出口和工业生产的快速增长，但也使中国经济长期依赖于劳动密集型和资源密集型的产业，这些产业往往伴随高能耗和高污染。其次，为了吸引外资和技术，中国不得不接受一些西方国家已经淘汰或认为成本较高的高能耗、高污染项目。这种做法虽然在短期内带来了资本和技术流入，促进了地方经济发展，但长期看可能对环境和社会造成负面影响，也与全球可持续发展的趋势背道而驰。企业诚信和员工权益保护方面的问题也是中国经济转型过程中的一大挑战。在追求经济快速增长的过程中，部分企业可能忽视了诚信经营和对员工权益的保护，这不仅损害了劳动者的利益，也影响了企业的长期发展和国家的国际形象。

中国经济转型的核心难题在于如何从"量的扩张"转向"质的提升"，即如何通过技术创新和产业升级，逐步从中低端制造转向高技术和服务导向的经济结构。这需要政策的引导、市场的调节以及社会各界的共同努力。只有这样，中国才能在全球经济一体化的大潮中实现可持续发展，逐步缩小与发达国家在经济发展模式和生活质量上的差距。

第三，缺少公民社会下消费者运动和NGO的行动。

在全球化进程中，公民社会的作用日益凸显，尤其是在推动社会责任、环保和消费者权益保护等领域。公民社会，通常指基于共同利益、目的和价值的非强制性集体行为，涵盖了诸如非政府组织（NGO）、行业协会、慈善组织、社区组织等各种形式。这些组织的存在和活动对促进社会进步和监督企业行为起到了不可忽视的作用。然而，在某些国家，特别是在发展中国家，公民社会的发展面临诸多挑战。首先，缺乏政府的支持和合适的政策环境是一个主要障碍。在这些地区，政府往往未能提供足够的法律和政策支持来保护公民社会组织的合法权益，也缺乏对这些组织活动的鼓励或资助。此外，公民社会的独立性可能因政治和经济压力而受到威胁，这影响了它们的效能和活动范围。其次，社会公众的参与度不足也是制约公民社会发展的一个重要因素。很多时候，民众对于民主自由意识和公共权益保护意识的缺乏，限制了他们参与公民社会活动的热情和能力。缺乏足够的社会动员和广泛的民众支持，使得许多公民社会组织难以有效发挥作用，尤其是在需要大规模社会支持的消费者运动和环保活动中。最后，公民社会组织的发展还受制于资金和资源的限制。很多NGO和其他非营利组织常常面临资金不足的问题，这限制了它们的运营能力和活动规模。没有足够的资源支持，这些组织难以进行长期有效的行动计划和广泛的社会影响力扩展。

为了克服这些挑战，政府需要采取积极措施，从立法和政策层面保护和支持公民社会组织的发展。同时，提高公众对公民社会重要性的认识和参与度，是推动这些组织健康发展的关键。通过教育和媒体宣传，提升公众的社会责任感和参与公共事务的意识，可以有效促进公民社会的繁荣和活力。只有这样，公民社会才能在推动社会公正、环保和消费者权益保护等领域发挥更大的作用，为社会带来更广泛的积极影响。

（2）微观层次原因

第一，企业资源限制。

尤其是中小企业，可能缺乏足够的资源来建立和维护一个全面的社会责任管理系统。这包括资金投入、人力资源以及专业技能等，限制了它们在社会责任报告编制上的能力。企业是营利性的经济组织，其发展思维应该有别于政府机构和公益组织，运用成本效益原则分析其经济行为无可厚非。但是，将成本效益原则运用到企业社会责任行为上并不合适，因为企业社会责任产生的经济效益很难直接测量但又非常重要且必不可少，诸如产品质量带来的消费者忠诚度、员工权益保护带来的员工凝聚力和低流动率、环境保护降低的法律诉讼风险、热衷社会公益带来良好社会形象和政府关系等等，这些会在潜移默化中提升企业的竞争力，并最终带来经济收益，但是很难直接定量测量。企业社会责任的长期持续投入才会带来可观的经济收益，本期的投入可能在若干期之后才能带来收益，秉承管理短视思维的成本效益原则不适合有长期持续投入回报特征的企业社会责任。

第二，知识和意识缺乏。

很多公司的高管和决策层可能缺乏必要的社会责任知识。他们或许不能充分理解社会责任对企业自身以及整个社会的潜在价值，因此不愿意或不知道如何有效地实施和报告社会责任实践。企业社会责任的内容包括法律责任、经济责任、社会责任、公益责任、公司治理责任等，对象是企业利益相关者。很多企业对什么是社会责任存在错误或片面理解，简单地将社会责任理解为企业的"公益捐赠"行为。现实中，大多数企业在社会责任展示过程中，公益捐赠是必不可少且也是用墨最多的内容。笔者认为，企业将社会责任简单地理解为"公益捐赠"之后会导致：其一，公益捐赠更多是一种无偿赠与，直接体现为企业资源的减少，而公益捐赠行为带来的声誉提升效果很难度量，因此，企业更将公益捐赠看成企业成长壮大之后的好人好事行为，对企业来说处于可有可无，无关紧要的地位；其二，当简单理解社会责任即为公益捐赠之后，就会忽视其他企业社会责任。

第三，内部管理和沟通机制不足。

在很多公司中，内部管理和沟通机制的不足是社会责任信息披露中的一个重要问题。缺乏有效的内部管理体系来监控和评估企业社会责任活动的执行情况及其成效，是一个普遍存在的问题。这主要表现在一些企业没有建立起与其业务规模和复杂性相匹配的社会责任管理系统。没有这样的系统，公司很难对其社会责任活动进行适当的跟踪、监控和定期评估，从而无法确保这些活动达到预期的效果，也难以对活动进行持续的改进。与利益相关者的沟通同样关键，但许多公司在这方面也表现不佳。理想的沟通机制应该是开放和透明的，能够允许利益相关者——包括投资者、客户、员工和社区成员——不仅了解公司的社会责任活动，还能提供反馈和建议。然而，实际情况往往是，公司未能建立有效的沟通渠道，使得外部声音难以被公司听闻和重视，这直接影响了社会责任报告的全面性和真实性。缺乏开放的沟通渠道不仅使得企业错失了从外部获得宝贵反馈和持续改进的机会，也可能导致公众对公司的不信任。这些管理和沟通的不足最终会影响公司社会责任的整体表现和公众形象，限制了公司在社会责任领域的潜在发展。缺少有效的监控和沟通机制不仅妨碍了社会责任实践的深入发展，也阻碍了企业从社会责任活动中获得更大的商业价值和社会效益。

第四，企业缺少可供遵循的责任标准。

当前企业社会责任信息披露标准种类繁多，但企业却缺少可供遵循的统一标准，跨国 NGO、行业协会、政府机构、证券交易所等都推出了自己的社会责任信息披露标准，五花八门的标准让企业无所适从。最终导致企业社会责任信息不具有可比性，有用性也大为降低。

笔者认为，花样繁多的社会责任信息披露标准必然会导致低的社会责任信息披露质量，诸如 G3 标准较适合跨国大型企业，中国纺织协会标准更加强调出口型纺织企业的员工权益保障，上交所标准更加关注大型企业的环境污染问题，深交所 2006 年发布的标准具体规定较为粗糙，同时也没有关注中小上市公司的独特性和适用性。

6.3　中国上市公司社会责任信息披露的基本原则

6.3.1　透明度原则

透明度原则是中国上市公司社会责任信息披露的基石，透明度的提升不仅关系到公司的信誉和市场信任度，也是降低信息不对称、保护投资者利益的重要方式。透明度原则强调，企业应当充分、公开地披露其在社会责任方面的行为和成效，包括但不限于环境保护、社会贡献和公司治理等方面的信息。

在实践中，透明度要求企业提供真实、准确、完整的数据和信息。这不仅有助于现有及潜在投资者做出更为明智的投资决策，也促进了公众对企业行为的监督和评价。对于中小上市公司而言，这一原则尤为重要，因为这些公司通常缺乏大型上市公司那样的关注度，其信息披露的不足可能更容易导致投资者和其他利益相关者的误解或忽视。

证券交易所和监管机构在这一过程中扮演着关键角色。它们不仅需要制定和维护一套公平、透明的信息披露规则，还应当确保这些规则得到有效执行，以保证所有市场参与者都能在公平的环境下做出投资决策，从而实现资本市场的健康发展和资源的优化配置。

因此，构建基于透明度原则的社会责任信息披露标准，是提升中国上市公司透明度、保护投资者利益、维护市场公正性的基础工作。这不仅需要企业积极参与，完善内部管理，也依赖于监管机构的严格监督和公众的广泛参与。

6.3.2　逐步推进原则

逐步推进原则在中国上市公司的社会责任信息披露实践中尤为重要，因为它考虑到了中国独特的国情和经济发展阶段的差异。中国上市公司在行业特点、经营环境、抗风险能力、发展阶段和产权性质等多个方面存在显著不同，这些差异要求在推进社会责任实践时必须采取更加灵活和阶段性的方法。

　　社会责任的推进不能一蹴而就，这不仅是因为企业的资源和能力限制，更是因为过于激进的要求可能会对企业的正常发展构成不必要的负担。因此，社会责任信息的披露需要根据企业的实际情况逐步推进，通过制定长远的规划和逐步实施的策略，来确保社会责任活动既能反映企业的实际表现，也能符合企业的发展需要。

　　在实施过程中，可以考虑设立不同的披露阶段和标准，以适应不同企业的发展水平和实际能力。例如，监管机构可以引导中国上市公司先从基本的社会责任信息披露做起，如工作环境、员工关系和环境保护等基本方面，逐步扩展到更为复杂的治理结构和外部社会贡献等领域。

　　引入自我评估和报告等级制度也是一个有效的策略。这种制度可以鼓励企业根据自身的实际情况进行自我评估，按照预设的标准来确定自己的社会责任信息披露等级，从而不断提高其社会责任的履行和披露水平。这种方法不仅可以提升企业的社会责任意识，还能增强公众对企业社会责任表现的信任和认可。

　　逐步推进原则是一个符合中国国情的实际策略，它既考虑到了企业的实际能力，也顾及了企业发展的长远需求，是推动中国上市公司有效履行社会责任的重要原则。

6.3.3　自愿披露原则

　　自愿披露原则在中国上市公司的社会责任信息披露策略中占有重要地位，这是因为社会责任的履行虽然长期可以为公司带来品牌价值和股东回报的增长，但短期内可能会因为资源分配到非直接盈利的活动而影响公司财务表现。对于处于高速成长阶段的中小企业来说，过多的强制性社会责任要求可能会成为其发展的负担，尤其是在它们需要集中资源进行市场扩张和技术创新的时候。

　　自愿性原则允许企业根据自身的实际情况和能力来决定社会责任信息的披露范围和深度。这种灵活性使得企业可以在不影响核心业务发展的前提下，逐步增加对社会责任活动的投入。此外，自愿披露也有助于企业根据自身的特点和行业特性，展现其在社会责任方面的独到见解和成就，从而在市场中树立积极的形象。

　　然而，完全的自愿披露可能导致信息披露的不全面和不透明，影响利益相关者，特别是投资者对企业社会责任表现的正确评估。因此，采取"自愿+强制"的混合原则，即在基本的披露要求上给予企业一定的自主选择空间，可以在确保基本透明度的同时，鼓励企业根据自身情况进行更全面的披露。这种方式既保证了信息披露的基本公正性和透明度，也鼓励了企业在自愿的基础上提高社会责任实践和披露的水平。

综上所述，对于中国上市公司而言，合理的社会责任信息披露策略应该结合自愿性原则和必要的强制性要求，以促进其健康和可持续发展，同时保障投资者和其他利益相关者的信息需要得到满足。这种策略的实施，需要监管机构的精细调整和市场环境的配合，以达到最佳的效果。

6.3.4　责任分层原则

责任分层原则是对社会责任实践的一种有序化管理，尤其对中国上市公司来说，它提供了一种合理的责任优先顺序。这个原则让大家认识到不同类型的责任——经济责任、法律责任、伦理（社会）责任和公益责任——对企业的重要性各不相同，特别是在资源有限的情况下。

首先，对于任何企业，尤其是资源更为紧张的中小企业而言，经济责任是基础，它关系到企业的生存和发展。企业需要保证能够持续运营并为股东创造价值，这是其存在的首要前提。其次是法律责任，企业必须确保所有操作都在法律允许的范围内进行，因为法律合规是企业持续经营的基础。

在确保了经济责任和法律责任后，企业应该考虑伦理（社会）责任和公益责任。这包括对员工、客户和社会的责任，比如提供公平的工作环境、保护消费者权益以及通过慈善活动或环保行动回馈社会。虽然这些责任对于增强企业的公共形象和长期成功至关重要，但它们往往需要在企业经济稳定和法律合规的基础上才能实施。

通过这种分层的责任实践，中国上市公司可以更有序地平衡有限的资源与不同责任的需求。这不仅有助于企业更高效地管理其社会责任活动，还能确保在不影响经济和法律基础的前提下，逐步扩展其在社会和环境方面的正面影响。

6.3.5　主要利益相关者原则

在资源有限的情况下，上市公司确实需要精明地选择在哪些利益相关者上投入主要精力。企业利益相关者广泛，包括股东、债权人、员工、客户、供应商、政府、媒体、所在社区、社会公众以及非政府组织等。这些相关者通常被分为主要利益相关者和次要利益相关者。主要利益相关者是对企业经营与成功直接有重大影响的群体，而次要利益相关者虽然影响较小，但在特定情况下也可能变得重要。

对上市公司而言，正确识别出哪些是主要利益相关者，是企业有效利用有限资源的关键。例如，对于依赖特定原材料的制造业企业来说，供应商可能就是一个主要的利益相关者；而对零售业来说，客户的满意度和忠诚度可能是更加重要的。

识别主要利益相关者应当基于企业的行业特征、商业模式和主营业务特点进行。这一过程需要企业进行深入分析，考虑各方面的影响和重要性，以确保社会责任的努力能够集中在最能影响企业持续成长和成功的领域。

在社会责任实践和信息披露上，企业应侧重于这些主要利益相关者。例如，如果股东和投资者是主要的利益相关者，那么公司就应该在年度报告中提供详细的财务透明度和经营策略；如果员工是关键的利益相关者，公司就需要在营造良好工作环境和提高员工福利方面做出努力。这种针对性的社会责任实践不仅能提高资源使用的效率，也更可能得到主要利益相关者的支持和认可，从而支持企业的长期发展。

6.3.6　指标覆盖率原则

在社会责任信息披露中，上市公司应遵循指标覆盖率原则，这一原则让公司根据自身特点选择最相关的绩效指标进行披露，以确保信息的全面性和适应性。绩效指标通常分为核心指标、备选指标和行业特征指标三种类型：核心指标适用于所有企业，涵盖公司治理、环境影响等基本领域；备选指标为企业提供灵活选择，帮助利益相关者深入理解企业在特定方面的表现；行业特征指标则针对特定行业的独特挑战和环境设计。

中国上市公司在选择披露的指标时，应综合考虑自身的行业特征、商业模式、主营业务、发展阶段、经营状况、主要利益相关者的特点以及自身的信息披露能力。这样的选择不仅可以确保披露信息的相关性和有效性，也可以避免给企业带来不必要的负担。通过有针对性地选择和披露社会责任指标，企业可以在展示其社会责任表现的同时，有效管理资源，逐步提升其社会责任的履行质量和披露水平。

6.3.7　可靠性原则

上市公司在进行社会责任信息披露时，遵循可靠性原则至关重要。这一原则要求企业确保所披露的信息不仅真实、准确，还应是客观的和可验证的。真实性意味着信息必须反映企业实际的社会责任行为和成果，不能有任何虚构或夸大的成分；客观性则要求信息的呈现必须公正，不能仅仅从企业自身的角度出发，忽视或隐藏对社会可能产生的负面影响；可验证性则强调信息的披露需要有足够的数据支持和事实依据，使得外部审计或验证成为可能。

对中小上市公司而言，这一原则尤为重要，因为这些公司可能面临更大的资源和技术限制，使得高标准的信息披露更具挑战性。然而，坚持可靠性原则不仅能增强企业的市场信誉，还能提升投资者和公众对企业的信任度，这对企业的长期发展和融资能力是非常有益的。例如，通过建立健全的内部审计和评估机制上市公司可以确保其社会责任报告的准确性和透明度，从而在投资者和合作伙伴中树立良好的信誉。

此外，遵守可靠性原则也有助于企业更好地评估自身的社会责任策略和实践，识别潜在的风险和机会，从而制定更有效的管理措施和改进方案。通过确保信息披露的可靠性，中国上市公司不仅能满足监管要求，更能在竞争激烈的市场中脱颖而出，实现可持续发展。

6.3.8　相关性原则

遵循相关性原则的社会责任信息披露，是上市公司披露战略中的一个核心要素。这一原则要求公司披露对主要利益相关者，包括现有及潜在投资者在内的所有关键群体，具有决策相关性的信息。这样的信息披露不仅要涵盖公司的财务表现，还应包括企业的环境、社会和治理（ESG）实践，因为这些因素正在日益成为投资者决策过程中的重要考虑点。

相关性原则的应用确保了披露信息的针对性和实用性，使得投资者能够基于全面而准确的数据做出投资决策。例如，如果一家公司在生产过程中采取了特别的环保措施，减少了对环境的影响，这种信息对于越来越多注重可持续发展的投资者来说，是极具吸引力的。同样，公司在社会责任方面的表现，如公平就业、社区支持和产品安全，也直接关系到其品牌形象和市场竞争力，从而影响投资者的看法和决策。

透明地披露如何处理潜在的商业风险，例如供应链的稳定性、劳工问题或法律遵从性等，也是相关性原则的重要组成部分。通过这种方式，公司不仅向投资者展示了其面对挑战的能力和策略，也增加了企业治理的透明度，从而增强了投资者的信任。

6.4　中国上市公司社会责任信息披露标准绩效指标选取原则

6.4.1　边界和对象原则

在制定上市公司社会责任信息披露标准时，选择绩效指标是一个关键的过程，涉及边界和对象原则的应用。边界原则确保了绩效指标的范围和外延，围绕企业的经济、社会、环境以及公司治理四大领域——常简称为ESG指标。这些领域定义了公司社会责任的主要边界，并形成了一级绩效指标。

基于边界原则设立一级绩效指标之后，二级和三级绩效指标的选择则遵循对象原则。对象原则要求在指标的选取过程中，主要从企业利益相关者的需求和期望出发。这意味着，企业需要考虑哪些指标对股东、员工、客户、供应商、社区以及政府等关键利益相关者最为重要，从而确保信息披露的相关性和实用性。

例如，对于环境责任领域，一级绩效指标可能包括总体的环境管理和政策。而二级绩效指标则可能细化为具体的温室气体排放量、废弃物处理和资源利用效率等，这些都直接关联到外部环保组织和政府机构的关注点。同样，在社会责任领域，一级绩效指标可能关注整体的员工关系和社区参与，二级绩效指标则可能具体到员工满意度调查结果、社区发展项目的影响评估等。

通过这种分层和有针对性的指标选取，上市公司不仅能更有效地管理和报告其社会责任活动，还能通过满足不同利益相关者群体的具体需求，提升企业的社会责任表现和声誉。这种方法确保了信息披露的全面性和针对性，有助于各方利益相关者更好地理解企业的社会责任行为及其成效，促进了透明度和责任感的增强。

6.4.2　核心、备选与行业特征原则

在上市公司社会责任信息披露标准中，绩效指标的分类包括核心绩效指标、备选绩效指标和行业特征指标，这三类指标旨在确保不同类型的上市公司能根据自身的特性和

行业需求进行恰当的社会责任披露。

一是核心绩效指标。这些是所有上市公司都应披露的通用指标，它们包括但不限于公司治理、环境保护措施、员工权益保护和社会公益活动。这些指标是评价任何企业在社会责任方面基本表现的关键。

二是备选绩效指标。这类指标适用于特定公司的特定情况，不一定适用于所有上市公司。公司可以根据自身的实际情况和特点选择性披露这些指标，使得披露内容更加符合企业的实际业务和战略需求。

三是行业特征指标。这些指标针对特定行业的独特需求和挑战设计，如制药行业的临床试验透明度、能源行业的碳排放等。上市公司需要评估这些指标是否适用于自己的行业，并在不适用的情况下明确说明原因。

通过这种细化的分类方法，上市公司不仅能够更准确地反映其在社会责任方面的具体表现，也能够更有效地与利益相关者进行沟通，提高企业透明度和信任度。这种做法有助于公司有针对性地展示其履行社会责任的实际成效，同时也满足了不同利益相关者的信息需求。

6.4.3 定性与定量原则

在企业社会责任信息披露中，结合定性与定量原则是至关重要的，因为它允许企业在披露中提供一个全面的视角，涵盖财务和非财务指标。定性数据通常涉及那些难以用数字直接衡量的方面，例如企业的社会声誉、管理质量、员工忠诚度、供应链关系质量以及企业面临的风险和机遇等。这些信息对投资者和其他利益相关者了解企业的全貌至关重要，但通常不会出现在传统的财务报告中。

定量数据则提供了可以度量和比较的具体数字，如节能减排量、员工流失率、社会投资的回报率等，这些数据可以具体反映企业在社会责任方面的表现和进展。通过将这些定量数据与定性描述相结合，社会责任报告能够提供一个更全面、更深入的企业评估，从而补充财务报告的局限性。

例如，上市公司可以定性地描述其文化和价值观是如何构建一个包容和多样的工作环境，同时定量地报告关于员工满意度调查的具体结果，或者报告其环境保护措施所取得的具体节能减排成果。这样的综合信息披露有助于利益相关者评估企业的整体健康状况和长期可持续性。

　　因此，上市公司在设计社会责任信息披露标准时，应采取定性与定量相结合的方法。这种方法不仅增加了报告的透明度和可信度，而且通过展示企业在履行社会责任方面的具体行动和成果，增强了企业与外界的沟通，加深了企业与利益相关者之间的信任和理解。

第7章 中国上市公司社会责任信息披露绩效指标筛选和标准构建

7.1 中国上市公司社会责任信息披露标准的基本框架

我国上市公司社会责任信息披露应该具备一个框架体系，框架体系的核心内容是社会责任"绩效指标"。

中国上市公司社会责任信息披露标准的基本框架如下：

第一部分为"前言"，简介上市公司社会责任信息披露标准，给出制定上市公司社会责任信息披露标准的重要意义。

第二部分为"总则"，陈述制定上市公司社会责任信息披露标准的目的、依据、适用对象、基本要求。

第三部分为"信息质量要求"，对上市公司的社会责任信息质量做出基本要求，包括社会责任信息的重要性、可靠性、相关性。

第四部分为"定义、术语与标识"，对上市公司社会责任进行定义，对上市公司社会责任信息披露标准涉及的重要术语进行解释，对一些重要标识进行说明。

第五部分为"绩效指标"，给出上市公司社会责任信息披露标准的"一级绩效指标、二级绩效指标、三级绩效指标"，"三级绩效指标"分为"核心绩效指标""备选绩效指标""行业特征指标"。

第六部分为"报告与认证（鉴证）"，明确上市公司进行自愿性社会责任信息披露，对绩效指标的覆盖程度和自我评级进行规定，指出社会责任报告认证（鉴证）过程中认证（鉴证）方和被认证（鉴证）方的责任，并对认证（鉴证）方的资格做出规定。

第七部分为"附则"，给出上市公司社会责任信息披露标准的解释规则。

7.2　中国上市公司社会责任信息披露绩效指标初次筛选

中国上市公司社会责任信息披露标准绩效指标的初次筛选是在借鉴国内外已有标准的基础上，吸收了深交所2006年制定和发布的《上市公司社会责任指引》的部分内容和思想，并结合笔者对企业社会责任信息披露的研究、思考和总结之后完成的。

中国上市公司社会责任信息披露标准绩效指标的初次筛选结果如"附录2.1"所示，经济绩效指标下设1个一级绩效指标、3个二级绩效指标、12个三级绩效指标；社会绩效指标下设1个一级绩效指标、9个二级绩效指标、71个三级绩效指标；环境绩效指标下设1个一级绩效指标、4个二级绩效指标、23个三级绩效指标；治理绩效指标下设1个一级绩效指标、5个二级绩效指标、25个三级绩效指标。

总计，一级绩效指标4个，二级绩效指标21个，三级绩效指标131个，绩效指标的初次筛选过程如下：

7.2.1　一级绩效指标的初次筛选

一级绩效指标初次筛选结果为4个，即经济绩效、社会绩效、环境绩效、治理绩效。

选取以上四个因素作为一级绩效指标，主要是依据"企业社会责任边界"理论、"三重底线"理论、"责任投资ESG原则"。

在现代企业管理中，对企业社会责任（CSR）的理解已经从单纯的利益相关者需求拓展到了全面的责任体系构建。"企业社会责任边界"理论提供了一个全面的框架，强调企业不仅需要承担经济责任，以确保其财务稳健和可持续增长，同时也必须履行法律责任，遵守所在国家及国际法律法规。此外，该理论进一步要求企业承担更广泛的社会责任和公益责任，包括但不限于改善社区福祉、提高生产透明度和促进环境保护。

"三重底线"理论进一步拓展了企业责任的维度，强调企业在追求经济利益的同时，应平衡社会和环境效益。这种观点要求企业在其经营决策中，同等考虑经济底线、社会底线和环境底线，推动企业在增强经济表现的同时，也积极参与社会公益活动和环境保护，体现出一种全球化的责任感和道德承诺。

与此同时，"责任投资 ESG 原则"强调社会责任投资（Social Responsibility Investment，SRI）应考虑环境、社会和公司治理（ESG）因素①。这种观念认为，投资者不仅应关注企业的财务表现，还应深入了解企业在环境保护、社会责任和良好治理方面的实践。这种整合性的评价标准有助于识别那些不仅财务表现稳健，同时在促进可持续发展方面表现出色的企业。

以上三个理论框架为确定公司社会责任信息披露的一级绩效指标提供了坚实的理论基础。通过这些指标，可以更系统地评估企业在社会责任方面的表现，从而指导投资决策，优化企业战略，并向利益相关者明确展示企业在经济、社会和环境三方面的综合表现。这种多维度的评价体系不仅有助于推动企业实现可持续发展目标，也为投资者和政策制定者提供了重要的决策支持工具。

一般认为，企业社会责任主要是指环境责任和公益责任。经济绩效已经在财务报告中有所体现，治理绩效和社会责任的关系也不大，因此二者不需要包括在社会责任信息披露中。笔者将经济绩效和治理绩效作为中国上市公司社会责任信息披露标准的一级绩效指标还有以下原因：

第一，经济绩效为什么作为一级绩效指标？

经济绩效之所以被列为一级绩效指标，主要原因在于它是上市公司履行其核心责任、保障持续运营的基石。对中国上市公司而言，经济责任不仅是其首要责任，更是公司存在和发展的根本前提。这种责任体现在公司必须在遵守法律法规的前提下，致力于股东财富的保值和增值，确保投资者尤其是广大中国投资者的利益得到实质性的回报。

首先，经济绩效直接关联到公司的盈利能力和财务健康状态，这是公司能够持续运营并履行其他社会责任的前提。一个财务状况稳健的企业，更有能力投入资源来改善社会福利、环境保护和公司治理。因此，经济责任不仅是对股东的直接负责，同时也是企

---

① 社会责任投资（SRI），有时候也被称为可持续发展与责任投资，即 Sustainability 和 Responsibility Investment。

业能否在其他领域负起社会责任的基础。

其次，社会责任信息披露中包括经济绩效的原因，与综合报告的理念密切相关。综合报告作为一种可能成为未来企业报告主流的形式，强调将财务与非财务信息相结合，提供一个全面的企业表现视图。在这种报告中，经济绩效指标依然是决策者重要的参考信息，它帮助投资者和其他利益相关者评估企业的经济健康状况和投资价值。此外，非财务信息如社会、环境和公司治理绩效也同样重要，它们与经济绩效信息一起，为报告使用者提供了一个综合利用的决策基础，从而促进了对企业全面责任的理解和评价。

因此，将经济绩效作为一级绩效指标，不仅是因为它直接关系到公司的核心利益，也因为它是连接其他责任指标的桥梁，是评价公司全方位绩效的重要起点。这种做法确保了企业报告的实用性与前瞻性，能帮助利益相关者更好地理解企业的综合表现。

第二，治理绩效为什么作为一级绩效指标？

治理绩效被视为一级绩效指标的原因在于其直接影响公司的整体运营效率、信誉及对各种风险的应对能力。良好的公司治理结构不仅可以提升公司的市场估值，而且在维护投资者利益、防范经营风险以及实现可持续发展方面发挥着关键作用。

首先，理论研究和实践经验均显示，公司治理的优劣对企业的市场表现和长期发展具有深远影响。良好的公司治理可以增强企业透明度，提升管理效率，并通过制定明确的责任分配和决策流程，保证公司运作的公正性和合规性。这种高标准的治理体系能够有效吸引和保持投资者的信心，因为投资者通常寻求那些能够保证资本安全并提供持续回报的投资机会。

其次，优秀的治理结构是企业能够有效管理内部和外部风险的基石。通过建立健全的监督机制和风险管理策略，企业能够更好地预防和应对潜在的经济、法律和市场风险。此外，良好的治理还能够确保企业在面对环境变化和社会挑战时，做出迅速而有效的反应，从而维持其业务的稳定和持续发展。

从"责任投资 ESG 原则"的视角来看，公司治理是环境（Environmental）、社会（Social）和公司治理（Governance）三个维度中的核心要素之一。投资者和其他利益相关者越来越重视将公司的 ESG 表现作为投资决策的关键参考。良好的公司治理表现通常被视为企业负责任和可持续运营的标志，这不仅能够吸引负责任的投资，还能够提高企业在全球市场中的竞争力。

因此，将治理绩效视为一级绩效指标，反映了对企业全面质量的关注，强调了治理质量在保障企业长期成功和社会责任履行中的基础性作用。这种做法有助于推动企业向更高标准的治理目标努力，同时也为投资者和其他利益相关者提供了评估企业治理质量的直接指标，从而在综合报告中发挥了关键的决策支持角色。

7.2.2 二级绩效指标的初次筛选

（1）经济绩效的二级绩效指标

经济绩效的二级绩效指标主要参考了 GRI 的 G3 标准，选取了"财务绩效、市场占有率、经济影响"3 个因素作为经济绩效的二级绩效指标。

财务绩效指标反映了公司的财务健康情况和盈利能力，是评估企业经济绩效的核心。财务绩效通过净利润、营业收入、资产回报率等具体财务数据来衡量，为投资者和其他利益相关者提供了公司经济状况的直接视图。

市场占有率指标展示了公司在其所处行业或市场中的竞争地位。高市场占有率通常意味着公司具有较强的市场影响力和竞争优势，这可以通过市场份额、同行业排名等数据来具体衡量。

经济影响指标评估企业对其经营环境和经济体系的影响。其包括企业的供应链贡献、对就业的影响、其产品和服务对经济发展的推动作用等方面。

这种基于 GRI 标准和相关地方指引的绩效指标选择，确保了评估的全面性和符合性。通过对这些二级绩效指标的持续监测和报告，企业不仅可以展示其对经济的积极贡献，还能提升企业的可持续发展能力和社会形象。这种多维度的绩效评估框架，有助于推动企业管理的透明化和责任化，进而增强投资者和公众的信任与支持。

（2）社会绩效的二级绩效指标

社会绩效的二级绩效指标主要借鉴了深交所 2006 年制定和发布的《上市公司社会责任指引》的部分内容和思想，从利益相关者的角度阐释了上市公司的社会绩效，即社会绩效下设"股东权益、债权人权益、劳工权益、人权保障、供应商权益、消费者权益、政府权益、社区参与、其他方面"，共计 9 个二级绩效指标。

股东权益指标关注公司是否保护股东的基本权利和利益，确保股东获得必要的公司运营信息，以及公平的利润分配。这一指标强调透明度和公正性，是赢得投资者信任的基础。

债权人权益指标关注公司是否遵守对债权人的义务，确保财务的透明性和债务的及时偿还。这一指标是维护公司信誉和金融稳定性的关键。

劳工权益指标涵盖员工的薪酬、工作条件、培训与发展机会等。关注员工权益有助于提升员工满意度和生产力，同时减少劳动纠纷。

人权保障指标强调公司运营不侵犯人权，包括禁止童工和强迫劳动等。这一指标体现了公司的全球责任和道德标准。

供应商权益指标关注公司是否通过建立公平的采购政策和供应链管理，保护供应商的合法权益。这有助于建立稳固的供应链和提升供应链整体责任水平。

消费者权益指标关注公司是否确保消费者能获得高质量的产品和服务，并保护其合法权益。这一指标直接关联到公司的市场声誉和客户忠诚度。

政府权益指标关注公司是否遵守地方和国家法律法规，确保公司活动合法合规。这一指标有助于公司避免法律风险，并确保其长期良性运营。

社区参与指标关注公司在当地社区的参与和贡献，如慈善捐助、社区服务等。这一指标有助于提升公司的社会形象和社区关系。

其他方面指标关注的内容可能包括企业文化、创新和技术对社会的贡献等，这些方面虽不易量化，但同样重要，反映了企业的全面社会责任表现。

这些细分的二级指标能帮助公司更好地理解和履行社会责任，同时为投资者和其他利益相关者提供了评估企业社会绩效的具体依据。通过这些具体指标的实施和改进，上市公司能够在保持经济效益的同时，增强社会责任感，改善与利益相关者的关系，最终推动可持续发展的企业战略。

（3）环境绩效的二级绩效指标

环境绩效的二级绩效指标是一个行业属性较强的绩效指标，因为并不是所有上市公司都存在重大的环境污染问题，诸如化工制剂、矿山开采、电力石油等行业面临的环境污染问题可能较严重，而科技含量较高的高端服务业的污染问题就不那么重要，但是仍存在节能减排的问题。环境绩效的二级绩效指标的选取力求争取广泛的适用性，借鉴了GRI的G3标准、国资委的社会责任指导意见、中科院的社会责任指南、上交所的环境指引等，下设了"环境管理、能源节约、三废减排、其他方面"4个二级绩效指标。

环境管理指标关注企业是否建立了有效的环境管理体系，包括环境政策、管理程序，以及监测和报告机制的实施。良好的环境管理体系不仅有助于预防环境事故发生，还能提高企业对环境法规的遵守程度和对环境风险的管理能力。

能源节约指标评估企业在能源使用上的效率，重点是减少能源消耗和提高能源使用的效率。通过采用先进的技术和改进操作流程，企业可以显著降低能耗，并减少温室气体排放，促进可持续发展。

三废减排指标涉及固体废物、废水和废气的处理和减少。这些通常是造成环境污染的主要因素，特别是在化工、矿业和重工业等行业。有效的废弃物管理和减排措施不仅能减轻企业对环境的负面影响，也是企业履行社会责任的重要体现。

其他方面指标可以包括企业采取的任何额外的环境保护措施，如生物多样性保护、环境恢复项目、可持续物料使用等。这一指标允许企业展示其在传统环境管理范畴之外的创新和努力。

通过借鉴GRI的G3标准、国资委的社会责任指导意见、中科院的社会责任指南及上交所的环境指引，该环境绩效指标体系旨在为不同行业的企业提供一个清晰、全面的环境责任评估框架。这种综合性的指标设计不仅有助于企业对外证明其环境责任的承诺和实践，还能激励企业内部持续改进其环境绩效，从而在全球化的市场中增强竞争力和提升企业声誉。

（4）治理绩效的二级绩效指标

治理绩效的二级绩效指标主要考虑公司治理的几个大的方面，诸如内部控制制度健全和有效、"董监高"对上市公司影响等常见的公司治理问题，同时考虑了社会责任投资原则下"股东倡导主义"（股东行动主义），即机构投资者的主动治理问题。最终，治理绩效下设"内部控制、股东权利、董事监事、信息披露、机构治理"5个二级绩效指标。

内部控制指标关注公司是否建立了健全和有效的内部控制系统，包括财务报告的准确性、运营效率的提升以及合规性的确保。良好的内部控制系统可以减少风险，防止欺诈行为，保护企业资产，从而支持企业的健康发展。

股东权利指标确保所有股东都能公平地行使其权利，包括参与重大决策、选举董事会成员等。强化股东权利有助于增强公司的责任感和透明度，同时促进股东与公司之间的良好关系。

董事监事指标涵盖董事会和监事会的构成、功能和效率，评估这些治理机构是否能有效监督公司的管理层，确保其为股东的利益服务。高效的董事会和监事会是公司治理结构的核心，对公司策略和政策的制定起着关键作用。

信息披露指标关注公司是否按照相关法律法规及市场规则，公开透明地披露财务和非财务信息。良好的信息披露习惯有助于建立投资者信任，降低公司资本成本，同时提高市场评价。

机构治理指标包括机构投资者如何通过股东倡导主义（股东行动主义）影响公司治理。这涉及机构投资者在公司治理中的主动性，如提案权、对管理层的监督等，有助于推动公司治理向更高标准发展。

通过这些细化的二级指标，公司可以更具体地衡量和改善其治理实践，符合国际标准和市场预期。此外，这些指标的实施不仅提高了公司的管理质量和透明度，也为股东和其他利益相关者提供了评价公司治理状况的具体工具，增强了企业的市场信誉和投资吸引力。通过持续改进治理结构和实践，公司能够在竞争激烈的市场中保持优势，实现可持续发展。

7.2.3　三级绩效指标的初次筛选

一级绩效指标、二级绩效指标经初次筛选确定以后，三级绩效指标选取的大方向便已确定。

三级绩效指标的初次筛选就是在一级绩效指标、二级绩效指标初次筛选结果的基础上，将二级绩效指标进行细化，细化的过程就是三级绩效指标的初次筛选过程[①]。

三级绩效指标的初次筛选借鉴了国内外已有的企业社会责任信息披露标准体系的绩效指标，因此，三级绩效指标中既含有国内绩效指标的某些成分，又含有国外绩效指标的影子。

例如，经济绩效的三级绩效指标中既含有反映上市公司盈利性和成长性的本土因

---

① 三级绩效指标的初次筛选基本上就是对二级绩效指标的细化，由于在二次筛选中要进行重点分析，因此此处不作过多陈述。

素，又有反映上市公司经营发展改善生活水平和促进社会发展进步的国际因素；社会绩效的三级绩效指标中既有反映上市公司分红水平、员工最低工资标准的本土因素，又有反映企业工会运转情况的劳工权益问题、反映结社自由和集体谈判的人权保障问题、反映社区影响和社区捐赠的社区参与问题等国际因素；环境绩效的三级绩效指标中既有反映本土因素的三废减排问题，也有反映国际因素的生物多样性问题；治理绩效的三级绩效指标中既有反映本土因素的资金募集使用问题、独立董事问题，也有反映国际因素的机构治理问题。

三级绩效指标的初次筛选没有做更多的深入分析，例如三级绩效指标对中国上市公司的适用性问题。三级绩效指标进一步分为核心绩效指标、备选绩效指标、行业特征指标等，这些问题都将放在绩效指标二次筛选时做重点分析。

最终，三级绩效指标的初次筛选结果如下：经济绩效指标下设12个三级绩效指标，社会绩效指标下设71个三级绩效指标，环境绩效指标下设23个三级绩效指标，治理绩效指标下设25个三级绩效指标，总计131个三级绩效指标。

7.3　中国上市公司社会责任信息披露影响因素分析

7.3.1　宏观影响因素分析

（1）政治因素

① 国家战略

是否会将上市公司社会责任信息披露作为提升国家形象，吸引海内外投资者关注的一种方式，从而上升到国家战略层次，这决定着上市公司社会责任信息披露是否具有坚实的推动基础并朝着一个正确的方向发展。例如目的在于提升企业透明度的社会责任信息披露，将吸引更多的投资，实现资源的优化配置。

一是国家战略层面的推动。国家政策对上市公司社会责任信息披露具有深远的影响。例如，通过制定具体的指导方针和法规，政府可以激励或强制上市公司公开其社会责任活动。这不仅能提升国家整体的商业透明度和治理水平，还能吸引更多国内外投资者对这些积极履行社会责任的企业进行投资。

二是提升国家形象和吸引投资。通过强化社会责任信息披露的要求，政府可以有效地提升国家在全球经济中的形象。投资者越来越关注企业的社会责任表现，认为这是企业长期稳定发展的关键因素。国家通过推动企业公开透明的社会责任行为，不仅能增强企业的竞争力，还能作为一种吸引外资的策略。例如，通过展示国内企业在环境保护、社会公益和治理结构方面的积极表现，可以吸引那些重视可持续发展和社会责任投资的外国投资者。

三是实现资源的优化配置。社会责任信息披露有助于资源优化配置，通过透明化的信息披露，投资者能更准确地评估企业社会责任表现和风险管理能力，从而做出更明智的投资决策。这种信息的可获取性可以减少市场信息不对称，提高市场效率，促使资本流向那些不仅经济表现良好，而且在社会和环境方面表现优异的企业。

综上所述，国家战略的支持为上市公司社会责任信息披露提供了坚实的基础，使之成为提高透明度、吸引投资，以及促进更公平的资源分配的重要工具。通过政府的积极参与和政策支持，可以确保这一实践朝着正确的方向发展，最终达到提升整个国家或地区在全球市场中的竞争力和可持续性发展的目标。

②法律基础

执政者是否会推动社会责任信息披露的立法工作，为上市公司信息披露提供法律基础，这体现了国家意志，并向社会公众传达认可社会责任理念的信号，从而引导更多的上市公司披露社会责任信息。法律不仅提供了执行的权威性基础，还能够形成强制力，确保企业遵循一定的规范和标准。例如食品安全、环境污染等方面的完善立法会让社会公众有更多的知情权，并让违反以上法规或不进行披露的上市公司面临市场的低估值或生存危机。

一是立法的推动作用。政府通过立法来推动社会责任信息披露，体现了国家对社会责任理念的重视和支持。例如，实施关于环境保护、劳动权益保障、企业治理等领域的具体法律，不仅规定了企业应披露哪些信息，还明确了不遵守这些规定的法律后果。这种法律基础不仅提高了企业行为的透明度，也加强了公众对企业行为的监督能力。

二是法律的规范和指导作用。法律提供了信息披露的标准和框架，使上市公司在履行社会责任方面有明确的遵循指南。这些法律规定帮助确保所有企业都在一个公平的环境中竞争，同时为投资者和利益相关者提供了必要的信息，以便他们做出知情决策。

三是法律对企业行为的影响。法律的存在和执行强度直接影响企业的行为模式。对于那些涉及公共利益的重要问题，如食品安全和环境保护，严格的法规不仅增加了公众的知情权，也对不遵守规定的企业施加了压力。企业为避免因违法而遭受罚款、声誉损害或其他法律后果，将更加重视其社会责任的履行。

四是法律对市场评价的影响。法律基础还影响企业在市场中的评价。那些积极遵守社会责任披露法规的企业，通常会获得更高的市场信任和投资者支持。相反，违反法律规定或未能适当披露社会责任信息的企业可能会面临投资者撤资、股价下跌等风险。

因此，法律基础在确保上市公司社会责任信息披露方面发挥着至关重要的作用。通过制定和执行相关法律，政府不仅可以促进企业的透明度和责任感，还可以通过法律的引导和约束作用，推动整个社会向更公正、可持续的方向发展。这种法律环境的建立是确保社会责任得以广泛实施和认可的基础，也是建立公众信任和社会稳定的关键。

③公民社会

公民社会对于推动上市公司社会责任信息披露非常重要，特别是在提高企业透明度和问责性方面。公民社会下的消费者、NGO等更具有可能性发起有力行动来表达自身的关切，此时上市公司不得不做出回应。

一是增强公众参与与监督。公民社会，包括NGO、消费者权益组织、环保组织以及其他利益相关者团体，可以通过提高公众意识和公众参与来对上市公司施加压力。这些团体借助媒体平台、社会运动和公共论坛等方式，揭示公司在社会和环境方面的行为，促使企业对其行为负责。

二是倡导透明度和可持续实践。公民社会的组织常常推动具体议题，如透明度、公正劳动实践或环境保护等。通过倡导活动和政策推荐，这些组织有助于形成广泛共识，推动制定更为严格的信息披露法规和标准。此外，它们也经常参与到政策制定过程中，作为压力团体影响政府决策。

三是响应社会期待与需求。在社会舆论和公民意识高度发达的今天，企业必须考虑其行为对品牌形象和市场地位的长远影响。消费者和其他利益相关者更倾向于支持那些展示出良好社会责任的公司。因此，上市公司越来越意识到，积极响应公民社会的期待并透明地披露其社会责任活动，是保持其竞争力的关键。

四是危机响应和形象管理。当企业面临道德或法律危机时，如破坏环境、不公平劳动实践等问题被揭露，公民社会的反应往往会迅速且强烈。这种情况下，上市公司被迫采取行动以修复其受损的公众形象和消费者信任。这种压力促使企业不仅遵守基本的合规要求，还要在社会责任的实践上做得更好。

因此，公民社会是推动上市公司社会责任信息披露的重要力量。通过各种活动和倡议，公民社会确保了企业的行为更加透明和符合伦理标准，同时也为公众提供了一个参与和表达关切的平台。这种动态互动最终有助于形成一个更加负责任和可持续的商业环境。

④政治筹码

发达国家可能利用社会责任话题作为政治筹码，例如在国际贸易中要求披露劳工权益信息、在国际航运中要求披露碳排放信息等，这些作为政治筹码的方式在某种程度上推动了某类上市公司重视某一方面社会责任信息的披露。

一是国际贸易协议和标准。发达国家经常在与发展中国家的贸易协议中加入社会责任的要求，如劳工权益的保护、环境保护措施和透明度等。这些要求往往被用作谈判的筹码，以推动全球供应链中的可持续实践。例如，欧盟和美国可能要求所有进口商品符合严格的环境和社会标准，这迫使出口国的企业改进其社会责任信息披露和实践。

二是国际环境协议的影响。在全球气候变化和环境保护方面，国际社会越来越多地要求企业披露其碳排放和其他环境影响信息。这些信息的披露常常成为国际谈判中的一部分，如巴黎气候协议下的国家承诺减少碳排放，这促使相关企业采取行动以符合国家目标。

三是国际投资和金融市场的要求。国际投资者和金融市场越来越重视企业的社会责任记录，将其作为投资决策的重要因素。国家可能利用这一趋势来推动本国企业提高透明度和责任标准，以吸引更多外国投资。

四是地缘政治和经济外交。在地缘政治中，社会责任披露可以用作提升国家形象和影响力的工具。国家可能通过在国际论坛上推广其在社会责任方面的成就来提升其软实力，或者使用社会责任标准来对抗其他国家的市场优势。

五是应对全球社会挑战。在全球层面上，面对诸如侵犯劳工权益、不公平贸易实践和环境破坏等问题，社会责任披露成为政治争论和国际合作的焦点。各国政府可能利用这些议题来推动国际社会向更公正和可持续的方向发展。

总之，社会责任信息披露作为政治筹码的使用反映了其在国际政治和经济中的重要性。这种筹码不仅能推动特定领域的改进，还能促进全球范围内的社会责任和可持续发展议程。

（2）经济因素

①全球竞争

全球经济一体化下的市场竞争异常激烈，公平竞争要求在同一个被大多数认可的规则下经营，这样中国的企业，尤其是上市公司的一些全球市场业务不得不去主动适应这些规则，其中就包括社会责任信息披露的规则。例如，海外企业会对中国的供应商进行验厂，并要求中国供应商披露这些信息，如果验厂结果不好，会影响其全球市场竞争力。

一是全球供应链的标准化要求。随着全球经济的融合，许多国际企业开始要求其供应链上的企业遵守相同的社会责任标准。这包括对劳工条件、环保措施和企业治理的详细审核。中国企业作为许多国际品牌的供应商，必须遵守这些标准以维持其合作关系。例如，国际品牌如苹果、耐克等会定期对其中国供应商进行验厂，以确保它们符合公司的社会责任政策。

二是提高透明度和可信度。社会责任信息的披露不仅是为遵守外部要求，同时也是提升企业透明度和可信度的一种方式。通过公开其社会责任实践，企业可以向全球投资者和消费者展示其承担社会责任的决心和实际行动。这种透明度是提升品牌信誉和客户忠诚度的关键因素。

三是应对国际法规与市场压力。随着国际市场对社会责任的要求日益增长，不披露或不充分披露社会责任信息的企业可能会面临法律和市场的双重压力。这包括出口限制、高关税和消费者抵制等风险。因此，主动披露社会责任信息变得尤为重要。

四是竞争优势的构建。在全球市场中，能够证明自身符合或超越国际社会责任标准的企业可能会获得更多的商业机会和更广泛的市场接受度。这种竞争优势是通过持续改进和公开其社会责任实践来实现的。

五是跨文化管理与适应性。随着中国企业越来越多地与国外企业合作或直接进入外国市场，对不同文化背景下的社会责任期望有更深的理解和适应成为必要。这包括了解不同国家和地区对社会责任的具体要求，并根据这些要求调整自身的策略和操作。

因此，社会责任信息披露的规则已成为全球竞争中不可或缺的一部分，中国上市公司必须通过提高其在社会责任方面的表现和透明度来适应这一趋势，从而在激烈的国际市场竞争中保持竞争力。

②经济发展水平

一国所处的经济发展阶段和经济发展水平会影响本国上市公司社会责任信息披露水平，发达国家已经走过原始积累阶段并完成了经济转型，而中国的经济发展正处于转型期，这个阶段倡导企业履行社会责任和企业社会责任信息披露最好与经济发展步调相一致。例如，企业对社区的贡献、碳排放的计算和披露等，可能需要循序渐进，不宜做过多要求。

一是经济发展水平与社会责任的关系。在经济发展的不同阶段，国家对社会责任和信息披露的重视程度可能会有所不同。发达国家由于已经完成了工业化和经济转型，一般具有更成熟的市场机制和更完善的法律制度来支持广泛的社会责任实践。相比之下，发展中国家可能更集中于经济增长和工业化进程，因此在社会责任信息披露方面的要求可能不如发达国家严格或全面。

二是中国的特殊情况。虽然中国经济快速增长，但仍处在经济发展的转型阶段，这影响了对企业社会责任（CSR）的看法和实施。在经济快速发展的同时，中国的企业可能面临如何平衡经济增长与社会责任的挑战。此外，鉴于中国对环境问题和社会不平等问题日益关注，企业社会责任和信息披露的要求正在增加，但这些要求的实施可能需要逐步进行，以确保不会妨碍经济的进一步发展。

三是适应国际标准的挑战。随着中国企业越来越多地融入全球市场，国际上对社会责任的普遍要求——包括环境保护、劳工权益和透明度——对中国企业构成了新的挑战。这要求中国企业在不牺牲经济效益的前提下，逐步提升其社会责任信息披露的质量和广度。

四是平衡本土需求与全球期待。中国企业在适应本国的经济和社会发展需求的同时，也需要应对全球消费者和投资者对社会责任的期望。例如，对环境保护和碳排放的信息披露，虽然在国内可能还未成为强制性要求，但为了维护在全球市场上的品牌形象和市场竞争力，这类披露变得越来越重要。

五是未来趋势。随着中国经济的持续成熟和国际化程度的提高，可以预见，社会责任信息披露的范围和深度将会逐渐增加，同时也会更加符合国际标准。这种转变虽然是渐进的，但对提升企业的国际信誉和市场竞争力是必要的。

综上所述，中国和其他发展中国家在推进企业社会责任和信息披露方面需要考虑本国的特定经济和社会背景，同时逐步向国际标准看齐，以实现经济发展和社会责任的双重目标。

③比较战略优势

一国的经济发展历史和发展阶段决定了其在世界经济分工中位置，最终会占据其占有比较战略优势的领域，从而形成世界经济分工格局。诸如，与发达经济体相比，中国经济的相对比较优势在于劳动力成本低、企业的环保压力小等，这些会导致其社会责任信息披露的范围重点与发达经济体产生差异。

一是劳动力成本低。中国长期以来被视为"世界工厂"，部分原因在于其较低的劳动力成本。这使得许多跨国公司选择在中国设立制造业基地。尽管这一优势随着经济发展和劳动力成本上升逐渐减弱，但它仍然是中国在国际分工中占有优势的一个重要因素。

二是环保监管较宽松。在经济快速发展阶段，中国的环保法规相对宽松，使得一些高污染行业在国内能够以较低成本运营。然而，随着环境问题的日益严重和公众环保意识的提高，中国政府近年来已开始加强环保法规建设，并推动绿色经济发展。

三是披露的侧重点。由于国内外对环保和劳工权益的不同要求，中国企业可能更加关注在这些领域展示其合规性和改进措施，以符合国际市场的期望。

四是披露的深度和广度。在发展中国家，企业社会责任的披露可能更注重符合法律最低标准，而在发达国家，企业可能会主动披露超出法规要求的信息，以提升品牌形象和消费者信任。

五是国际合作与适应性。面对全球化的市场和国际买家的压力，中国企业需要逐步提高其社会责任信息的披露质量和透明度，以保持其在国际市场的竞争力。

总之，中国的比较优势和发展阶段决定了其社会责任信息披露的特点和发展路径。随着全球对可持续发展和社会责任的重视，中国企业需要不断调整其社会责任战略和信息披露实践，以更好地适应国内外市场的变化和要求。这不仅是为了满足国际标准，更是为了推动长期的商业成功和可持续发展。

（3）文化因素

①集体主义文化

西方发达经济体一般秉承个人主义文化，这种个人主义文化强调在一个认可的规则下每一个人、每一个组织、每一个群体等都有权利来维护自身的利益。中国奉行集体主义的家文化，强调集体利益最大化，兼顾个人利益。

一是工会和员工权益。在强调集体主义的文化中，工会可能不如西方国家那样具有独立性和对抗性。中国的工会通常与公司管理层有较紧密的联系，这可能限制它们在独立维护员工权益方面的能力。因此，员工权益的保护可能不会像在个人主义文化中那样强调个体权利和公开对抗。

二是消费者权益。在集体主义文化中，行业潜规则有时可能被默认接受，即便这些规则对消费者权益可能有负面影响。这种文化背景下，对企业的批评和监督可能会因为恐惧破坏和谐或对集体利益造成损害而被抑制。

三是信息披露质量。集体主义文化可能导致企业在信息披露方面采取更为保守的态度，特别是在涉及可能影响到公司整体利益或社会和谐的敏感信息方面。这种文化倾向可能使得企业在披露与员工权益、消费者保护等相关的负面信息时更为谨慎。

虽然集体主义文化可能在一定程度上影响企业的社会责任信息披露和实践，但通过结合国际经验、政府引导、加强独立监管，以及促进利益相关者的广泛参与，可以有效提升这些企业在社会责任方面的表现和透明度。

②宗教文化

宗教文化会影响一国企业社会责任信息披露水平，西方发达经济体在宗教文化的推动下，会向企业提出某些社会责任信息需求，同时也有企业朝着宗教文化偏好的社会责任方向努力。

一是"伦理投资"。许多宗教组织和信仰者倾向于进行所谓的"伦理投资"，即避免投资于那些与其宗教教义相悖的行业，如烟草、武器等。这种投资策略推动了对企业社会行为的更高标准，企业为了吸引宗教基金等资本，可能会更积极地披露其在社会责任方面的信息和实践。

二是道德和透明度要求。宗教文化常强调诚实、透明和对公众的责任。这种文化背景下的企业，尤其是那些欲获得宗教组织认可的企业，往往会在社会责任信息披露方面表现得更为透明和主动。这不仅是为了符合道德标准，也是为了维持其在消费者和投资者心目中的良好形象。

三是社会和环境责任。许多宗教教义提倡保护环境和支持社区福祉，这促使企业在环境保护和社会贡献方面采取积极措施。

宗教文化在不同国家和地区对企业社会责任信息披露的影响是多方面的，包括推动企业采取更高的道德和伦理标准，以及在信息披露方面展示其对这些标准的遵守。通过理解和融入这些文化价值观，企业可以更好地定位自己在全球市场中的角色，同时提升其品牌的公信力和吸引力。

（4）市场因素

①市场发达程度

证券市场的发达程度影响上市公司社会责任信息披露的水平，当证券市场还不够成熟，处于发展前期时，上市公司质量、信息披露水平、责任意识都还不够成熟，在守法经营理念还需要继续普及时，在传统财务报告质量还有待提升时，很难奢望上市公司提供更多有价值的社会责任信息。

一是监管环境和标准。在一个成熟的证券市场，监管机构通常会设定严格的信息披露要求，包括对社会责任信息的披露。这些要求帮助确保所有市场参与者都能获取到关于上市公司运营的透明和真实信息，包括它们在环境、社会和治理（ESG）方面的表现。相反，在一个发展中的市场，这些规则可能还不完善，监管机构的监督能力可能也有限。

二是市场压力和投资者需求。成熟市场中的投资者通常更加注重企业的社会责任表现，认为这是评估企业长期价值的重要因素之一。因此，上市公司为了吸引投资和维护其市场地位，可能更倾向于提供详尽的社会责任信息。而在不够成熟的市场，投资者可能更关注短期财务回报，对社会责任的关注较少，这减少了企业在社会责任信息披露方面的动力。

三是企业治理和内部控制。在一个发展中的市场，上市公司的企业治理结构和内部控制机制可能还未完全成熟，这可能限制了它们在社会责任方面的表现和信息披露的质量。企业治理的不健全可能导致信息披露不透明甚至误导，包括在社会责任方面的报告。

四是法律与文化因素。法律框架的健全与否以及文化对法律的支持程度也影响社会责任信息披露。在法律环境较弱、对企业不诚实行为惩罚不足的国家，企业可能不会主动披露可能影响其形象或利益的社会责任信息。

随着市场的逐步成熟，可以预计企业社会责任的透明度和信息披露的质量会逐渐提高，这不仅有助于提升投资者信心，也促进了市场的整体健康和可持续发展。因此，对于发展中的市场而言，加强监管、提升企业治理标准、增强法律执行力和推广社会责任的重要性是提升市场成熟度的关键步骤。

②市场有效程度

证券市场的有效程度也影响上市公司社会责任信息披露水平，当上市公司披露的社会责任信息不能被市场及时捕获时，则社会责任信息的有用性大打折扣，这会影响上市公司社会责任信息披露的积极性。当然，这可能是一个内生性问题，即由于上市公司披露的社会责任信息本身噪声较多，从而无法被市场及时分辨并捕获。

一是信息的及时捕获。在一个高度有效的市场中，企业披露的社会责任信息会被迅速且准确地吸收，这使得这些信息对公司估值有明显影响。投资者和分析师会利用这些信息来评估企业的未来风险和机会，尤其是那些长期影响公司可持续发展的因素。如果市场无法有效捕捉这些信息，例如由于信息传播渠道不畅或市场参与者对这类信息不敏感，那么社会责任信息的实际影响力和实用价值将大打折扣。

二是信息噪声的问题。如果上市公司披露的社会责任信息质量不高，或包含大量无关或误导性信息（即信息噪声），那么市场的反应可能会被削弱。市场参与者可能难以从这些噪声中筛选出有用信息，从而影响其决策。这种情况下，即便企业投入资源来提升社会责任信息的披露，也可能不会得到预期的市场回应，这反过来又会影响企业未来披露此类信息的意愿。

三是市场反馈机制的作用。市场的反馈机制在激励企业进行社会责任信息披露中扮演着关键角色。如果市场对企业的社会责任表现反应积极，比如通过股价上涨或投资者偏好增强来奖励那些表现良好的企业，那么其他企业也会受到鼓励，从而提高其社会责任的信息披露质量和量级。反之，如果市场对这些信息反应冷淡或忽视，那么企业的披露动力可能会减弱。

四是提高市场效率的策略。提高市场对社会责任信息的敏感度和反应速度，需要多方面的努力。这包括加强投资者教育，提升对社会责任重要性的认识；改进信息披露的法规，确保信息的质量和透明度；开发和采用更先进的分析工具和技术，帮助市场参与者更有效地处理和利用披露的信息。

证券市场的有效程度是决定社会责任信息披露实践成功的关键因素。市场结构和功能的优化可以显著提高这些信息的实用性和影响力，从而促进整个市场的健康和可持续发展。

7.3.2　微观影响因素分析

（1）产权性质因素

产权性质可能影响上市公司社会责任信息披露水平。国有产权性质的上市公司真实所有者为全体人民，国家代为管理，经营发展更容易得到政府照顾，但经营理念也更容易受政府影响，因此，必然会被社会公众给予更多期望，被政府部门要求在履行社会责任和社会责任信息披露方面起到榜样作用。

国有企业通常被视为承担更多社会责任的主体，因为它们归全体人民所有，且由国家代理管理。这使得国有企业在履行社会责任方面承受更大的压力和期望，包括在环境保护、社区服务和公共福利等方面的表现。由于这些企业更容易受到政府政策的直接影响，它们在社会责任信息披露方面通常需要遵守更严格的标准，并在行业内起到模范作用。国有企业可能会因为政府的直接指导和监管而在社会责任报告中披露更多信息。政府部门通常要求这些企业在报告中披露具体的社会和环境目标及其实现情况，以展示政府在推动社会和经济发展方面的成就。

相对于国有企业，民营企业在社会责任信息披露方面往往具有更强的市场化特征和自愿性。这些企业的社会责任行为更多的是基于企业自身的价值观、品牌形象构建和市场策略。民营企业在披露社会责任信息时可能更注重展示其对员工权益的保护、客户服务的提升和企业治理的完善。民营企业在选择披露哪些社会责任信息时可能更加灵活和自主。它们可能会根据自身的业务重点和利益相关者的期望来决定披露的范围和深度。例如，一些民营企业可能会选择在其报告中突出其在创新、客户关怀或环境保护方面的成就，而对其他方面的信息则不那么详尽。

产权性质通过影响企业的决策自主性和政府的介入程度，间接塑造了其社会责任信息披露的策略。无论是国有企业还是民营企业，它们都需要在遵循政府规定和满足市场及公众期望之间找到平衡点。对于政策制定者和监管机构来说，了解这些差异有助于制定更有效的政策，以激励所有类型的企业提高其社会责任信息披露的质量和透明度。

因此，上市公司更有可能根据自身经营状况和企业特征来决定履行社会责任和社会责任信息披露的程度。例如，其可能在遵纪守法、保护员工权益、维护客户利益、完善民营公司治理等方面有更多的素材在社会责任报告中进行展示，而对于吸纳就业、改善社区发展、保护生物多样性、进行公益捐赠等方面可能并无许多可披露的社会责任信息。

（2）规模因素

大型企业由于其对经济和社会的重大影响，常常处于公众、政府和媒体的关注焦点中。因此，这些企业通常面临更高的社会责任期望。公众和投资者越来越多地要求它们在环境保护、社会公益和公司治理等方面承担更大的责任。对大公司而言，维护一个负责任和正面的企业形象是至关重要的。社会责任信息的透明披露可以帮助这些企业建立和保持公众信任，增强其品牌价值。因此，大型企业往往会投入更多资源来确保其社会责任报告的质量和全面性。相比较小企业，大企业通常拥有更多的资源来进行社会责任活动和信息披露。这包括财务资源、专业人力以及管理系统等，使它们能够更有效地组织、监控和报告其社会责任活动。因此，在履行社会责任和社会责任信息披露时也就更加积极主动。

规模较小的上市公司可能没有足够的资源来广泛地进行社会责任活动或进行复杂的信息披露。这些公司可能会更专注于核心业务，以保持竞争力和生存。小型企业由于影响范围较小，往往不会受到与大型企业同等程度的公众关注。因此，它们可能面临的外部压力较小，社会责任信息披露可能不那么频繁或详细。在市场竞争激烈的情况下，小型企业在进行社会责任投入时可能更加谨慎，因为这些活动可能会带来额外的成本，而这些成本对小型企业的财务状况可能有较大影响。

无论是大型还是小型企业，社会责任信息披露都是它们与利益相关者沟通的重要方式。然而，不同规模的企业在披露的动机、能力和方法上存在差异。对政策制定者和市场监管者而言，了解这些差异有助于制定更加合理的政策和指导，以鼓励所有规模的企业提高社会责任信息披露的质量和效果。对企业自身而言，找到符合自身实际情况的社会责任和信息披露策略是关键。

（3）行业特征因素

行业差异可能影响上市公司社会责任信息披露的水平。处在不同行业的上市公司，其主要利益相关者、商业模式、主营业务特点、盈利水平、受宏观经济影响程度、对社会的影响、社会公众的关注程度等方面都不同。

因此，上市公司应该首先在正确认识自身行业特征的基础上，确认其主要利益相关者，集中物力和财力围绕主要利益相关者履行社会责任和进行社会责任信息披露。

例如，对食品饮料行业上市公司应该重点披露产品质量安全、对原材料供应商的管理等方面的社会责任信息，公司应披露其如何通过高标准的生产过程和严格的质量控制来保障食品安全，详细披露关于原材料供应商的选择标准、监管措施以及如何通过合作提高供应链的可持续性。纺织出口行业应该重点披露员工权益保障、产品质量安全等方面的社会责任信息，揭示公司如何保障工作场所的安全，实施公平的劳动实践，以及提供员工培训和职业发展机会。披露关于遵守产品安全标准的信息，以及如何确保出口产品符合国际市场的质量要求。化工制剂、印刷出版等行业应该重点披露对员工身心健康产生影响、生产过程对环境的影响等方面的社会责任信息，披露化学物质的管理措施，减少生产过程中对环境的污染，以及如何处理和减少危险废弃物，详细披露如何保护员工免受有害化学物质和危险工作条件的影响。矿山开采、电力制造、油气开采等行业应该重点关注环境污染、员工工作环境等方面的社会责任信息。

通过有针对性地披露这些行业特有的社会责任信息，公司不仅能展示其对可持续发展的承诺，也能在竞争激烈的市场中建立差异化优势。此外，这种透明的信息披露有助于增强消费者、投资者和监管机构的信任，同时满足法规要求和市场期望。

（4）企业文化因素

企业文化可能影响上市公司社会责任信息披露的水平。企业文化是被企业大多数人所共同认可的一种价值观体系，如果企业履行社会责任和进行社会责任信息披露已经成为企业文化战略的一部分，那么企业社会责任信息披露就有了坚实的群众基础，就更有可能为企业带来经济效益和社会效益的双赢。

中国上市公司企业文化主要形成于创始股东（或控股股东）的经营哲学和经营理念，因此，对于中国上市公司来说，企业履行社会责任和进行社会责任信息披露是否能够进入企业文化，关键在于企业创始股东（或控股股东）是否认同企业社会责任理念。

因此，如果上市公司创始股东（或控股股东）塑造的企业文化认可企业社会责任理念，则上市公司履行社会责任会更加积极，社会责任信息则更加全面，最终表现为绩效指标覆盖率的提升，以及社会责任信息质量的提升。

7.4　中国上市公司社会责任信息披露绩效指标的二次筛选

中国上市公司社会责任信息披露标准绩效指标的二次筛选是在初次筛选基础上，结合中国上市公司社会责任信息披露影响因素分析，以及笔者对中国上市公司履行社会责任和进行社会责任信息披露的总结与思考的基础上完成的。

7.4.1　二次筛选结果概述

中国上市公司社会责任信息披露标准绩效指标二次筛选结果如"附录2.2"所示，相比初次筛选结果，二次筛选出4个一级绩效指标，与初次筛选数量相同。二次筛选出19个二级绩效指标，较初次筛选减少了2个二级绩效指标。二次筛选出169个三级绩效指标，较初次筛选增加了42个三级绩效指标（见表7-1）。

表7-1　　　　　　　　　绩效指标二次筛选后二级、三级指标数量概览

指标级别	经济绩效	社会绩效	环境绩效	治理绩效	总计
二级指标	3	8	3	5	19
三级核心	9	51	19	20	99
三级备选	8	23	10	8	49
三级行业	4	14	3	—	21
三级指标	21	88	32	28	169

根据三级绩效指标二次筛选的结果，从一级绩效指标角度看，社会绩效的三级绩效指标占比最高为52%，环境绩效和治理绩效的三级绩效指标占比大体相当，分别为19%、17%，占比最小的是经济绩效的三级绩效指标，为12%。这说明反映利益相关者责任的社会绩效指标仍然是中国上市公司社会责任信息披露的主体，环境绩效和治理绩效信息处于同等重要位置，与社会绩效信息一起构成了中国上市公司社会责任报告的ESG部分。经济绩效信息由于已经在财务报告中披露，因此，在此处并没有涉及过多（如图7-1所示）。

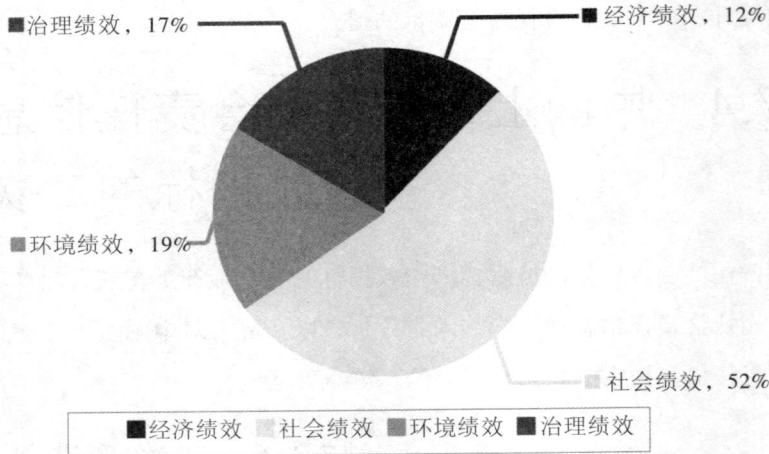

图7-1　从一级绩效指标角度看三级绩效指标二次筛选结果的构成

根据三级绩效指标二次筛选的结果，从核心绩效指标、备选绩效指标、行业特征指标角度看，三级核心绩效指标占比59%，远远超过三级备选绩效指标的29%和三级行业特征指标的12%。这说明具有普遍适用性的核心绩效指标仍然是上市公司社会责任信息披露的主要内容，同时，上市公司也有很大自由度根据自身情况选择部分备选绩效指标进行披露，而对于某些行业需重点关注的社会责任信息，在上市公司社会责任报告中也有重要体现。最终，预期上市公司有望实现60%以上的三级绩效指标覆盖程度（如图7-2所示）。

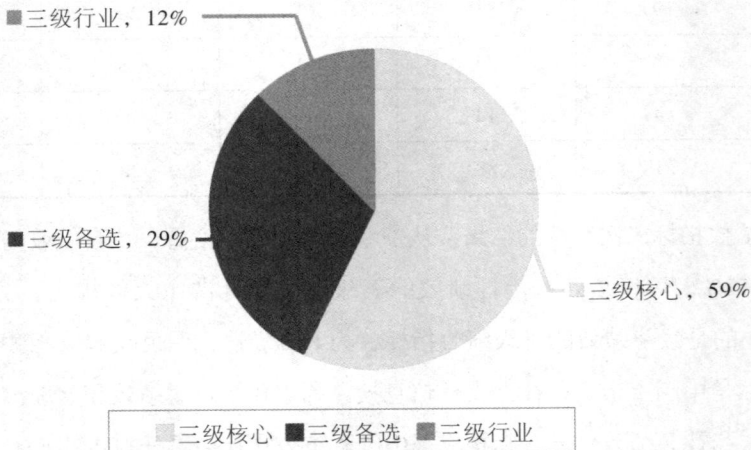

图7-2　从核心、备选、行业角度看三级绩效指标二次筛选结果的构成

7.4.2　二次筛选过程

（1）一级绩效指标的二次筛选

经过初次筛选的一级绩效指标为"经济绩效、社会绩效、环境绩效、治理绩效"，笔者认为，一级绩效指标的初次筛选结果适用于中国上市公司，二次筛选的内容可以直接采用初次筛选的结果。

最终，一级绩效指标的二次筛选结果为"经济绩效、社会绩效、环境绩效、治理绩效"，共计4个一级绩效指标。

（2）二级绩效指标的二次筛选

① "经济绩效"二级绩效指标的二次筛选

"经济绩效"二级绩效指标的初次筛选结果为"财务绩效、市场占有率、经济影响"。

"经济绩效"二级绩效指标的初次筛选主要借鉴了GRI的G3标准。笔者认为，在多层次资本市场下，对于中国上市公司而言，成长状况和创新能力都至关重要，因为这些指标不仅关系到公司的市场竞争力，还直接影响公司的长期盈利能力和股东价值。这些指标的提升通常会吸引投资者关注，并可能导致公司股价上涨。投资者和分析师通常会密切关注这些指标来评估公司的未来发展前景和投资价值。同时，成长性和创新性的提高也能帮助公司在竞争日益激烈的市场中保持领先地位，通过持续的业务扩展和技术优势赢得更大的市场份额。因此，反映其成长性和创新性的指标应是重点指标。

此外，经营哲学和经营理念是上市公司战略决策和日常运营的核心，对公司的整体表现和市场评价产生深远影响。这些理念不仅塑造了公司的企业文化，还直接关联到公司的品牌形象、员工行为、顾客满意度和投资者信心，对于引导企业朝着正确的方向发展壮大异常重要。因此，反映其经营哲学和经营理念的信息也应该被关注。

基于以上分析，笔者将"财务绩效、市场占有率、经济影响"变更为"财务绩效、创新发展与市场空间、经营理念与经济影响"，简洁明了，突出重点。

最终，"经济绩效"二级绩效指标的二次筛选结果为"财务绩效、创新发展与市场空间、经营理念与经济影响"，共计3个二级绩效指标。

②"社会绩效"二级绩效指标的二次筛选

"社会绩效"二级绩效指标的初次筛选结果为"股东权益、债权人权益、劳工权益、人权保障、供应商权益、消费者权益、政府权益、社区参与、其他方面"。

"社会绩效"二级绩效指标的初次筛选主要借鉴了深交所2006年的《上市公司社会责任指引》,从上市公司利益行者角度来展示"社会绩效"。

笔者认为,从利益相关者角度展示"社会绩效"是适合中国上市公司的,但是初次筛选结果可以进一步优化。

因此,将"劳工权益"变为"员工权益",更加易于理解。企业和供应商之间互相拥有权利和义务,将"供应商权益"变为"供应商关系"更能体现供应链管理的特征。将"其他方面"变为"商业道德与公益捐赠",更能揭示上市公司"一坏一好"的商业贿赂行为和公益捐赠行为。

政府部门也是中国上市公司的重要利益相关者,但是,以"政府责任""政府权益""政府关系"等几种表述单独作为"社会效益"的二级绩效指标都不贴切。因此,取消"政府权益"指标,将其中的违法违规内容加入"商业道德与公益捐赠"之中,将纳税情况和带动就业情况加入"经济绩效"的二级绩效指标"经营理念与经济影响"之中。

最终,"社会绩效"二级绩效指标的二次筛选结果为"股东权益、债权人权益、员工权益、人权保障、消费者权益、供应商关系、社区参与、商业道德与公益捐赠",共计8个二级绩效指标。

③"环境绩效"二级绩效指标的二次筛选

"环境绩效"二级绩效指标的初次筛选结果为"环境管理、能源节约、三废减排、其他方面"。

"环境绩效"二级绩效指标的初次筛选结果反映了上市公司在环境责任方面应该关注的几方面主要内容,诸如"三废减排""能源节约"等,绩效指标符合中国当前节能减排的环保思想,因此,初次筛选结果对于中国上市公司具有普遍适用性。

笔者认为,随着经济转型深入,中国上市公司符合经济转型方向和战略性新兴产业、新质生产力特征的企业数量及比重逐渐增大,尤其是那些具有高成长性、高科技含量、轻资产特性的企业,往往较少涉及环境问题,因为他们的业务模式通常更加依赖技术和知识产权而非重资本或资源消耗。

　　然而，一方面，中国上市公司中仍存在一些与环境关系较密切的企业；另一方面，即便在技术进步和市场需求推动下，某些行业的环境影响减少，但对环境影响较大的企业并不会完全消亡，此类新企业仍可能出现在上市之列。此外，即使是轻资产的上市公司，也面临着升级能源管理的问题，因为能源节约是降低成本、提高效率的重要手段，对公司的可持续发展和提升竞争力具有直接影响。

　　总的来说，尽管中国上市公司结构正在变得更加符合未来经济的发展方向，但环境管理和能源效率仍将是这些公司成本管理的一个重要内容。

　　因此，笔者对"环境绩效"二级绩效指标的初次筛选结果进行了必要的精简，删除了"其他方面"指标，将其中内容归属为"环境绩效"的其他三个二级绩效指标。同时，对其他三个二级绩效指标按重要性进行了重新排序，即"三废减排、能源节约、环境管理"。

　　最终，"环境绩效"二级绩效指标的二次筛选结果为"三废减排、能源节约、环境管理"，共计3个二级绩效指标。

　　④ "治理绩效"二级绩效指标的二次筛选

　　"治理绩效"二级绩效指标的初次筛选结果为"内部控制、股东权利、董事监事、信息披露、机构治理"。

　　良好的公司治理是上市公司规范运作的前提，对于中国上市公司而言，公司治理问题尤为重要。这主要是由于上市公司需要适应从"一人所有"的民营非上市公司，到"多人所有"的公众上市公司的角色转变。

　　笔者认为，中国上市公司面临着许多公司治理问题，例如上市公司可能面临高层管理者责任界定不清晰的问题，管理层和董事会之间责任分配不明确，可能导致决策效率低下和治理失效；内部控制的缺陷也是常见的问题，包括风险管理不充分、财务报告错误、欺诈行为的风险以及操作的非合规性，这些问题可能导致财务损失，损害公司声誉和投资者信心；侵犯股东权利，尤其是小股东权利不被充分保障，股东大会的决策过程可能被大股东或控股股东操纵；董事和监事的独立性和效率问题，如果董事会或监事会缺乏独立性，可能无法有效监督管理层，防止滥用职权和决策失误；信息披露不透明或延迟，包括财务和运营信息的披露不充分，使得投资者和市场不能准确评估公司的真实状况和风险；结构不合理可能导致治理效率低下，例如，董事会结构可能不足以反映股东多样性，或是执行层与决策层之间的沟通不畅；政策和程序的制定和实施也可能存在缺陷，例如薪酬政策可能导致管理层与公司长期利益不一致，激励机制可能引发不当行为。

这些治理问题不仅影响公司的日常运营效率，还可能对公司的长期可持续发展造成重大影响，增加法律和财务风险。因此，有效的公司治理机制对于上市公司至关重要，可以帮助提高透明度，保护投资者利益，增强市场信任，并促进公司整体的健康发展。

因此，笔者对"治理绩效"二级绩效指标的初次筛选结果进行了如下修改：责任管理的重要性日益提高，将成为公司治理的一个重要组成部分，增加"责任管理"指标。"股东权利"容易与"社会绩效"二级绩效指标中的股东权益相混淆，因此，将其与"董事监事"合并为"股东、董事与监事"。

最终，"治理绩效"二级绩效指标的二次筛选结果为"责任管理""内部控制""股东、董事与监事""信息披露""机构治理"，共计5个二级绩效指标。

（3）三级绩效指标的二次筛选

绩效指标的初次筛选获得了131个三级绩效指标，由于三级绩效指标的数量较多，在陈述其二次筛选过程时，仅选择重点内容进行分析。

① "经济绩效"三级绩效指标的二次筛选

"经济绩效"三级绩效指标的二次筛选主要遵循简明扼要、重点突出的筛选原则。

财务绩效下的核心绩效指标突出了主营业务和盈利增长率，这反映了上市公司在保持盈利和业务扩展方面的核心能力，这些指标对于所有上市公司来说都是关键，因为它们直接关系到公司的市场竞争力和投资者吸引力。备选绩效指标则关注了商业银行的金融风险问题，体现了上市公司在高成长同时可能面临的高风险问题。

在创新发展与市场空间方面，核心绩效指标主要关注上市公司的研发能力和市场开拓能力，这对于推动公司持续成长和扩大市场份额至关重要。特别是对于那些获得"高科技企业"和"专精特新企业"称号的上市公司而言，研发投入和研发能力的评估成为行业特征指标，这些指标不仅凸显了公司在技术创新方面的领导地位，也是其维持竞争优势和实现行业突破的关键因素。

经营理念与经济影响下的核心绩效指标主要考察了创始股东（或实际控制人）的经营哲学和经营理念，及其对企业社会责任理念的认同度。备选绩效指标涉及上市公司的发展战略，产品和服务的可持续性，及对社会的有利和不利影响。

笔者认为，"经济绩效"三级绩效指标的二次筛选充分考虑了中国上市公司现状和特征，具有很强的适用性。

最终，确定了21个"经济绩效"三级绩效指标。

②"社会绩效"三级绩效指标的二次筛选

"社会绩效"三级绩效指标的初次筛选确定了71个三级绩效指标，是4个一级绩效指标中下设三级绩效指标最多的一个，这体现了该绩效指标对于上市公司的重要性。

股东权益的核心绩效指标主要考察上市公司对股东分红回报情况，符合目前证监会鼓励上市公司分红的监管理念。

债权人权益的核心绩效指标主要考察上市公司的诚信程度，及其未来可能的财务风险。备选绩效指标主要考察债权人是否能够通过债权人地位对上市公司施加监督和约束，这实际上也是一种负债的公司治理作用。

员工权益的核心绩效指标关注以下几个方面：员工的整体素质、员工收入水平、员工的工作强度、员工个人能力的提升、员工的晋升空间和激励机制、员工安全生产、员工人身健康、员工劳资纠纷。尤其在行业特征指标中对容易导致职业病的行业、特殊工作环境下（高温、噪声、强光等）的行业、直接接触有毒化工原料的行业、简单重复长时间劳动的行业等给予了特别关注。上市公司保护员工权益，可以直接提升员工的满意度和忠诚度，从而提高员工的生产力和创新。同时实现研发团队的稳定，降低员工流动性以保留关键人才，还能维护上市公司的稳定运营和市场竞争力。此外，特别关注那些工作环境较为恶劣或有潜在职业风险行业的员工权益，能够进一步增强上市公司的社会责任感和良好形象，从而吸引投资者和客户，促进公司的长期发展。

人权保障的核心绩效指标关注上市公司可能存在的童工问题、强迫性劳动问题、性骚扰问题等，在行业特征指标中，结合中国现实，特别关注了少数民族地区的人权问题。

消费者权益的核心绩效指标主要关注产品质量问题、消费者投诉渠道问题，备选绩效指标鼓励有实力的上市公司做好客户满意度调查，在行业特征指标中特别关注了食品饮料行业、生物医药行业的产品质量安全问题，金融行业和互联网行业客户信息保密问题。高标准的产品质量和严格的信息安全措施能够增强消费者的信任和满意度，降低法律风险，从而提升上市公司的市场竞争力和品牌形象。此外，有效的消费者投诉处理渠道和定期的客户满意度调查可以帮助上市公司及时发现并解决问题，优化产品和服务，进一步巩固客户基础和市场地位。

供应商关系的核心绩效指标主要关注了供应商原材料质量管理问题，对于供应商合同违约、诚信问题给予披露，这对于从源头上保证产品质量，以及建立稳定的供应链共赢关系都非常重要。同时，在备选绩效指标中鼓励上市公司实施绿色采购政策，及"合格供应商"管理政策。

社区参与的重点在于行业特征指标，尤其是对诸如金融企业、房地产企业、采矿企业这些对当地社区影响较大的上市公司，进行社区影响的自我评估。

商业道德与公益捐赠的核心绩效指标中关注了偷税漏税、商业贿赂、虚假宣传、公益捐赠，对于中国民营上市公司而言，从民营非上市公司转变成公众上市公司，尤其要注意在合法纳税、杜绝商业贿赂方面随身份的转变而转变。

最终，确定了88个"社会绩效"三级绩效指标。

③ "环境绩效"三级绩效指标的二次筛选

"环境绩效"三级绩效指标虽然具有较强的行业特征，但是"节能减排"已经上升到国家发展战略中，诸如能源节约与所有上市公司都息息相关。

三废减排的核心绩效指标主要关注废水、废气、废渣的排放和处理问题，以及是否发生过重大泄漏事故。而对于碳排放的披露则在备选绩效指标中进行，上市公司可以根据自身情况进行选择。同时，在行业特征指标中关注诸如采矿行业的三废排放对于当地生态环境的影响。

能源节约的核心绩效指标关注可再生原材料、水和电的使用，尤其是对于一些能源使用量较大的行业，需要披露是否有使用清洁能源的计划和现实情况，这也在行业特征指标中进行了关注。

环境管理主要关注环境标准、绿色办公，以及重大环境污染隐患的防范和应对方面。尤其对于一些特殊行业，诸如海上油气开采行业需要关注重大环境污染隐患。

最终，确定了32个"环境绩效"三级绩效指标。

④ "治理绩效"三级绩效指标的二次筛选

"治理绩效"三级绩效指标的筛选对于上市公司来说非常重要，建立完善和有效的公司治理机制是监管层和投资者的共同期望。

责任管理的核心绩效指标主要关注上市公司是否建立了相应的社会责任管理制度，但是，考虑到上市公司的营运成本问题，是否建立企业社会责任专职机构和专职人员则在备选绩效指标中进行披露。

内部控制制度是公司治理中内部治理机制中的重要内容，内部控制的核心绩效指标关注内部会计控制和内部管理控制的健全性和有效性，以及内审部门、三会的设置情况，尤其提及了上市公司的发票管理制度。

股东、董事与监事的核心绩效指标中除了考察两职合一、独立董事占比等传统指标之外，还特别考察了对上市公司有较大影响的股份司法冻结、募集资金管理、委托理财、"董监高"违法违规等问题。

信息披露的核心绩效指标主要考查上市公司信息披露的及时性、可靠性，是否存在违规或被处罚的情况。民营上市公司从非上市公司转变身份后，市场对其信息披露合规性和可靠性一直存在质疑，将信息披露单独作为一个二级绩效指标，并在三级绩效指标中提供这些信息是非常有必要的。

机构治理的核心绩效指标主要考察了机构投资者的持股比例、拥有具有表决权的投票权情况，以及股东会和董事会的情况。在价值投资理念的指导下，越来越多的机构投资者倾向于参与到市值不同规模的上市公司中，通过行使表决权来影响公司的决策。因此，机构治理对于所有上市公司的作用变得越来越显著，这种治理模式有助于提升公司治理的透明度和效率，促进更符合股东利益的决策过程，增强公司的可持续发展能力。

最终，确定了28个"治理绩效"三级绩效指标。

7.5 中国上市公司社会责任信息披露标准全文

7.5.1 全文内容

通过上文研究分析，结合前述对中国上市公司社会责任信息披露标准的基本框架的分析，笔者构建出了中国上市公司社会责任信息披露标准体系，即《中国上市公司社会责任信息披露标准》（以下简称"《标准》"）。目的是指导上市公司在披露社会责任信息时遵循一定的标准和格式，以提高透明度并促进可持续发展。

这些标准涵盖了多个方面，如环境保护、社会责任、公司治理和利益相关者的权益等。该标准旨在：增强上市公司社会责任意识。帮助投资者和其他利益相关者更好地了解公司的社会责任表现，促进上市公司在社会、环境和经济领域的可持续发展。《中国上市公司社会责任信息披露标准》的全文内容见附录 B.3 所示。

7.5.2　总结与评价

《中国上市公司社会责任信息披露标准》的制定标志着中国资本市场在推进上市公司社会责任实践方面迈出了关键一步。这一标准对提升上市公司在履行社会责任方面的透明度和责任感将产生积极影响。以下是对该标准的详细总结和深入评价。

7.5.3　对《标准》的详细总结

（1）内容涵盖广泛

《标准》详尽覆盖了环境保护、社会责任、公司治理及与各利益相关者的关系等多个关键领域，为上市公司在这些领域内的活动和表现提供了一个清晰且全面的报告框架。

（2）明确的指导原则

《标准》不仅清晰列出了上市公司需披露的信息项目，还详细说明了披露的具体方式和要求的详尽程度，使得上市公司能够更加系统和规范地理解及执行社会责任活动。

（3）增强信息透明度

通过规定上市公司社会责任信息的详细披露要求，《标准》有助于提高中国上市公司在这一领域的透明度，使得投资者与公众可以更全面地了解和评估公司的社会责任实践与表现。

7.5.4　对《标准》的深入评价

（1）正面的社会影响

通过激励上市公司采取积极措施履行其社会责任，《标准》不仅有助于提升公司本身的可持续发展，也促进了整个社会的和谐与进步。

（2）品牌价值的提升

遵循这些披露标准的上市公司能够在公众眼中塑造更加正面的企业形象，这种增强的品牌信任和忠诚度可为公司在激烈的市场竞争中带来显著优势。

（3）面临的挑战转化为机遇

对于那些以往可能未能充分重视社会责任的上市公司，实施《标准》可能在初期会遇到挑战，例如需要额外的资源投入和更多的管理层关注。然而，这也为企业提供了改进自我、创新发展的大好机会，通过增强社会责任表现来吸引更多投资者和客户的支持，从而提升整体的市场竞争力。

综上所述，《标准》是对中国资本市场社会责任实践的一大积极推动，它不仅帮助上市公司更好地履行社会责任，还为投资者和社会公众提供了关于公司社会表现的关键信息，有助于推动资本市场向更加透明和负责任的方向发展。

7.6　中国上市公司社会责任信息披露标准实施可行性分析

7.6.1　新《标准》不同之处

将新《标准》与国内各类旧指引进行对比，可以发现，有以下几点不同之处，或称之为新《标准》对旧指引的改进之处。

第一，从内容结构的安排上看，新《标准》更加完善、明确、清晰。新《标准》从《标准》的简介，到《标准》制定的重要意义、目的、依据、适用对象、基本要求、信息质量要求、"定义、术语与标识"，以及《标准》最为核心的绩效指标，都进行了详细、明确的陈述。同时，新《标准》还首次正式对社会责任报告的认证（鉴证）做出了要求。

第二，从目标定位上，新《标准》明确提出了提升上市公司透明度的目标定位。新《标准》认为，从证券交易所的角度看，制定《标准》的最重要目的是提升上市公司的社会责任信息披露质量，从而提升上市公司的透明度，降低上市公司（管理层、大股东或控股股东）和投资者之间的信息不对称，为现有及潜在的投资者提供更加决策有用的表外非财务信息，提高决策质量，实现资源优化配置。

第三，从信息质量要求上，新《标准》明确提出了重要性、可靠性、相关性三种社会责任信息质量要求。以上三种会计信息质量要求同样适用于新《标准》，通过严格遵守信息质量要求，上市公司提供的社会责任信息将是掺杂更少噪声的决策有用信息。

第四，从绩效指标筛选上，新《标准》的绩效指标体系更加完善、更加明确、更加系统、更加具有实用性。新《标准》的一大亮点就是一级、二级、三级绩效指标的设计，其中，结合中国上市公司的现实状况进行了"两轮"筛选，最终二次筛选后的绩效指标预期对中国上市公司具有较强的适用性。

第五，从报告和认证（鉴证）上，新《标准》明确提出了"自愿+鼓励"的原则。新《标准》对于报告和认证（鉴证）都采取自愿原则，但是鼓励上市公司积极参与。明确提出上市公司可以自行评估绩效指标覆盖率，并结合认证（鉴证）情况给报告定级。同时首次提出了，上市公司可以聘请独立第三方或某一专家、学者对社会责任报告进行认证（鉴证），体现了逐步推进的原则。

7.6.2　新《标准》实施过程中的可能障碍和问题

新《标准》实施后遇到的可能障碍和问题如下：

第一，上市公司是否有能力辨别主要利益相关者。

本书研究强调了利益相关者的分层理论，辨别主要利益相关者也是实施战略性社会责任的前提基础。因此，为了社会责任信息披露能够重点突出、详略得当，实现社会责任信息重要、可靠、相关，则上市公司应该具备辨别其主要利益相关者的能力，在此基础上才能够集中有限的物力和财力，有的放矢。然而很多上市公司可能不具备辨别其主要或核心利益相关者的能力，这会降低其新《标准》执行的质量。

第二，上市公司是否能够将新《标准》与其他标准进行很好融合。

现实中，上市公司可能认为有必要披露除了绩效指标之外的一些社会责任信息，或者认为可以在遵循新《标准》的同时，也遵循另外一种或几种社会责任标准。在这种情况下，上市公司是否能够在降低噪声的原则下，将信息、标准进行互相融合，提供更多有助于理解该公司企业社会责任的其他有用信息，增强社会责任报告的可阅读性，值得关注。

第三，遵循新《标准》是否会给上市公司造成很大的成本（费用）负担。

新《标准》对于绩效指标的披露更加明确化，上市公司自由发挥空间较小，搜集、整理与绩效指标相关的数据和资料需要花费一定的人力和物力。同时，新《标准》还首次对社会责任报告的认证（鉴证）做出了要求，然而认证（鉴证）必然要从公司之外聘请认证（鉴证）方，则也会产生一定的成本（费用）。以上对于上市公司而言是否会增加很大的不必要成本，需要进行评估。

7.6.3　新《标准》未来应用的可能经济效果

笔者认为，新《标准》若实施将有助于提升中国上市公司的社会责任信息披露质量，预计会带来如下积极经济效果：

第一，上市公司社会责任报告将提供更多可比且有用的社会责任信息，为投资者、社会责任评级机构、社会责任指数编制机构、社会责任投资机构所用。

第二，投资者可以通过社会责任报告所提供的信息更加透彻地了解一个上市公司经营状况和发展前景，从而优化投资决策，增加或减少对其资源配置。

第三，社会责任评级机构将可以通过具有可比性、可靠性的社会责任信息评价上市公司社会责任信息披露水平的高低，以及社会责任履行的优劣，将其评级结果向社会公众公布将进一步激励上市公司的社会责任实践。

第四，社会责任指数编制机构可以根据绩效指标提供的可比信息，构建社会责任指数编制基本模型，同时运用指数编制方法确定不同绩效指标权重，可编制出能充分代表上市公司社会责任概况的责任概念指数。

第五，社会责任投资机构，尤其一些国内的公募责任基金，海外的 QFII 责任基金，能够拥有更多有用的上市公司社会责任信息，这对于其构建出能真正反映出社会责任投资理念的投资组合异常重要。

参考文献

[1] 蔡贵龙, 张亚楠. 基金 ESG 投资承诺效应——来自公募基金签署 PRI 的准自然实验 [J]. 经济研究, 2023, 58 (12): 22-40.

[2] 陈华, 孙汉, 沈胤鸿. 交易所网络平台互动能缓解股价崩盘风险吗？——基于管理层回复质量的异质性角度 [J]. 上海财经大学学报, 2022 (3): 92-107.

[3] 陈思佶. 问询函监管对会计信息质量的影响研究 [J]. 经济研究导刊, 2022 (12): 100-103.

[4] 陈运森, 邓祎璐, 李哲. 证券交易所一线监管的有效性研究：基于财务报告问询函的证据 [J]. 管理世界, 2019, 35 (3): 169-185; 208.

[5] 翟淑萍, 王敏, 白梦诗. 财务问询函能够提高年报可读性吗？——来自董事联结上市公司的经验证据 [J]. 外国经济与管理, 2020, 42 (9): 136-152.

[6] 丁钺轩, 汪天翼. 又来这一套？年报问询函对市场的教化作用——基于文本相似度视角 [J]. 财务管理研究, 2021 (9): 82-85.

[7] 何瑛, 韩梦婷. 学者型 CEO 与上市公司股价崩盘风险 [J]. 上海财经大学学报, 2021, 23 (4): 121-137.

[8] 蒋红芸, 王雄元. 内部控制信息披露与股价崩盘风险 [J]. 中南财经政法大学学报, 2018, (3): 23-32; 158-159.

[9] 康进军, 王敏, 范英杰. 媒体报道、会计稳健性与股价崩盘风险 [J]. 南京审计大学学报, 2021, 18 (3): 32-41.

[10] 李琳, 张敦力, 夏鹏. 年报监管、内部人减持与市场反应——基于深交所年报问询函的研究 [J]. 当代财经, 2017 (12): 108-119.

[11] 李甜甜, 李金甜. 绿色治理如何赋能高质量发展：基于 ESG 履责和全要素生产

率关系的解释 [J]. 会计研究, 2023 (6): 78-98.

[12] 李文贵, 路军. 网络平台互动与股价崩盘风险: "沟通易" 还是 "操纵易" [J]. 中国工业经济, 2022 (7): 178-196.

[13] 李增福, 陈嘉滢. 企业 ESG 表现与短债长用 [J]. 数量经济技术经济研究, 2023, 40 (12): 152-171.

[14] 李宗泽, 李志斌. 企业 ESG 信息披露同群效应研究 [J]. 南开管理评论, 2023, 26 (5): 126-138.

[15] 刘向强, 杨晴晴, 胡珺. ESG 评级分歧与股价同步性 [J]. 中国软科学, 2023 (8): 108-120.

[16] 鲁桂华, 潘柳芸. 高管学术经历影响股价崩盘风险吗? [J]. 管理评论, 2021, 33 (4): 259-270.

[17] 栾甫贵, 赵爱玲. 管理层权力与公司股价崩盘风险 [J]. 会计之友, 2021 (6): 109-117.

[18] 毛其淋, 王玥清. ESG 的就业效应研究: 来自中国上市公司的证据 [J]. 经济研究, 2023, 58 (7): 86-103.

[19] 潘凌云, 董竹. 卖空交易与股价崩盘风险——因果识别与机制检验 [J]. 西南民族大学学报 (人文社科版), 2020, 41 (2): 152-162.

[20] 任莉莉, 张瑞君. 上市公司股权激励与股价崩盘风险关系研究 [J]. 财会通讯, 2019 (21): 3-6.

[21] 施先旺, 刘会芹. 企业战略差异对股价崩盘风险的影响 [J]. 会计之友, 2019 (8): 83-88.

[22] 史永东, 王淏淼. 企业社会责任与公司价值——基于 ESG 风险溢价的视角 [J]. 经济研究, 2023, 58 (6): 67-83.

[23] 宋献中, 潘婧, 韩杰. 资本市场国际化的鞭策效应: A 股纳入 MSCI 指数与企业 ESG 表现 [J]. 数量经济技术经济研究, 2024, 41 (4): 153-172.

[24] 汤旭东, 张星宇, 杨玲玲. 监管型小股东与企业 ESG 表现——来自投服中心试点的证据 [J]. 数量经济技术经济研究, 2024, 41 (4): 173-192.

[25] 唐棣, 金星晔. 碳中和背景下 ESG 投资者行为及相关研究前沿: 综述与扩展

[J]. 经济研究，2023，58（9）：190-208.

[26] 王德宏，文雯，宋建波. 董事海外背景能否降低股价崩盘风险？——来自中国A股上市公司的经验证据[J]. 金融评论，2018，10（3）：52-69；123-124.

[27] 王浩军，宋铁波，易锐. 行业协会关联对企业绿色创新影响机制研究[J]. 科研管理，2024，45（8）：172-181.

[28] 吴非，向海凌，刘心怡. 数字金融与金融市场稳定——基于股价崩盘风险的视角[J]. 经济学家，2020（10）：87-95.

[29] 吴晓晖，郭晓冬，乔政. 机构投资者抱团与股价崩盘风险[J]. 中国工业经济，2019（2）：117-135.

[30] 徐凤敏，景奎，李雪鹏. "双碳"目标背景下基于ESG整合的投资组合研究[J]. 金融研究，2023（8）：149-169.

[31] 徐捍军. 大数据税收征管降低了股价崩盘风险吗？——基于"金税三期"的准自然实验[J]. 上海财经大学学报，2021，23（2）：93-107.

[32] 许文静，孔藤藤. 交易所问询监管与资本市场信息效率：直接影响与溢出效应[J]. 南方金融，2022（6）：55-67.

[33] 薛茗元，易阳. 监管问询延期回函的影响因素与市场反应[J]. 财经科学，2022（9）：43-57.

[34] 杨博文，吴文锋，杨继彬. 绿色债券发行对承销商的溢出效应[J]. 世界经济，2023，46（9）：206-236.

[35] 杨棉之，张涛. 收益平滑与股价崩盘风险[J]. 中央财经大学学报，2018（11）：71-81.

[36] 杨子晖，李东承，陈雨恬. 金融市场的"绿天鹅"风险研究——基于物理风险与转型风险的双重视角[J]. 管理世界，2024，40（2）：47-67.

[37] 张大永，张跃军，王玉东，等. 气候金融的学科内涵、中国实践与热点前沿研究[J]. 管理科学学报，2023，26（8）：1-15.

[38] 钟宇翔，李婉丽. 盈余信息与股价崩盘风险——基于盈余平滑的分解检验[J]. 管理科学学报，2019，22（8）：88-107.

[39] 周泽将，谷文菁，伞子瑶. ESG评级分歧与分析师盈余预测准确性[J]. 中国软

科学，2023（10）：164-176.

[40] 朱炳昇，田增瑞，王浩宇，等. 创业投资对企业可持续发展的影响路径研究 [J]. 科研管理，2024，45（1）：132-142.

[41] 朱光顺，魏宁. 负责任的银行贷款与上市公司ESG表现 [J]. 数量经济技术经济研究，2023，40（12）：133-151.

[42] ALBUQUERQUE R，KOSKINEN Y，ZHANG C.Corporate social responsibility and firm risk：theory and empirical evidence [J]. Management Science，2019，65（10）：4451-4469.

[43] ALBUQUERQUE R，KOSKINEN Y，YANG S，et al. Resiliency of environmental and social stocks：An analysis of the exogenous COVID-19 market crash [J]. The Review of Corporate Finance Studies，2020，9（3）：593-621.

[44] AMEL-ZADEH A，SERAFEIM G. Why and how investors use ESG information：Evidence from a global survey [J]. Financial Analysts Journal，2018，74（3）：87-103.

[45] FLOROU A，MORRICONE S，POPE F P.Proactive financial reporting enforcement：Audit fees and financial reporting quality effects [J]. The Accounting Review，2020，95（2）：167-197.

[46] AMAL A，SYLVAIN M.Do ESG controversies matter for firm value？ Evidence from international data [J]. Journal of Business Ethics，2018，151（4）：1027-1047.

[47] BALAKRISHNAN R，SPRINKLE G B，WILLIAMSON M G.Contracting benefits of corporate giving：An experimental investigation [J]. The Accounting Review，2011，86（6）：1887-1907.

[48] BALORIA V P，KLASSEN K J，WIEDMAN C I.Shareholder activism and voluntary disclosure initiation：The case of political spending [J]. Contemporary Accounting Research，2019，36（2）：904-933.

[49] BARTOV E，MARRA A，MOMENTE F. Corporate social responsibility and the market reaction to negative events：Evidence from inadvertent and fraudulent restatement announcements [J]. The Accounting Review，2021，96（2）：81-106.

［50］ BERNARDI C，STARK A W. Environmental，socialandgovernance disclosure，integrated reporting， and the accuracy of analyst forecasts ［J］． The British Accounting Review，2018，50（1）：16-31.

［51］ BLACCONIERE W G，PATTEN D M.Environmental disclosures，regulatory costs，and changes in firm value ［J］.Journal of Accounting and Economics，1994，18（3）：357－377.

［52］ BORRALHO J，HERNÁNDEZ-LINARES R，VÁZQUEZ D G，et al.Environmental，social and governance disclosure's impacts on earnings management：Family versus non-family firms ［J］．Journal of Cleaner Production，2022（379）：134603.

［53］ BOWMAN E H，HAIRE M A.Strategic posture toward corporate social responsibility ［J］．California Management Review，1975，18（2）：49-58.

［54］ BOZANIC Z，DIETRICH J R，JOHNSON B A.SEC comment letter process and firm disclosure ［J］．Journal of Accounting and Public Policy，2017，36（5）：337-357.

［55］ BRANCO M C，RODRIGUES L L.Corporate social responsibility and resource-based perspectives ［J］．Journal of Business Ethics，2006，69（2）：111-132.

［56］ BROADSTOCK D C，CHAN K，CHENG L T W，et al.The role of ESG performance during times of financial crisis：Evidence from COVID-19 in China ［J］．Finance Research Letters，2020（38）：101716.

［57］ CAPELLE-BLANCARD G，PETIT A.Every little helps？ ESG news and stock market reaction ［J］．Journal of Business Ethics，2019，157（2）：543-565.

［58］ CASSELL C A，CUNNINGHAM L M，LISIC L L.The readability of company responses to SEC comment letters and SEC 10-K filing review outcomes ［J］．Review of Accounting Studies，2019，24（4）：1252-1276.

［59］ CHEN T，DONG H，LIN C.Institutional shareholders and corporate social responsibility ［J］．Journal of Financial Economics，2020，135（2）：483-504.

［60］ CHO H C，PATTEN M D.The role of environmental disclosures as tools of legitimacy：A research note ［J］．Accounting，Organizations and Society，2006，32（7）：639-647.

［61］ CHO H C，GUIDRY P R，HAGEMAN M A，et al. Do actions speak louder than words? An empirical investigation of corporate environmental reputation ［J］. Accounting，Organizations and Society，2011，37（1）：14-25.

［62］ CHRISTENSEN D M. Corporate accountability reportingandhigh-profile misconduct ［J］. The Accounting Review，2016，91（2），377-399.

［63］ CHRISTENSEN H B，FLOYD E，LIU L Y，et al. The real effects of mandated information on social responsibility in financial reports：evidence from mine-safety records ［J］. Journal of Accounting & Economics，2017，64（2-3）：284-304.

［64］ CHRISTENSEN H，HAIL L，LEUZ C. Mandatory CSR and sustainability reporting：economic analysis and literature review ［J］. Review of Accounting Studies，2021，26（3）：1-73.

［65］ CLARKSON P M，LI Y，RICHARDSON G D，et al. Revisiting the relation between environmental performance and environmental disclosure：an empirical analysis ［J］. Accounting Organizations & Society，2008，33（4-5）：303-327.

［66］ COHEN J R，SIMNETT R. CSR and assurance services：a research agenda ［J］. A Journal of Practice & Theory，2015，34（1）：59－74.

［67］ CORNELL B. ESG preferences，risk and return ［J］. European Financial Management，2021，27（1）：12－19.

［68］ DAI X，GAO F，LISIC L L，et al. Corporate social performance and the managerial labor market ［J］. Review of Accounting Studies，2023，28（1）：307-339.

［69］ DOWNAR B，ERNSTBERGER J，REICHELSTEIN S J，et al. The impact of carbon disclosure mandates on emissions and financial operating performance ［J］. Review of Accounting Studies，2021，26（3）：1137-1175.

［70］ FATEMI A，FOOLADI I，TEHRANIAN H. Valuation effects of corporate social responsibility ［J］. Journal of Banking & Finance，2015，59（10）：182-192.

［71］ GODFREY P C，MERRILL C B，HANSEN J M. The relationship between corporate social responsibilityandshareholder value：an empirical test of the risk management hypothesis ［J］. Strategic Management Journal，2009，30（4）：425-445.

[72] GRIESER W, HADLOCK C J, PIERCE J R.Doing good when doing well: Evidence on real earnings management [J]. Review of Accounting Studies, 2021, 26 (3): 906-932.

[73] GUIRAL A, MOON D, HUN-TONG T, et al.What drives investor response to CSR performance reports? [J]. Contemporary Accounting Research, 2020, 37 (1): 101-130.

[74] HEESE J, KHAN M, RAMANNA K.Is the SEC captured? Evidence from comment-letter reviews [J]. Journal of Accounting and Economics, 2017, 64 (1): 98-122.

[75] HEFLIN F, WALLACE D.The BP oil spill: shareholder wealth effects and environmental disclosures [J]. Journal of Business Finance & Accounting, 2017, 44 (3-4): 337 - 374.

[76] JANNEY J J, GOVE S.Reputation and corporate social responsibility aberrations, trends, and hypocrisy: Reactions to firm choices in the stock option backdating scandal [J]. Journal of Management Studies, 2011, 48 (7): 1562-1585.

[77] CALLEN J L, XIAOHUA F.Institutional investor stability and crash risk: Monitoring versus short-termism? [J]. Journal of Banking and Finance, 2013, 37 (8): 3047-3063.

[78] KHAN M, SERAFEIM G, YOON A.Corporate sustainability: First evidence on materiality [J]. The Accounting Review, 2016, 91 (6): 1697-1724.

[79] KIM Y, PARK M S, WIER B.Is earnings quality associated with corporate social responsibility? [J]. The Accounting Review, 2012, 87 (3): 761-796.

[80] LINS K V, SERVAES H, TAMAYO A.Social capital, trust and firm performance: The value of corporate social responsibility during the financial crisis [J]. The Journal of Finance, 2017, 72 (4): 1785-1824.

[81] MANCHIRAJU H, RAJGOPAL S.Does corporate social responsibility (CSR) create shareholder value? Evidence from the Indian Companies Act 2013 [J]. Journal of Accounting Research, 2017, 55 (5): 1257-130.

[82] MARTIN P R, MOSER D V.Managers' green investment disclosures and investors'

reaction [J]. Journal of Accounting and Economics, 2016, 61 (1): 239-254.

[83] MASULIS R W, REZA S W.Agency problems of corporate philanthropy [J]. Review of Financial Studies, 2015, 28 (2): 592-636.

[84] MATSUMURA E M, PRAKASH R, VERA-MUNOZ S C. Firm-value effects of carbon emissionsandcarbon disclosures [J]. The Accounting Review, 2014, 89 (2): 695-724.

[85] NAUGHTON J P, WANG C, YEUNG I. Investor sentiment for corporate social performance [J]. The Accounting Review, 2019, 94 (4): 401-420.

[86] NOLLET J, FILIS G, MITROKOSTAS E.Corporate social responsibility and financial performance: A non-linear and disaggregated approach [J]. Economic Modelling, 2016, 52 (Part B): 400-407.

[87] QIAN W, SCHALTEGGER S.Revisiting carbon disclosure and performance: Legitimacy and management views [J]. The British Accounting Review, 2017, 49 (4): 365-379.

[88] QIU Y, SHAUKAT A, THARYAN R.Environmental and social disclosures: Link with corporate financial performance [J]. The British Accounting Review, 2016, 48 (1): 102-116.

[89] WANG K T, RYOU J W, TSANG A. Product market competition and voluntary corporate social responsibility disclosures? [J]. Contemporary Accounting Research, 2022, 39 (2): 1215-1259.

[90] SCHNEIDER T E. Is environmental performance a determinant of bond pricing? Evidence from the U.S. pulp and paper and chemical industries [J]. Contemporary Accounting Research, 2011, 28 (5): 1537-1561.

[91] SERVAES H, TAMAYO A.The impact of corporate social responsibility on firm value: The role of customer awareness [J]. Management Science, 2013, 59 (5): 1045-1061.

[92] SHANE P B, SPICER B H.Market response to environmental information produced outside the firm [J]. The Accounting Review, 1983, 58 (3): 521-538.

[93] SHIU Y, YANG S.Does engagement in corporate social responsibility provide strategic insurance - like effects? [J]. Strategic Management Journal, 2017, 38 (2): 455-470.

[94] BROWN S V, XIAOLI S T, JENNIFER W T.The spillover effect of SEC comment letters on qualitative corporate disclosure: Evidence from the risk factor disclosure [J]. Contemporary Accounting Research, 2018, 35 (2): 622-656.

[95] TAN W, TSANG A, WANG W, et al.Corporate social responsibility (CSR) disclosure and the choice between bank debt and public debt [J]. Accounting Horizons, 2020, 34 (1): 151-173.

[96] TRUONG C, NGUYEN H T, HUYNH T.Customer satisfaction and the cost of capital [J]. Review of Accounting Studies, 2020, 26 (1): 1-50.

[97] WANG Z, CHU E.Shifting focus from end-of-pipe treatment to source control: ESG ratings' impact on corporate green innovation [J]. Journal of Environmental Management, 2024 (354): 120409

[98] YONGJIA L, ZHENYE L, DI F, et al.The bright and dark sides of ESG during the COVID-19 pandemic: Evidence from China hospitality industry [J]. International Journal of Contemporary Hospitality Management, 2024, 36 (4): 1393-1417.

附 录

附录1　相关术语解释

　　对 ESG（环境、社会和公司治理）相关术语进行定义和解释，以帮助读者理解报告中使用的专业术语。

术语	名词解释
第1篇	
企业社会责任信息披露	企业公开其在环境保护、社会贡献和公司治理等方面的行为和成效，提高透明度，增强市场信任度
政策制定者	负责制定、实施和监管企业社会责任相关法律法规和政策的政府机构和非政府组织
企业社会责任标准	规范企业社会责任行为和信息披露的具体要求，旨在提高信息披露质量和可比性，促进企业透明度和责任性
国际标准	全球范围内普遍接受的社会责任和可持续发展标准，如联合国全球契约、OECD 多国企业指导原则等
机构投资者	包括养老金基金、保险公司、共同基金等大型投资机构，它们在推动企业社会责任方面起重要作用
非财务信息	包括企业在环境、社会和治理方面的表现信息，通常不在传统财务报告中反映，但对评估企业长期价值至关重要
社会效益	企业通过履行社会责任，为社会带来的积极影响，如环境保护、社会公平、社区发展等

术语	名词解释
环境、社会及治理（ESG）评级	评估企业在环境保护、社会责任和公司治理方面的表现，为投资者和利益相关者提供决策依据
可持续发展目标（SDGs）	联合国提出的17个全球发展目标，涵盖消除贫困、气候行动、优质教育等多个方面，旨在到2030年实现全球可持续发展
CSR战略	企业制定和实施的社会责任计划，旨在通过环境保护、社会贡献和治理改进，实现可持续发展目标
市场信任度	企业通过透明的信息披露和良好的社会责任实践，赢得投资者、消费者和公众的信任和支持
信息不对称	企业与其投资者和利益相关者之间的信息差距，可能导致决策失误和市场效率降低
绩效指标	用于衡量企业在环境、社会和治理方面的表现的具体指标，如碳排放量、员工满意度、董事会独立性等
内部监控机制	企业内部的监督和管理制度，确保其操作符合社会责任和可持续发展的要求
利益相关者	受企业决策和行为影响的各方，包括股东、员工、客户、供应商、社区和政府
社会责任报告	企业定期发布的报告，详细披露其在环境、社会和治理方面的行为和成效
跨国公司	在多个国家和地区开展业务的公司，面临不同国家的社会责任和法规要求
绿色金融	促进环境可持续发展的金融活动和产品，如绿色债券、绿色贷款、碳交易等
经济效益	企业通过履行社会责任，在财务表现和市场竞争力方面获得的积极效果
法规遵从	企业遵守国家和国际社会责任和环境保护法规的行为，减少法律风险和监管成本
综合评估	对企业社会责任和可持续发展实践进行全面评价，包括定量和定性的分析
透明度	企业通过公开其社会责任行为和成果，增加信息的透明性，使利益相关者能够清晰了解和评估其表现
风险管理	企业识别、评估和应对可能影响其运营和社会责任实践的风险，如环境风险、法律风险、声誉风险等

续表

术语	名词解释
市场竞争力	企业通过良好的社会责任实践，在市场中获得竞争优势，吸引更多的投资者和消费者
社会责任动机	驱动企业履行社会责任的内外部因素，如法律要求、市场压力、声誉考虑、企业文化等
外部利益相关者	除企业内部员工和管理层外，其他受企业决策和行为影响的各方，如股东、客户、社区、政府等
公平贸易	保障生产者和工人的权益，确保贸易过程中的公平和可持续性
社会责任评估	对企业履行社会责任的效果进行定量和定性的评价，帮助企业改进和优化其社会责任策略
第2篇	
SA8000	一个全球性标准，旨在改善工作条件，内容包括童工、强迫劳动、安全卫生、结社自由、歧视、惩戒性措施、工作时间、工资和管理体系，是国际劳工组织（ILO）公约、联合国儿童权利公约及世界人权宣言制定的标准
信号理论（Signaling Theory）	在经济学和管理学中，用于解释信息不对称情况下的信息传递问题
综合报告（Integrated Reporting）	一种融合财务与非财务信息的报告形式，全面展现企业的经营活动和价值创造
GRI标准（Global Reporting Initiative）	全球报告倡议组织制定的标准，是当今全球信息含量最大、体系最为完善和规范、使用机构最多的社会责任信息披露标准
ISO26000	国际标准化组织发布的社会责任指南，涵盖组织治理、人权、劳工惯例、环境、公平运营实务等核心主题
三重底线法（Triple Bottom Line）	通过考虑经济、环境和社会三个方面的绩效，实现财务信息和非财务信息的融合和统一
XBRL	可扩展商业报告语言，一种用于企业信息披露和报告的标准化语言，有助于提高信息的透明度和可比性

续表

术语	名词解释
社会责任投资（SRI）	投资者在投资决策中优先考虑那些在社会责任方面表现突出的企业，以实现经济效益和社会效益的双赢
可持续发展信息披露	反映企业运营对社会和环境影响的信息披露，有助于企业提高透明度和市场竞争力
资源基础观点（RBV）	强调企业的竞争优势来源于其独特的内部资源和能力，这些资源和能力应具备价值性、稀缺性、难以模仿性和不可替代性
代际公正（Intergenerational Equity）	确保当代人的需求得以满足，同时不损害未来世代满足其需求的能力
社会资本（Social Capital）	企业通过建立良好的社会关系和信任，提升其在社会和市场中的地位和竞争力
环境绩效（Environmental Performance）	企业在减少环境影响和资源消耗方面的表现，如污染控制、节能减排等
公平竞争（Fair Competition）	确保企业在市场竞争中遵循公平、公正的原则，避免垄断和不正当竞争行为
绿色贸易壁垒（Green Trade Barrier）	通过环境法规和标准对进口商品进行限制，从而保护本国环境和产业
环境信息披露（Environmental Information Disclosure）	企业披露其环境影响和环保措施的信息，有助于提高透明度和市场信任度
企业社会责任管理体系（CSR Management System）	企业为履行社会责任而建立的管理体系，包括政策、程序和绩效评估等内容
透明度（Transparency）	企业通过公开其社会责任行为和成果，增加信息的透明性，使利益相关者能够清晰了解和评估其表现
绩效指标（Performance Indicators）	用于衡量企业在环境、社会和治理方面的表现的具体指标，如碳排放量、员工满意度、董事会独立性等

续表

术语	名词解释
第3篇	
问询函	由证券交易所发出的用于询问公司年报中异常信息的文件，旨在提升信息披露质量和透明度
股价崩盘风险	股票价格在短时间内突然大幅度下跌的风险，通常由市场信息不对称或突发事件引起
负偏度系数（NCSKEW）	衡量股票收益率分布的负偏度，数值越高表示股价崩盘风险越高
下行波动率（DUVOL）	衡量股票在价格下跌期间的波动性，数值越高表示股价崩盘风险越高
倾向得分匹配（PSM）	一种用于控制样本选择偏差的方法，通过匹配具有相似特征的样本来减少内生性问题的影响
外生变量	不受研究对象控制且影响研究结果的变量，用于解决内生性问题，提高研究的有效性
内生性	研究中解释变量和被解释变量之间存在双向因果关系，可能导致估计结果偏差
外生冲击	由外部事件引起的变量变化，不受公司控制，用于研究因果关系时减少内生性问题。
投资者信任	投资者对公司管理层和运营状况的信任度，影响公司股票的稳定性和市场反应
答复延迟	公司在规定时间内未及时回复问询函，可能被市场解读为公司存在掩盖坏消息的行为
第三方机构	会计师事务所、律师事务所等独立于公司但参与公司信息披露和治理的机构
高污染行业	对环境造成较大污染的行业，如化工、冶金等，通常受到更严格的环境监管和要求
问询函溢出效应	问询函不仅影响被问询公司，还会对同一行业的其他公司信息披露质量产生积极影响

续表

术语	名词解释
盈余管理	公司通过会计手段调整财务报告中的利润数字，以达到某种预期的目标或结果
债务管理	企业通过合理安排和管理债务，降低财务风险，提高财务稳定性
企业声誉	企业在市场中的形象和评价，良好的声誉有助于提升市场信任和竞争力
ESG 类保险效应	企业通过良好的 ESG 表现降低风险和负面事件的影响，类似于购买保险获得的保护作用
市场定价效率	资本市场中股票价格能迅速反映所有已知信息的程度，市场定价效率越高，价格越接近股票的真实价值
市场反应	投资者对公司发布的信息或事件的反应，通常通过股价的波动来体现
财务稳健性	企业在财务报告和运营中的审慎和稳健程度，较高的财务稳健性有助于减少财务风险
交易所问询	证券交易所对上市公司年报或其他信息披露文件提出的正式询问，以获取更多信息或澄清不明确的内容
监管政策	政府或监管机构制定的用于规范企业行为和信息披露的政策和法规
投资者保护	通过监管政策和市场机制，保护投资者的利益，减少信息不对称和市场操纵行为

第 4 篇

术语	名词解释
ESG 认证	由第三方机构对企业的 ESG 信息进行审查和认证，确保信息的可靠性和透明度
信息质量要求	对企业披露的社会责任信息在重要性、可靠性和相关性方面的基本要求
持续改进	企业在社会责任实践中不断改进和提升其管理和信息披露的过程
责任分层原则	根据责任的优先顺序，从经济责任、法律责任、伦理责任到公益责任，分层次履行社会责任
主要利益相关者	对企业经营与成功直接有重大影响的群体，如股东、员工、客户、供应商等
指标覆盖率原则	根据企业特点选择最相关的绩效指标进行披露，确保信息的全面性和适用性

术语	名词解释
边界和对象原则	绩效指标的选取应基于企业的社会责任边界，考虑主要利益相关者的需求和期望
自愿披露原则	企业根据自身实际情况决定社会责任信息披露的范围和深度，增强信息披露的灵活性和针对性
社会责任管理体系	企业为履行社会责任而建立的管理体系，包括政策、程序和绩效评估等内容
透明度原则	企业应当充分、公开地披露其在社会责任方面的行为和成效，确保信息的真实性和完整性
市场占有率	公司在其所处行业或市场中的竞争地位，通过市场份额、同行业排名等数据衡量
相关性原则	披露对主要利益相关者具有决策相关性的信息，涵盖公司的财务表现及其环境、社会和治理实践
企业文化	企业在长期经营过程中形成的具有本企业特点的经营宗旨、价值观念、员工行为准则和企业风尚的总和
社会贡献	企业通过自身的经营活动和社会责任行动，为社会和社区的发展与进步所作的积极贡献
公益项目	企业或组织为了公共利益，通过捐赠、志愿服务等形式开展的非营利性活动
风险与机会管理	企业识别、评估和应对可能影响其运营的风险，同时抓住有利机会以实现其战略目标的过程
绩效评估	对企业在社会责任方面的行为和成果进行系统性评估，衡量其是否达到了预期目标
责任边界	企业在履行社会责任时需要明确其影响范围和所承担的具体责任
自我评估	企业根据预设标准对自身社会责任信息披露的质量和覆盖程度进行评估，以不断提高披露水平
数据可验证性	确保披露的社会责任信息可以通过数据支持和事实依据进行验证，增加信息的可靠性
公众信任	社会公众对企业在社会责任方面行为和信息披露的信任程度

附录2　中国上市公司社会责任信息披露标准指标体系

附录2.1　中国上市公司社会责任信息披露标准绩效指标初次筛选结果①

一级绩效指标	二级绩效指标	三级绩效指标（定性指标与定量指标）
经济绩效（EC）	财务绩效（EC1）	EC101反映企业收益状况的总资产收益率（ROA）及其增长率、净资产收益率（ROE）及其增长率、每股收益（EPS）及其增长率、营业利润及其增长率、毛利率及其增长率、净利润及其增长率 EC102反映企业成长状况的营业收入及其增长率、主营业务收入及其增长率、留存收益率及其增长率、TobinQ值、PE值、PEG值、PB值 EC103反映企业资产安全状况的资产负债率、权益负债率、流动比率、速动比率、经营现金流净额及其增长率 EC104反映企业收益质量的扣除非经常性损益的净资产收益率（ROE）及其增长率、扣除非经常性损益的每股收益（EPS）及其增长率、扣除非经常性损益的净利润及其增长率 EC105企业管理层对财务数据的可靠性、企业未来经营的可持续性、企业上一个经营周期经营目标和财务目标的实现程度的声明
	市场占有率（EC2）	EC201企业主要产品和服务的市场占有率及其增长率 EC202企业上一个经营周期新研发或改进的产品或服务、新开拓的市场 EC203企业正在或下一个经营周期准备研发或改进的产品或服务及其面临的风险 EC204企业正在或下一个经营周期准备开拓新市场的风险
	经济影响（EC3）	EC301企业经营战略、市场战略、经营哲学、企业文化说明 EC302企业提供什么产品和服务满足什么社会需求以及这种需求的可持续性和理由 EC303企业经营对社会发展产生的有利（或可能不利）影响及这种影响的程度

---

① EC代表ECONOMIC、SO代表SOCIAL、EN代表ENVIRONMENT、GO代表GOVERNANCE。诸如，EC101表示，一级绩效指标为EC，EC的二级绩效指标（之一）为EC1，EC1的三级绩效指标（之一）为EC101。

一级绩效指标	二级绩效指标	三级绩效指标（定性指标与定量指标）
社会绩效（SO）	股东权益（SO1）	SO101 企业年度收益分配率以及对分红或不分红理由及其合理性的说明 SO102 企业是否制定长期和相对稳定的利润分配政策、办法或方案 SO103 企业是否制定投资者关系管理体系及其说明
	债权人权益（SO2）	SO201 企业上一个经营周期负债总额、利息支付总额、新增银行贷款总额及其说明 SO202 企业上一个经营周期发生债务违约的次数及说明 SO203 企业在下一个经营周期是否存在债务违约可能及其说明 SO204 企业是否建立与债权人的沟通机制，包括可能影响债权人权益的重大事件及时告知债权人、配合债权人出于维护自身权益而对企业进行的尽职调查等
	劳工权益（SO3）	SO301 企业员工总数、平均年龄、不同学历员工人数 SO302 企业员工的总体平均工资、中层以上高管平均薪酬、中层以下员工平均工资及其说明 SO303 企业是否存在工资拖欠情况及其说明 SO304 企业最低工资标准、法定工作时间以外工资标准及其执行情况 SO305 企业奖金、津贴等福利支付情况及其说明 SO306 企业员工年平均带薪休假天数、周平均工作天数、平均工作小时数、平均法定外工作小时数 SO307 企业员工劳动合同签订比率、临时工比率 SO308 企业社会保险覆盖率及其说明 SO309 企业员工参加工会人数比率及工会组织的管理和运行情况 SO310 企业上一个经营周期关于员工培训的投入金额、人均培训投入金额 SO311 企业上一个经营周期参加培训的员工总数、员工培训参与比率、人均培训次数、人均培训小时数 SO312 企业是否制定了完善的员工培训制度及其执行情况说明 SO313 上一个经营周期企业员工的离职率、企业员工的满意度及其说明 SO314 企业中层及中层以上管理人员从企业下层职位晋升的人数及比率 SO315 企业是否有完善的激励机制、考核制度、晋升制度及其说明 SO316 企业是否有完善的员工个人职业发展规划制度及其执行情况说明 SO317 企业是否具有员工关怀制度、企业是否建立员工与高层管理人员的沟通机制及其说明 SO318 企业上一个经营周期发生安全生产事故次数、涉及员工总人数、涉及员工人数比率及其说明 SO319 企业工作环境对员工造成的可能身心伤害、职业病及其说明 SO320 企业上一个经营周期安全生产管理投入金额及其说明 SO321 企业是否建立安全生产管理制度（包括安全生产管理体系、安全生产培训制度等）、应急制度及其执行情况说明 SO322 企业上一个经营周期对特殊工作环境下（高温、噪声、强光等）员工补贴金额、是否建立特殊工作环境补贴制度及其说明 SO323 企业每年参加体检的员工人数及比率 SO324 企业是否建立员工心理健康中心及其运行情况说明 SO325 企业上一个经营周期发生与员工相关纠纷事件数量、负面报道数量及其说明 SO326 企业上一个经营周期发生劳动法事件的数量及其说明 SO327 企业是否具有对其供应商在以上一个或几个方面施加影响的举措及说明

一级绩效指标	二级绩效指标	三级绩效指标（定性指标与定量指标）
社会绩效（SO）	人权保障（SO4）	SO401 企业是否存在童工、可能存在童工的情况（如供应商），以及为避免童工所采取举措的说明 SO402 企业是否存在未成年工、未成年工的比率，以及未成年工特殊工作环境、身心健康、教育方面特殊举措说明 SO403 企业男女员工比例、少数民族员工人数及比率、无党派员工人数及比率 SO404 企业雇用残障员工人数及比率、企业是否具有残障员工雇用制度及其说明 SO405 企业是否存在因结婚生育等问题单方面解除劳动合同的情况及次数 SO406 企业是否发生强迫或强制劳动事件（身份证质押、担保、暴力限制人身自由、扣押工资等）、上一个经营周期发生强迫或强制劳动的次数 SO407 企业是否具有可能发生强迫或强制劳动的运营活动以及为避免强迫或强制劳动而采取的措施 SO408 企业是否存在严重侵犯结社自由和集体谈判的运营活动以及为消除这些问题而采取的措施 SO409 企业是否存在虐待和骚扰员工的行为（体罚、人身和言语攻击、性骚扰等）、这种事件发生的次数及应对措施说明 SO410 企业是否具有对其供应商在以上一个或几个方面施加影响的举措及说明
	供应商权益（SO5）	SO501 企业是否建立了与供应商的战略合作机制和举措（如供应链管理） SO502 企业上一个经营周期内发生的合同违约次数及说明，与供应商之间的合同履约率 SO503 企业是否建立了责任采购制度和举措，上一个经营周期内的责任采购比率（如绿色采购） SO504 企业的诚信经营、公平竞争理念及其制度保障 SO505 企业对自身及供应商诚信状况的评价
	消费者权益（SO6）	SO601 企业是否建立了客户管理制度和机构 SO602 企业是否建立了售后服务体系 SO603 企业是否建立了客户投诉渠道及其相应的应对机制 SO604 企业是否建立了客户信息保护制度和措施，上一个经营周期是否存在由于客户信息遗失而产生的投诉事件 SO605 企业是否存在定期进行客户满意度调查的制度，以及相应调查结果 SO606 企业是否建立了产品质量管理体系，企业产品通过哪些产品质量标准 SO607 企业上一个经营周期内发生的产品质量事故的次数，由于产品质量而产生的投诉的次数 SO608 企业上一个经营周期内的产品合格率，由于产品质量而发生的退货次数 SO609 企业是否建立了产品和服务创新制度 SO610 企业上一个经营周期内在产品研发方面投入的资金总额及其占营业收入和营业利润的百分比 SO611 企业研发人员的总数，研发人员占企业员工总数的百分比 SO612 企业上一个经营周期内新增专利总数，已经投入市场的新产品数量及其销售额占销售收入总额的比重

一级绩效指标	二级绩效指标	三级绩效指标（定性指标与定量指标）
社会绩效（SO）	政府权益（SO7）	SO701 企业上一个经营周期内发生违法、违规事件的次数及基本情况和处罚情况说明 SO702 企业上一个经营周期内是否发生偷税漏税事件，纳税总额及其占营业利润的百分比 SO703 企业上一个经营周期新吸纳的就业人数、就业保障和带动措施
	社区参与（SO8）	SO801 企业运行对社区影响的自我评估 SO802 企业及其子公司雇用本地员工的人数及比率 SO803 企业及其子公司本地采购金额 SO804 企业上一个经营周期内的社区捐赠次数和金额，社区志愿服务的人数、次数和时间
	其他方面（SO9）	SO901 企业上一个经营周期内是否存在商业贿赂行为及其说明 SO902 企业上一个经营周期内是否存在涉及政府腐败行为及其说明 SO903 企业是否建立社会公益捐赠和社会志愿服务相关制度，上一个经营周期内发生的社会公益捐赠次数和金额
环境绩效（EN）	环境管理（EN1）	EN101 企业是否建立了环境管理体系及管理机构，是否通过诸如ISO14001 环境认证 EN102 企业是否在新投资项目可行性分析中加入了对环境影响因素的考虑 EN103 企业是否关注环保产品的研发和销售，是否关注环保技术和环保设备的研发与应用 EN104 企业上一个经营周期内在环保方面的总投入，环保投入占营业收入的百分比 EN105 企业上一个经营周期内违反环保法规的次数、处罚结果和整改措施，是否存在环保方面的负面报道
	能源节约（EN2）	EN201 企业是否建立了能源节约的相关制度和举措以及现实效果 EN202 企业上一经营周期内所使用原材料的重量或体积，所使用的可再生原材料的百分比 EN203 企业使用一次能源的直接能耗和间接能耗，节约能源和提高能源使用效率的方法与举措，以及通过节约和提高效率带来的能耗缩减量 EN204 企业上一个经营周期内总用水量，节约用水的具体举措及回收再利用水资源的总量和百分比
	三废减排（EN3）	EN301 企业减少三废（废气、废水、废渣）排放的政策、举措和技术 EN302 企业上一个经营周期内三废排放量和减排量，废渣的回收利用百分比 EN303 企业减少温室气体排放的政策、举措和技术 EN304 企业上一个经营周期内温室气体的直接和间接排放量 EN305 企业 NO、SO，以及其他大量排放气体的类型和重量 EN306 企业上一个经营周期内污水排放的总量及处理情况 EN307 企业上一个经营周期内产生的各种类型废渣总重量和分类处理情况 EN308 企业上一个经营周期内发生的重大泄漏事故的次数和体积 EN309 企业上一个经营周期内因商务旅行产生的 CO_2 排放量
	其他方面（EN4）	EN401 企业减轻产品和服务对环境影响的方法，以及减轻的程度 EN402 企业对所生产产品按类别回收包装材料的百分比 EN403 企业经营对当地生物多样性的影响，管理生物多样性方面影响的策略、当前措施以及未来计划 EN404 企业上一个经营周期内是否参与了环保公益活动，环保公益支出金额 EN405 企业是否建立了绿色低碳办公的相关制度，具体举措有哪些，执行效果如何

一级绩效指标	二级绩效指标	三级绩效指标（定性指标与定量指标）
治理绩效 （GO）	内部控制 （GO1）	GO101 企业是否建立了完善的内部控制制度，包括会计控制制度和管理控制制度，对其进行简要的自我评价 GO102 企业是否建立了内部审计部门，内部审计部门的独立性情况如何 GO103 企业是否建立了以内部审计部门为主导的针对内部控制制度完整性和有效性的定期或不定期检查和评价制度，执行效果如何 GO104 企业上一经营周期内是否发生重大的资产流失事件、重大的会计信息披露不实事件、重大的财务风险和经营风险事件 GO105 企业在经济业务职责分工、资产记录和保管分工、会计凭证和会计记录的完整与正确、存货和现金的盘查、计算机化的财务管理操作系统权限控制方面是否存在重大的风险点 GO106 企业是否具有健全的财务管理制度和发票管理制度 GO107 企业是否具备完善的"三会"机构（审计委员会、薪酬委员会、战略规划委员会）
	股东权利 （GO2）	GO201 企业第一大股东的持股比例，企业前十大股东的持股比例 GO202 企业是否存在前十大股东股权被司法冻结的情况，若存在，冻结比例如何 GO203 企业近三年是否存在明显改变资金募集投向的行为 GO204 企业近三年的分红情况如何 GO205 企业上一经营周期内的担保情况和委托理财情况如何，计算担保金额与净资产占比、委托理财资产与总资产占比
	董事监事 （GO3）	GO301 企业董事会的总体人数，独立董事占董事总数的百分比 GO302 企业董事长和总经理的两职合一情况 GO303 企业高管人员是否有过污点记录，企业高管人员在上一经营周期内是否存在违法违规情况 GO304 企业监事出席监事会状况如何，监事会是否对违法、违规行为提出异议 GO305 企业上一经营周期内高管参加证券交易所培训的次数和人数
	信息披露 （GO4）	GO401 企业定期报告、业绩预告披露得是否及时，企业是否具有网站并及时更新 GO402 企业过去三年编制的财务报告是否有过虚假陈述，是否被监管机构处罚，处罚情况如何 GO403 企业是否在聘请会计师事务所时对其执业能力和独立性有所考查 GO404 企业是否同时采用国际会计标准编制会计报表，公司披露重大事项是否存在遗漏
	机构治理 （GO5）	GO501 企业股东中机构投资者的股权持有比例，第一大机构投资者的股权持有比例情况 GO502 企业董事会中机构投资者所拥有的具有表决权的投票权 GO503 企业上一经营周期内机构投资者出席董事会的情况如何 GO504 企业对机构投资者在公司治理中所发挥作用的评价

附录 2.2　中国上市公司社会责任信息披露标准绩效指标二次筛选结果

一级绩效指标	二级绩效指标	三级绩效指标（定性指标与定量指标）
EC 经济绩效	EC1 财务绩效	核心绩效指标 EC101 主营业务收入及其增长率 EC102 扣除非经常性损益的 ROE 及其增长率 EC103 管理层对财务数据可靠性及企业经营可持续性的讨论与分析 备选绩效指标 EC104 ROE 及其增长率 EC105 资产负债率 EC106 PEG 值 行业特征指标 EC107 商业银行的资本充足率、风险容忍率、拨备覆盖率
	EC2 创新发展与市场空间	核心绩效指标 EC201 企业新研发或改进的产品或服务、新开拓的市场及其风险分析 EC202 企业主要产品或服务的市场占有率及其增长率 备选绩效指标 EC203 企业拥有的专利数及已实现成果转化的专利数 EC204 企业对未实现成果转化专利的成果转化风险分析 行业特征指标 EC205 企业上一个经营周期内在产品研发方面投入的资金总额及其占营业收入和营业利润的百分比 EC206 企业研发人员的总数，研发人员占企业员工总数的百分比 EC207 企业上一个经营周期内新增专利总数，已经投入市场的新产品数量及销售额占销售收入总额的比重
	EC3 经营理念与经济影响	核心绩效指标 EC301 企业经营哲学和企业文化及创始股东的认同 EC302 企业创始股东（或控股股东）和主要管理人员对社会责任的理解 EC302 企业纳税总额及其占营业利润的百分比 EC304 企业就业人数的增长率及就业保障和带动措施 备选绩效指标 EC305 企业的经营战略和市场战略 EC306 企业产品或服务满足社会需求的可持续性分析 EC307 企业经营对社会发展的有利或不利影响及其程度

一级绩效指标	二级绩效指标	三级绩效指标（定性指标与定量指标）
SO社会绩效	SO1股东权益	核心绩效指标 SO101 企业近三年的分红情况如何，本年度分红或不分红的理由说明 SO102 企业是否制定了长期、稳定的利润分配政策、办法或方案 备选绩效指标 SO103 企业是否设置了投资关系管理部门及其运行情况说明
	SO2债权人权益	核心绩效指标 SO201 企业的负债总额、利息支付总额、新增银行贷款总额 SO202 企业发生的债务违约次数及金额情况说明 SO203 企业现有债务在未来发生违约的可能性及对企业经营影响的分析 备选绩效指标 SO204 企业财务杠杆水平及行业平均财务杠杆水平情况的对比分析 SO205 企业是否建立了与债权人的及时沟通机制，包括告知债权人可能影响其权益的重大事件、配合债权人出于维护自身权益对企业的尽职调查
	SO3员工权益	核心绩效指标 SO301 企业非临时员工总人数、平均年龄、学历情况 SO302 企业非临时员工平均工资水平，高级管理人员和非高级管理人员的平均工资水平 SO303 企业奖金、津贴、"第十三个月工资"支付情况 SO304 企业是否存在工资拖欠情况及其说明 SO305 企业员工劳动合同签订比率、临时工比率 SO306 企业员工是否存在同工不同酬情况 SO307 企业非临时员工年、月、周平均工作天数及小时数 SO308 企业非临时员工社会保险覆盖率及险种情况 SO309 企业非临时员工培训投入总金额、非临时员工人均培训投入金额 SO310 企业参加培训的非临时员工总数、非临时员工培训参与比率、人均培训次数、人均培训小时数 SO311 企业是否建立完善的员工培训制度及其执行情况说明 SO312 企业非临时员工的离职率及离职原因分析 SO313 企业非临时员工职位晋升的人数及其比率 SO314 企业是否建立了完善的激励机制、考核制度、晋升制度及其执行情况说明 SO315 企业发生的安全生产事故次数、涉及员工总数、涉及员工人

一级绩效指标	二级绩效指标	三级绩效指标（定性指标与定量指标）
SO 社会绩效	SO3 员工权益	数比率及原因分析、后续处理情况说明
		SO316 企业安全生产管理投入总金额及其情况说明
		SO317 企业是否建立了安全生产管理制度（包括安全生产管理体系、安全生产培训制度、突发事件应急制度等）及其执行情况说明
		SO318 企业是否建立了员工定期体检制度
		SO319 企业是否发生了与员工相关的纠纷事件、新闻媒体的负面报道及其情况说明
		SO320 企业是否发生了违反劳动法的事件及其情况说明
		备选绩效指标
		SO321 企业对地方政府最低工资标准、法定工作时间以外工资标准的执行情况
		SO322 企业非临时员工年平均带薪休假天数
		SO323 企业员工参加工会人数比率及工会组织的管理和运行情况
		SO324 企业是否建立了完善的员工职业发展规划制度及其执行情况
		SO325 企业是否建立了员工关怀制度及其执行情况
		SO326 企业是否建立了员工心理健康中心及其运行情况
		SO327 企业是否建立员工与高层管理人员的沟通机制及其执行情况
		SO328 企业是否进行了员工满意度调查及调查结果
		SO329 企业是否对供应商的员工权益保护方面施加了影响及影响程度和效果
		行业特征指标
		SO330 企业的生产经营和员工作业特点是否容易导致某类明显的职业病，患有某类职业病的员工比重如何
		SO331 企业是否具有防范某种职业病的举措，如何保障那些"可能导致"或"已经患有"某类职业病员工的权益
		SO332 企业是否建立了特殊工作环境下（高温、噪声、强光等）的员工补贴制度及其执行情况说明
		SO333 企业的生产经营和员工作业特点是否存在员工直接接触有毒有害化工原料的情形，对此采取了什么应对措施
		SO334 企业是否存在工作时间较长且工作内容简单、枯燥乏味的岗位，是否评估了该类岗位员工心理健康状况，是否采取了工作内容多样化的举措

一级绩效指标	二级绩效指标	三级绩效指标（定性指标与定量指标）
SO 社会绩效	SO4 人权保障	核心绩效指标 SO401 企业是否存在雇用童工的情况以及为避免童工所采取的举措 SO402 企业是否存在雇用未成年工的情况及未成年工的雇用比例，针对未成年工特殊工作环境、身心健康、个人教育的特殊举措 SO403 企业非临时员工中的男女员工比例，高级管理人员中的男女员工比例 SO404 企业是否发生了因员工结婚生育等问题导致企业单方面解除劳动合同的情况及员工人数 SO405 企业是否发生了强迫或强制劳动事件（身份证质押、担保、暴力限制人身自由、扣押工资等）及次数 SO406 企业是否具有可能发生强迫或强制劳动的运营活动以及为避免强迫或强制劳动而采取的措施 SO407 企业是否发生了虐待和骚扰员工的行为（体罚、人身和言语攻击、性骚扰等）及次数，应对措施说明 SO408 企业是否对供应商的人权保障方面施加了影响及影响程度和效果 备选绩效指标 SO409 企业雇用残障员工的人数及比率 SO410 企业是否建立了残障员工雇用制度及其执行情况 SO411 企业是否存在严重侵犯结社自由和集体谈判的运营活动以及为消除这些问题而采取的措施 行业特征指标 SO412 企业（及其子公司）注册地、主营业务地是否在少数民族聚居省份或地区，企业在少数民族聚居省份或地区的少数民族员工占当地总体员工的比重
	SO5 消费者权益	核心绩效指标 SO501 企业产品是否通过了行业认可的产品质量标准，诸如 ISO 900S 等 SO502 企业发生的产品质量事故次数及处理情况，产品质量事故对企业可持续经营的影响 SO503 企业未来发生重大产品质量事故的可能性及预防和应对措施 SO504 企业产品合格率，由于产品质量而发生的退货次数 SO505 企业是否建立了客户投诉渠道，由于产品质量而导致的客户投诉次数及处理措施 SO506 企业是否建立了产品质量管理体系及其执行情况 SO507 企业是否建立了售后服务体系及其执行情况 备选绩效指标 SO508 企业是否建立了定期客户满意度调查制度及最近一次调查结果 SO509 企业是否建立了客户管理制度及其执行情况 行业特征指标 SO510 企业过去三年是否发生过食品质量安全、客户欺诈等问题的媒体负面报道，这些报道是否属实，对经营发展产生了（或可能产生）哪些不利影响，企业采取了什么防范措施 SO511 企业过去三年是否发生过药品质量安全、客户欺诈等问题的媒体负面报道，这些报道是否属实，对经营发展产生了（或可能产生）哪些不利影响，企业采取了什么防范措施 SO512 企业过去三年是否发生过客户信息泄露的媒体负面报道，这些报道是否属实，对经营发展产生了（或可能产生）哪些不利影响，企业采取了什么防范措施

一级绩效指标	二级绩效指标	三级绩效指标（定性指标与定量指标）
SO 社会绩效	SO6 供应商关系	核心绩效指标 SO601 企业是否建立了对原材料、半成品供应商的产品质量检测制度及其执行情况 SO602 企业是否发生了原材料、半成品供应商的产品质量问题及次数、处理情况 SO603 企业原材料、半成品供应商可能存在哪些产品质量问题风险及其对企业可持续经营的影响、预防和应对措施 SO604 企业与供应商之间的合同履约率，发生的合同违约次数及情况说明 SO605 企业诚信状况的自我评价及对其供应商诚信状况的评价 备选绩效指标 SO606 企业是否建立了责任（绿色）采购制度及其执行情况 SO607 企业是否建立了供应链管理制度（诸如"合格供应商"制度）及其执行情况
	SO7 社区参与	核心绩效指标 SO701 企业经营对所在社区有利或不利影响的自我评估 SO702 企业及其子公司雇用本地员工的人数及比例 备选绩效指标 SO703 企业及其子公司本地采购金额及比例 SO704 企业社区捐赠次数、总金额及其具体情况 SO705 企业社区志愿服务次数、总人数及其具体情况 行业特征指标 SO706 企业是否在本地区开展了"民生贷""学生贷""惠农贷"等多种带有公益性质的业务 SO707 企业是否被媒体报道过恶性拆迁事件，是否被政府机关认定存在"捂盘惜售""囤地"行为，是否曾出现被业主投诉事件 SO708 企业是否涉及政府保障房项目建设，保障房项目建设竣工面积占总竣工面积的比例 SO709 企业工程项目（尤其房产开发项目）是否对当地生态环境造成了破坏或不利影响 SO710 企业在矿山开采过程中对当地生态植被的破坏程度如何，回填以及复垦、复耕情况如何
	SO8 商业道德与公益捐赠	核心绩效指标 SO801 企业是否发生了偷税、漏税税收行为及其具体情况、处罚结果和整改措施 SO802 企业是否发生了商业贿赂行为及其次数、处罚和整改情况 SO803 企业的产品或服务是否存在虚假宣传和广告 SO804 企业社会公益捐赠次数、金额及其占利润总额的比例 备选绩效指标 SO805 企业发生的违法、违规事件次数及处罚情况和整改情况说明

一级绩效指标	二级绩效指标	三级绩效指标（定性指标与定量指标）
EN 环境绩效	EN1 三废减排	核心绩效指标 EN101 企业三废（废气、废水、废渣）的排放量和减排量 EN102 企业 NO、SO，以及其他大量排放气体的类型和重量 EN103 企业废渣的回收利用百分比 EN104 企业减少三废（废气、废水、废渣）排放的政策、举措和技术 EN105 企业污水排放总量及处理情况 EN106 企业发生的重大泄漏事故的次数、体积 备选绩效指标 EN107 企业因商务旅行产生的碳排放量 EN108 企业温室气体的直接和间接排放量 EN109 企业减少温室气体排放的政策、举措和技术 EN110 企业产生的各类垃圾总重量和分类处理情况 行业特征指标 EN111 企业"三废"排放对当地生态环境影响的评估分析，包括饮用水影响、农田影响、河流影响、生物多样性影响等
	EN2 能源节约	核心绩效指标 EN201 企业单位产品所节约原材料的重量或体积 EN202 企业单位产品所使用的可再生原材料的百分比 EN203 企业总用水量、用电量变化及其原因分析 EN204 企业是否建立节约用水制度及回收再利用水资源的总量和百分比 EN205 企业对所生产产品按类别回收包装材料的百分比 EN206 企业是否建立了能源节约和提高能源使用效率制度及其现实效果 备选绩效指标 EN207 企业直接能源的一次能源消耗和二次能源消耗 EN208 企业能源节约和提高能源使用效率的方法与举措，以及通过节约和提高效率带来的能耗缩减量 行业特征指标 EN209 企业是否正在或准备使用清洁能源和（或）可再生能源，清洁能源和（或）可再生能源的成本支出占企业能源总成本支出比重
	EN3 环境管理	核心绩效指标 EN301 企业在环保投入方面的总金额，环保投入占营业收入的百分比 EN302 企业是否正在进行环保产品的研发和销售、环保技术和环保设备的研发与应用 EN303 企业是否通过了行业认可的环境标准，诸如 ISO 1400S 标准 EN304 企业发生的违反环保法规事件的次数、处罚和整改措施 EN305 企业发生的重大环境污染事件及其对可持续经营影响的分析 EN306 企业减轻产品或服务对环境影响的方法及效果 EN307 企业是否建立了绿色办公制度，节水、节电、节约用纸等方面制度是否进入了日常管理规范 备选绩效指标 EN308 企业是否在新投资项目可行性分析中加入了对环境影响因素的考虑 EN309 企业是否建立了环境管理体系及其执行情况 EN310 企业经营对生物多样性的影响及其管理措施和计划 EN311 企业是否参与了环保公益活动及次数，环保公益支出总金额 行业特征指标 EN312 企业生产经营过程中是否存在导致出现重大环境污染事件的隐患，如何防范，突发之后如何应对

一级绩效指标	二级绩效指标	三级绩效指标（定性指标与定量指标）
GO 治理绩效	GO1 责任管理	核心绩效指标 GO101 企业是否建立了社会责任管理制度，执行情况如何 备选绩效指标 GO102 企业是否设立了负责社会责任事务管理的专职部门，诸如社会责任委员会、社会责任领导小组等 GO103 企业是否设立了首席责任官制度
	GO2 内部控制	核心绩效指标 GO201 企业是否建立了完善的内部控制制度，包括会计控制制度和管理控制制度，并进行简要评价 GO202 企业是否建立了内部审计部门，内部审计部门的独立性情况如何 GO203 企业是否建立了对内部控制制度完整性和有效性的定期或不定期检查和评价制度，执行效果如何 GO204 企业是否具有健全的财务管理制度和发票管理制度 GO205 企业是否具备完善的"三会"机构（审计委员会、薪酬委员会、战略规划委员会） 备选绩效指标 GO206 企业上一经营周期内是否发生重大的资产流失事件、重大的会计信息披露不实事件、重大的财务风险和经营风险事件 GO207 企业在经济业务职责分工、资产记录和保管分工、会计凭证和会计记录的完整与正确、存货和现金的盘查、计算机化的财务管理操作系统权限控制方面是否存在重大的风险点
	GO3 股东、董事与监事	核心绩效指标 GO301 企业是否存在前十大股东股权被司法冻结的情况，若存在，冻结比例如何 GO302 企业近三年是否存在明显改变资金募集投向的行为 GO303 企业上一经营周期内的担保情况和委托理财情况如何，担保金额与净资产占比、委托理财资产与总资产占比 GO304 企业董事会的总体人数，独立董事占董事总数的百分比 GO305 企业董事长和总经理的两职合一情况 GO306 企业高管人员是否有过污点记录，企业高管人员在上一经营周期内是否存在违法违规情况 GO307 企业监事出席监事会状况如何，监事会是否对违法、违规行为提出异议 备选绩效指标 GO308 企业第一大股东的持股比例，企业前十大股东的持股比例 GO309 企业上一经营周期内高管参加证券交易所培训的次数和人数
	GO4 信息披露	核心绩效指标 GO401 企业定期报告、业绩预告的披露是否及时，企业是否具有网站并及时更新 GO402 企业过去三年编制的财务报告是否有过虚假陈述，是否被监管机构处罚，处罚情况如何 GO403 企业是否在聘请会计师事务所时对其执业能力和独立性有所考查 GO404 企业过去三年是否被出具过非标准审计报告及其情况说明 备选绩效指标 GO405 企业是否同时采用国际会计标准编制会计报表，公司披露重大事项是否存在遗漏
	GO5 机构治理	核心绩效指标 GO501 企业股东中机构投资者的股权持有比例，第一大机构投资者的股权持有比例情况 GO502 企业董事会中机构投资者所拥有的具有表决权的投票权 GO503 企业上一经营周期内机构投资者出席股东会或董事会的情况如何 备选绩效指标 GO504 企业对机构投资者在公司治理中所发挥作用的评价

附录2.3 《中国上市公司社会责任信息披露标准》

第一章 前言

《中国上市公司社会责任信息披露标准》（以下简称《标准》）是上市公司编制和发布社会责任报告（可持续发展报告）所应遵循的基础规范性指引，由七个部分组成，分别为"前言""总则""信息质量要求""定义、术语与标识""绩效指标""报告与认证""附则"。

上市公司作为经济发展过程中企业组织的优秀代表，应该在中国经济转型的大背景下，为倡导科学发展和可持续发展理念，共建和谐社会起到标榜作用。《标准》在吸收借鉴国内外各方企业社会责任指引或标准的基础上，结合中国上市公司的经营发展现状，以此希望上市公司依据《标准》编制和发布的社会责任报告能够提供更加可比且有用的社会责任信息，并在促进中国上市公司开展社会责任实践，积极履行社会责任方面发挥重要作用。

第二章 总则

为了提升上市公司的透明度，降低上市公司管理层和投资者之间的信息不对称，为现有及潜在投资者提供更加可比且有用的表外非财务决策信息，依据《中华人民共和国公司法》《中华人民共和国证券法》等法律、行政法规、部门规章，结合中国的基本国情和中国上市公司经营发展的现实状况，参考国内外现行的企业社会责任信息披露指引和标准的基础上制定了《标准》。

《标准》适用于其股票在中国证券交易所上市的所有 A 股公司。

上市公司应在遵纪守法的前提下追求经济效益的最大化，在保护股东利益的同时，积极保护债权人和职工的合法权益，诚信对待供应商、客户和消费者，积极从事环境保护、社区建设等公益事业，并注重加强和改善公司治理，从而促进上市公司本身与全社会的协调、和谐发展。

上市公司可按照《标准》要求，积极履行社会责任，定期评估上市公司社会责任的履行情况，自愿披露上市公司社会责任报告。

第三章　信息质量要求

上市公司依据《标准》所披露的社会责任信息应该满足以下信息质量要求，即重要性、可靠性、相关性。

重要性，即上市公司社会责任信息所涵盖的（交易）项目和（绩效）指标应能够反映公司对经济、社会、环境和公司治理产生的重大影响，错报和漏报这些（交易）项目和（绩效）指标会对使用社会责任报告的利益相关者的判断和决策产生重大影响。

对于重要的社会责任信息，上市公司应详细、准确地进行充分披露，对于次要的社会责任信息，上市公司可以在不影响社会责任信息的真实性，以及不至于导致社会责任报告使用者做出不正确判断的前提下，进行简化披露。

可靠性，即上市公司社会责任信息所涵盖的（交易）项目和（绩效）指标应是可以信赖的，社会责任信息不偏不倚地反映了其打算反映的企业社会责任活动及结果，不倾向事先预定的结果，也不迎合某一特定利益集团的需要，并能够经得起验证核实。

对于可靠的社会责任信息，应该是真实的、中立的、可验证的。

相关性，也称有用性，即上市公司社会责任信息所涵盖的（交易）项目和（绩效）指标应能够影响信息使用者的决策，投资者可以利用社会责任信息做出有关的经济决策。

对于相关的社会责任信息，应具有预测价值、反馈价值、及时性。

第四章　定义、术语与标识

《标准》所称的上市公司社会责任是指上市公司对国家和社会的全面发展、自然环境和资源，以及股东、债权人、职工、客户、消费者、供应商、社区等利益相关方所应承担的责任。

绩效指标，指的是上市公司披露的社会责任信息所包含的项目内容，这些具体项目内容通过三级定性或定量指标的形式表现出来，成为《标准》的核心。

经济绩效，指的是上市公司对经济发展、社会进步、企业经营环境产生的总体影响情况。

社会绩效，指的是上市公司在经营发展过程中对包括股东、员工、消费者等利益相关者的影响。

环境绩效，指的是上市公司在三废减排、能源节约方面的基本情况，以及企业在环境管理方面的举措和行动。

治理绩效，指的是上市公司在公司治理方面的举措和情况，这在某种程度上表明了公司是否在规范经营运作，并将成为公司取得良好经济绩效、社会绩效、环境绩效的前提和基础。

C代表核心（绩效）指标，是 Core 的缩写。

S代表备选（绩效）指标，是 Supplement 的缩写。

I代表行业特征指标，是 Industry 的缩写。

FC代表一级（绩效）指标，是 First Class 的缩写。

SC代表二级（绩效）指标，是 Second Class 的缩写。

TC代表三级（绩效）指标，是 Third Class 的缩写。

EC代表经济绩效（一级指标），是 Economic 的缩写。

SO代表社会绩效（一级指标），是 Social 的缩写。

EN代表环境绩效（一级指标），是 Environment 的缩写。

GO代表治理绩效（一级指标），是 Governance 的缩写。

第五章　绩效指标

FC：EC 经济绩效

SC：EC1财务绩效

TC：核心绩效指标

　　EC101 主营业务收入及其增长率

　　EC102 扣除非经常性损益的 ROE 及其增长率

　　EC103 管理层对财务数据可靠性及企业经营可持续性的讨论与分析

　　备选绩效指标

　　EC104 ROE 及其增长率

　　EC105 资产负债率

　　EC106 PEG值

行业特征指标

EC107 商业银行的资本充足率、风险容忍率、拨备覆盖率

SC：EC2 创新发展与市场空间

TC：核心绩效指标

EC201 企业新研发或改进的产品或服务、新开拓的市场及其风险分析

EC202 企业主要产品或服务的市场占有率及其增长率

备选绩效指标

EC203 企业拥有的专利数及已实现成果转化的专利数

EC204 企业对未实现成果转化专利的成果转化风险分析

行业特征指标

EC205 企业上一个经营周期内在产品研发方面投入的资金总额及其占营业收入和营业利润的百分比

EC206 企业研发人员的总数，研发人员占企业员工总数的百分比

EC207 企业上一个经营周期内新增专利总数，已经投入市场的新产品数量及销售额占销售收入总额的比重

SC：EC3 经营理念与经济影响

TC：核心绩效指标

EC301 企业经营哲学和企业文化及创始股东的认同

EC302 企业创始股东（或控股股东）和主要管理人员对社会责任的理解

EC302 企业纳税总额及其占营业利润的百分比

EC304 企业就业人数的增长率及就业保障和带动措施

备选绩效指标

EC305 企业的经营战略和市场战略

EC306 企业产品或服务满足社会需求的可持续性分析

EC307 企业经营对社会发展的有利或不利影响及其程度

FC：SO 社会绩效

SC：SO1 股东权益

TC：核心绩效指标

SO101 企业近三年的分红情况如何，本年度分红或不分红的理由说明

SO102 企业是否制定了长期、稳定的利润分配政策、办法或方案

备选绩效指标

SO103 企业是否设置了投资关系管理部门及其运行情况说明

SC：SO2 债权人权益

TC：核心绩效指标

SO201 企业的负债总额、利息支付总额、新增银行贷款总额

SO202 企业发生的债务违约次数及金额情况说明

SO203 企业现有债务在未来发生违约的可能性及对企业经营影响的分析

备选绩效指标

SO204 企业财务杠杆水平及行业平均财务杠杆水平情况的对比分析

SO205 企业是否建立了与债权人的及时沟通机制，包括告知债权人可能影响其权益的重大事件、配合债权人出于维护自身权益对企业的尽职调查

SC：SO3 员工权益

TC：核心绩效指标

SO301 企业非临时员工总人数、平均年龄、学历情况

SO302 企业非临时员工平均工资水平，高级管理人员和非高级管理人员的平均工资水平

SO303 企业奖金、津贴、"第十三个月工资"支付情况

SO304 企业是否存在工资拖欠情况及其说明

SO305 企业员工劳动合同签订比率、临时工比率

SO306 企业员工是否存在同工不同酬情况

SO307 企业非临时员工年、月、周平均工作天数及小时数

SO308 企业非临时员工社会保险覆盖率及险种情况

SO309 企业非临时员工培训投入总金额、非临时员工人均培训投入金额

SO310 企业参加培训的非临时员工总数、非临时员工培训参与比率、人均培训次数、人均培训小时数

SO311 企业是否建立完善的员工培训制度及其执行情况说明

SO312 企业非临时员工的离职率及离职原因分析

SO313 企业非临时员工职位晋升的人数及其比率

SO314 企业是否建立了完善的激励机制、考核制度、晋升制度及其执行情况说明

SO315 企业发生的安全生产事故次数、涉及员工总人数、涉及员工人数比率及原因分析、后续处理情况说明

SO316 企业安全生产管理投入总金额及其情况说明

SO317 企业是否建立了安全生产管理制度（包括安全生产管理体系、安全生产培训制度、突发事件应急制度等）及其执行情况说明

SO318 企业是否建立了员工定期体检制度

SO319 企业是否发生了与员工相关的纠纷事件、新闻媒体的负面报道及其情况说明

SO320 企业是否发生了违反劳动法的事件及其情况说明

备选绩效指标

SO321 企业对地方政府最低工资标准、法定工作时间以外工资标准的执行情况

SO322 企业非临时员工年平均带薪休假天数

SO323 企业员工参加工会人数比率及工会组织的管理和运行情况

SO324 企业是否建立了完善的员工职业发展规划制度及其执行情况

SO325 企业是否建立了员工关怀制度及其执行情况

SO326 企业是否建立了员工心理健康中心及其运行情况

SO327 企业是否建立员工与高层管理人员的沟通机制及其执行情况

SO328 企业是否进行了员工满意度调查及调查结果

SO329 企业是否对供应商的员工权益保护方面施加了影响及影响程度和效果

行业特征指标

SO330 企业的生产经营和员工作业特点是否容易导致某类明显的职业病，患有某类职业病的员工比重如何

SO331 企业是否具有防范某种职业病的举措，如何保障那些"可能导致"或"已经

患有"某类职业病员工的权益

SO332 企业是否建立了特殊工作环境下（高温、噪声、强光等）的员工补贴制度及其执行情况说明

SO333 企业的生产经营和员工作业特点是否存在员工直接接触有毒有害化工原料的情形，对此采取了什么应对措施

SO334 企业是否存在工作时间较长且工作内容简单、枯燥乏味的岗位，是否评估了该类岗位员工心理健康状况，是否采取了工作内容多样化的举措

SC：SO4 人权保障

TC：核心绩效指标

SO401 企业是否存在雇用童工的情况以及为避免童工所采取的举措

SO402 企业是否存在雇用未成年工的情况及未成年工的雇用比例，针对未成年工特殊工作环境、身心健康、个人教育的特殊举措

SO403 企业非临时员工中的男女员工比例，高级管理人员中的男女员工比例

SO404 企业是否发生了因员工结婚生育等问题导致企业单方面解除劳动合同的情况及员工人数

SO405 企业是否发生了强迫或强制劳动事件（身份证质押、担保、暴力限制人身自由、扣押工资等）及次数

SO406 企业是否具有可能发生强迫或强制劳动的运营活动以及为避免强迫或强制劳动而采取的措施

SO407 企业是否发生了虐待和骚扰员工的行为（体罚、人身和言语攻击、性骚扰等）及次数，应对措施说明

SO408 企业是否对供应商的人权保障方面施加了影响及影响程度和效果

备选绩效指标

SO409 企业雇用残障员工的人数及比率

SO410 企业是否建立了残障员工雇用制度及其执行情况

SO411 企业是否存在严重侵犯结社自由和集体谈判的运营活动以及为消除这些问题而采取的措施

行业特征指标

SO412 企业（及其子公司）注册地、主营业务地是否在少数民族聚居省份或地区，企业在少数民族聚居省份或地区的少数民族员工占当地总体员工的比重

SC：SO5 消费者权益

TC：核心绩效指标

SO501 企业产品是否通过了行业认可的产品质量标准，诸如 ISO 900S 等

SO502 企业发生的产品质量事故次数及处理情况，产品质量事故对企业可持续经营的影响

SO503 企业未来发生重大产品质量事故的可能性及预防和应对措施

SO504 企业产品合格率，由于产品质量而发生的退货次数

SO505 企业是否建立了客户投诉渠道，由于产品质量而导致的客户投诉次数及处理措施

SO506 企业是否建立了产品质量管理体系及其执行情况

SO507 企业是否建立了售后服务体系及其执行情况

备选绩效指标

SO508 企业是否建立了定期客户满意度调查制度及最近一次调查结果

SO509 企业是否建立了客户管理制度及其执行情况

行业特征指标

SO510 企业过去三年是否发生过食品质量安全、客户欺诈等问题的媒体负面报道，这些报道是否属实，对经营发展产生了（或可能产生）哪些不利影响，企业采取了什么防范措施

SO511 企业过去三年是否发生过药品质量安全、客户欺诈等问题的媒体负面报道，这些报道是否属实，对经营发展产生了（或可能产生）哪些不利影响，企业采取了什么防范措施

SO512 企业过去三年是否发生过客户信息泄露的媒体负面报道，这些报道是否属实，对经营发展产生了（或可能产生）哪些不利影响，企业采取了什么防范措施

SC：SO6 供应商关系

TC：核心绩效指标

SO601 企业是否建立了对原材料、半成品供应商的产品质量检测制度及其执行情况

SO602 企业是否发生了原材料、半成品供应商的产品质量问题及次数、处理情况

SO603 企业原材料、半成品供应商可能存在哪些产品质量问题风险及其对企业可持续经营的影响、预防和应对措施

SO604 企业与供应商之间的合同履约率，发生的合同违约次数及情况说明

SO605 企业诚信状况的自我评价及对其供应商诚信状况的评价

备选绩效指标

SO606 企业是否建立了责任（绿色）采购制度及其执行情况

SO607 企业是否建立了供应链管理制度（诸如"合格供应商"制度）及其执行情况

SC：SO7 社区参与

TC：核心绩效指标

SO701 企业经营对所在社区有利或不利影响的自我评估

SO702 企业及其子公司雇用本地员工的人数及比例

备选绩效指标

SO703 企业及其子公司本地采购金额及比例

SO704 企业社区捐赠次数、总金额及其具体情况

SO705 企业社区志愿服务次数、总人数及其具体情况

行业特征指标

SO706 企业是否在本地区开展了"民生贷""学生贷""惠农贷"等多种带有公益性质的业务

SO707 企业是否被媒体报道过恶性拆迁事件，是否被政府机关认定存在"捂盘惜售""囤地"行为，是否曾出现被业主投诉事件

SO708 企业是否涉及政府保障房项目建设，保障房项目建设竣工面积占总竣工面积的比例

SO709 企业工程项目（尤其房产开发项目）是否对当地生态环境造成了破坏或不利影响

SO710 企业在矿山开采过程中对当地生态植被的破坏程度如何，回填以及复垦、复耕情况如何

SC：SO8 商业道德与公益捐赠

TC：核心绩效指标

SO801 企业是否发生了偷税、漏税税收行为及其具体情况、处罚结果和整改措施

SO802 企业是否发生了商业贿赂行为及其次数、处罚和整改情况

SO803 企业的产品或服务是否存在虚假宣传和广告

SO804 企业社会公益捐赠次数、金额及其占利润总额的比例

备选绩效指标

SO805 企业发生的违法、违规事件次数及处罚情况和整改情况说明

FC：EN 环境绩效

SC：EN1 三废减排

TC：核心绩效指标

EN101 企业三废（废气、废水、废渣）的排放量和减排量

EN102 企业 NO、SO，以及其他大量排放气体的类型和重量

EN103 企业废渣的回收利用百分比

EN104 企业减少三废（废气、废水、废渣）排放的政策、举措和技术

EN105 企业污水排放总量及处理情况

EN106 企业发生的重大泄漏事故的次数、体积

备选绩效指标

EN107 企业因商务旅行产生的碳排放量

EN108 企业温室气体的直接和间接排放量

EN109 企业减少温室气体排放的政策、举措和技术

EN110 企业产生的各类垃圾总重量和分类处理情况

行业特征指标

EN111 企业"三废"排放对当地生态环境影响的评估分析，包括饮用水影响、农田影响、河流影响、生物多样性影响等

SC：EN2 能源节约

TC：核心绩效指标

EN201 企业单位产品所节约原材料的重量或体积

EN202 企业单位产品所使用的可再生原材料的百分比

EN203 企业总用水量、用电量变化及其原因分析

EN204 企业是否建立节约用水制度及回收再利用水资源的总量和百分比

EN205 企业对所生产产品按类别回收包装材料的百分比

EN206 企业是否建立了能源节约和提高能源使用效率制度及其现实效果

备选绩效指标

EN207 企业直接能源的一次能源消耗和二次能源消耗

EN208 企业能源节约和提高能源使用效率的方法与举措，以及通过节约和提高效率带来的能耗缩减量

行业特征指标

EN209 企业是否正在或准备使用清洁能源和（或）可再生能源，清洁能源和（或）可再生能源的成本支出占企业能源总成本支出比重

SC：EN3 环境管理

TC：核心绩效指标

EN301 企业在环保投入方面的总金额，环保投入占营业收入的百分比

EN302 企业是否正在进行环保产品的研发和销售、环保技术和环保设备的研发与应用

EN303 企业是否通过了行业认可的环境标准，诸如 ISO 1400S 标准

EN304 企业发生的违反环保法规事件的次数、处罚和整改措施

EN305 企业发生的重大环境污染事件及其对可持续经营影响的分析

EN306 企业减轻产品或服务对环境影响的方法及效果

EN307 企业是否建立了绿色办公制度，节水、节电、节约用纸等方面制度是否进入了日常管理规范

备选绩效指标

EN308 企业是否在新投资项目可行性分析中加入了对环境影响因素的考虑

EN309 企业是否建立了环境管理体系及其执行情况

EN310 企业经营对生物多样性的影响及其管理措施和计划

EN311 企业是否参与了环保公益活动及次数，环保公益支出总金额

行业特征指标

EN312 企业生产经营过程中是否存在导致出现重大环境污染事件的隐患，如何防范，突发之后如何应对

FC：GO 治理绩效

SC：GO1 责任管理

TC：核心绩效指标

GO101 企业是否建立了社会责任管理制度，执行情况如何

备选绩效指标

GO102 企业是否设立了负责社会责任事务管理的专职部门，诸如社会责任委员会、社会责任领导小组等

GO103 企业是否设立了首席责任官制度

SC：GO2 内部控制

TC：核心绩效指标

GO201 企业是否建立了完善的内部控制制度，包括会计控制制度和管理控制制度，并进行简要评价

GO202 企业是否建立了内部审计部门，内部审计部门的独立性情况如何

GO203 企业是否建立了对内部控制制度完整性和有效性的定期或不定期检查和评价制度，执行效果如何

GO204 企业是否具有健全的财务管理制度和发票管理制度

GO205 企业是否具备完善的"三会"机构（审计委员会、薪酬委员会、战略规划委员会）

备选绩效指标

GO206 企业上一经营周期内是否发生重大的资产流失事件、重大的会计信息披露不实事件、重大的财务风险和经营风险事件

GO207 企业在经济业务职责分工、资产记录和保管分工、会计凭证和会计记录的完整与正确、存货和现金的盘查、计算机化的财务管理操作系统权限控制方面是否存在

重大的风险点

SC：GO3 股东、董事与监事

TC：核心绩效指标

GO301 企业是否存在前十大股东股权被司法冻结的情况，若存在，冻结比例如何

GO302 企业近三年是否存在明显改变资金募集投向的行为

GO303 企业上一经营周期内的担保情况和委托理财情况如何，担保金额与净资产占比、委托理财资产与总资产占比

GO304 企业董事会的总体人数，独立董事占董事总数的百分比

GO305 企业董事长和总经理的两职合一情况

GO306 企业高管人员是否有过污点记录，企业高管人员在上一经营周期内是否存在违法违规情况

GO307 企业监事出席监事会状况如何，监事会是否对违法、违规行为提出异议

备选绩效指标

GO308 企业第一大股东的持股比例，企业前十大股东的持股比例

GO309 企业上一经营周期内高管参加证券交易所培训的次数和人数

SC：GO4 信息披露

TC：核心绩效指标

GO401 企业定期报告、业绩预告的披露是否及时，企业是否具有网站并及时更新

GO402 企业过去三年编制的财务报告是否有过虚假陈述，是否被监管机构处罚，处罚情况如何

GO403 企业是否在聘请会计师事务所时对其执业能力和独立性有所考查

GO404 企业过去三年是否被出具过非标准审计报告及其情况说明

备选绩效指标

GO405 企业是否同时采用国际会计标准编制会计报表，公司披露重大事项是否存在遗漏

SC：GO5 机构治理

TC：核心绩效指标

GO501 企业股东中机构投资者的股权持有比例，第一大机构投资者的股权持有比

例情况

GO502 企业董事会中机构投资者所拥有的具有表决权的投票权

GO503 企业上一经营周期内机构投资者出席股东会或董事会的情况如何

备选绩效指标

GO504 企业对机构投资者在公司治理中所发挥作用的评价

第六章 报告与认证（鉴证）

鼓励上市公司遵循《标准》自愿性编制和发布社会责任报告（可持续发展报告），上市公司在发布社会责任报告之前应向证券交易所提交，董事会关于审议通过年度社会责任报告的决议，监事会关于审核同意年度社会责任报告的决议。

上市公司应自我评估社会责任报告对《标准》绩效指标的覆盖程度，绩效指标覆盖程度达80%及以上（覆盖程度≥80%）为 A 级，绩效指标覆盖程度小于80%但大于60%（80%>覆盖程度≥60%）为 B 级，绩效指标覆盖程度小于60%（覆盖程度<60%）为 C 级。

上市公司可以在社会责任报告中披露《标准》绩效指标之外的其他社会责任信息，只要上市公司有充分的理由认为披露这些信息是重要的或必要的，但也应积极遵循《标准》对于社会责任信息质量的要求。

鼓励上市公司对社会责任报告进行自愿性认证（鉴证），并出具认证（鉴证）报告，认证（鉴证）报告中应明确认证（鉴证）目标、认证（鉴证）方和被认证（鉴证）方的职责、认证（鉴证）结论等内容，认证（鉴证）报告主要是对上市公司社会责任信息披露水平的一种评价和认定，而非对该公司履行社会责任好坏的评价。

上市公司社会责任报告认证（鉴证）方可以为独立的第三方评级（评估、咨询）机构，也可以为上市公司认可的某一领域的专家、学者等。

若上市公司社会责任报告经过了认证（鉴证），则可结合绩效指标覆盖程度自我评估结果，将社会责任报告等级认定为 A+、B+、C+，三种级别。

第七章 附则

《标准》由发布机构负责解释。

附录3　中国企业ESG报告评级标准（2023）（节选）

一、评级的作用

企业ESG报告评级是对ESG报告质量与管理的评价，具有以下作用：

以评促信披，向企业提供ESG信息披露的专业意见，提升企业ESG信息披露水平；

以评促管理，发挥报告在合规要求响应、ESG绩效改进、利益相关方沟通等方面的作用，推动报告成为完善ESG治理、改进ESG实践的重要工具；

以评促形象，为企业ESG报告赋予第三方权威认可，帮助企业树立负责任的品牌形象，提高企业声誉。

二、评级机构

中国企业社会责任报告评级专家委员会（简称评级专家委员会）由中国企业ESG研究及实践领域的专家组成，是企业ESG报告评级的领导机构与执行机构。

（一）评级专家委员会组织体系

评级专家委员会常设主席一名、副主席一至二名，委员会专家若干名。

评级专家委员会下设秘书处，常设责任云研究院，其下设评级事务联络人。评级专家委员会专家动态组成报告评级小组，开展具体评级工作。

（二）评级专家委员会职责与工作模式

1.职责

接受企业的ESG报告评级申请，对ESG报告进行评级，出具评级报告；适时修订评级标准；牵头开展对参评报告的总结、传播等工作。

秘书处负责评级事务的联络、组织、协调和日常服务工作。

2.工作模式

评级专家委员会采取开放、灵活的工作模式，根据申请报告评级企业的经营特性，确定二名委员组成评级专家小组，其中一名任组长。

秘书处搜集、整理企业参评资料，提交评级专家小组，组内专家分别对 ESG 报告进行评定、出具评级意见，评级小组组长确定评级结果，提交委员会副主席审核。

三、评级依据

《中国企业社会责任报告指南（CASS-ESG 5.0）》及分行业指南、中国香港联合交易所《环境、社会及管治报告指引》、全球报告倡议组织可持续发展报告标准（GRI 标准）、可持续发展会计准则（SASB 准则）等国内外 ESG 相关标准。

四、评级流程

（1）企业至少在报告发布前七个工作日向评级专家委员会秘书处提出报告评级申请，与秘书处所在法人机构签订报告评级协议（仅接受参评企业与秘书处签订协议，不接受中介机构代为签订），企业需承诺将评级报告附于企业 ESG 报告中。

（2）评级专家委员会协调专家成立报告评级小组。

（3）秘书处组织开展报告编制过程的规范性评估。对于首次参与报告评级的企业，由秘书处通过线下或线上访谈方式与报告编写负责人沟通，完成"过程性和可及性评估资料确认书"，双方签字确认。对于已连续参与报告评级两年及以上的企业，考虑报告编制管理的延续性，秘书处发送"过程性和可及性评估资料确认书"供企业自填，企业将确认书及证明材料交由报告评级小组审核，双方签字确认。

（4）秘书处将"过程性和可及性评估资料确认书"及企业定稿的 ESG 报告提交给报告评级小组，若 ESG 报告进行了排版设计，应提交设计稿。

（5）评级小组专家根据评级标准对企业 ESG 报告进行打分。

（6）评级小组组长综合意见形成评级报告，审签后提交委员会副主席审签。

（7）评级事务联络人将评级报告发送企业，与企业进行后续沟通。

五、评级指标

报告评级从以下七大指标进行打分：过程性、实质性、完整性、平衡性、可比性、可读性、可及性。根据各项指标的关键性及中国企业 ESG 报告发展的阶段性特征，报告内容中的七大指标被赋予不同的权重，权重由评级专家委员会专家采用德尔菲法（专家法）确定。

六、等级划分

中国企业 ESG 报告评价采取星级制，共分为七个级别和相应的发展水平：五星佳（典范）、五星级（卓越）、四星半级（领先）、四星级（优秀）、三星级（良好）、二星级（发展）、一星级（起步）。

评级结果	评级图示	发展水平	分数区间
五星佳	★★★★★＋	典范	"七性"均在90（含）～100
五星级	★★★★★	卓越	90（含）～100
四星半	★★★★☆	领先	80（含）～90
四星级	★★★★	优秀	70（含）～80
三星级	★★★	良好	60（含）～70
二星级	★★	发展	30（含）～60
一星级	★	起步	30分以下

附录4 变量定义表和ESG标准指引对标

附录4.1 变量定义表

变量	含义	数据来源
被解释变量		
$NCSKEW_{i,\,t+1}$	后一年的负偏度系数	CSMAR
$DUVOL_{i,\,t+1}$	后一年股价上下降波动性的差异	CSMAR
解释变量		
$IsLetter_{i,\,t}$	如果公司收到了针对当年的年报问询函,其值为1,否为0	CSMAR
$LnQueNum_{i,\,t}$	年报问询函中问题总数的自然对数	CSMAR
$LnWordsNum_{i,\,t}$	年报问询函中汉字数量的自然对数	CSMAR
控制变量		
$NCSKEW_{i,\,t-1}$	前一年的负偏度系数	CSMAR
$DUVOL_{i,\,t-1}$	前一年股价上下降波动性的差异	CSMAR
$ESG_{i,\,t-1}$	前一年华证季度评级的均值	CSI
$Ret_{i,\,t}$	当年周收益率均值	CSMAR
$Sigma_{i,\,t}$	当年周收益率标准差	CSMAR
$DTurn_{i,\,t}$	个股平均月换手率	CSMAR
$Accrual_{i,\,t}$	基于修正的琼斯模型的当前可操纵应计利润(Dechow等,1995)	CSMAR
$Institution_{i,\,t}$	机构投资者持股比	CSMAR
$LnMV_{i,\,t}$	公司市场价值自然对数	CSMAR
$MB_{i,\,t}$	账面市值比	CSMAR
$ROA_{i,\,t}$	净利润除以公司年末总资产	CSMAR
$LEV_{i,\,t}$	资产负债率,等于总负债除以总资产	CSMAR
$BoardSize_{i,\,t}$	董事会董事数量加1取自然对数	CSMAR
$IndepRate_{i,\,t}$	独立董事数量与董事规模之比	CSMAR

续表

变量	含义	数据来源
$Dual_{i,t}$	董事长与总经理是否为同一人，是为1，否为0	CSMAR
$AGE_{i,t}$	公司上市年限	CSMAR
$OPAQUE_{i,t}$	信息透明度。如果公司评级为A，取值为0；评级为B或C，取值为1；评级为D，取值为2	CSMAR
$Violation_{i,t}$	公司在问询函发布前后90个日历天内因违规受到处罚取值为1，否为0	CSMAR
协变量		
$BIG4_{i,t}$	若公司由"四大"出具审计报告，取值为1，否为0	CSMAR
$MB_{i,t}$	账面市值比	CSMAR
$IndepRate_{i,t}$	独立董事数量与董事规模之比	CSMAR
$BoardSize_{i,t}$	董事会董事数量加1取自然对数	CSMAR
$LEV_{i,t}$	资产负债率，等于总负债除以总资产	CSMAR
$Growth_{i,t}$	营业收入增长率=（营业收入本年金额−营业收入上年金额）/营业收入上年金额	CSMAR
$SOE_{i,t}$	若为国有企业取值为1，否为0	CSMAR
$Top1_{i,t}$	第一大股东持股比	CSMAR
$Institution_{i,t}$	机构投资者持股比	CSMAR
$SIZE_{i,t}$	年末总资产的自然对数	CSMAR
$LnMV_{i,t}$	公司市场价值自然对数	CSMAR
$AGE_{i,t}$	公司上市年限	CSMAR
$NCSKEW_{i,t-1}$	前一年的负偏度系数	CSMAR
问询函回复特征变量		
$IsDelay_{i,t}$	如果公司延迟回函，取值为2；如果公司及时回函取值为1；如果公司未收到问询函，取值为0	CSMAR
$IsReply_{i,t}$	如果问询函需要第三方回应，取值为2；如果问询函不需要第三方回应，取值为1；如果公司未收到问询函，取值为0	CSMAR

附录4.2　ESG标准指引对标

ESG标准指引	主要发布机构
GRI标准	全球报告倡议组织
SASB准则	可持续发展会计准则委员会
《国际财务报告可持续披露准则第1号——可持续相关财务信息披露一般要求（征求意见稿）》	国际可持续准则理事会
TCFD框架	气候相关财务信息披露工作组
CDSB披器框架	气候变化信息披露标准委员会
IIRC框架	国际综合报告委员会
企业可持续发展报告指令（CSRD）	欧盟
欧盟可持续发展报告标准（ESRS）	欧盟
环境、社会及管治报告指引	中国香港联合交易所
ESG报告指南2.0（2019）	美国纳斯达克证券交易所
ESG信息披露实用手册（2020）	日本交易所集团和东京证券交易所
可持续发展报告指引	新加坡证券交易所
ESG报告指南－1.5℃目标（2022）	泛欧证券交易所
ESG报告指南（2022）	雅典证券交易所
可持续发展披露指引（2022）	约翰内斯堡证券交易所
企业ESG评价指南	中国质量协会
企业ESG披露指南	中国企业改革与发展研究会
企业ESG报告编制指南	中国企业改革与发展研究会
企业ESG评价体系	中国企业改革与发展研究会
建筑材料企业环境、社会及公司治理（ESG）报告指南（CSTM）	中关村材料试验技术联盟
恒生指数可持续发展评级与研究评分手册	恒生指数有限公司
互联网企业社会责任报告编写指南	中国互联网协会
企业ESG评价指南（试行版）	中国（天津）自由贸易试验区管理委员会
企业ESG信息披露通则（T/CAQP 027-2022）	中国质量万里行促进会
金融机构环境信息披露指南	中国人民银行
中国企业社会责任报告指南（CASS-ESG 5.0）	中国社科院研究团队
中国企业境外投资ESG信息披露指南	商道纵横

索引